MANUAL FOR JUDICIARY INTERPRETERS

ENGLISH - SPANISH

1979

by

M. Eta Trabing

Printed by Agri-Search International, Inc., 5422 Yarwell, Houston, Texas 77096

Published by Agri-Search International, Inc.
5422 Yarwell
Houston, Texas 77096

Cover design by Charles C. Jones of Houston.

Printed in the United States of America

ISBN 0-9619669-0-4

TO

JOSEPHINE SOBRINO

AND

JAMES C. BENSON

for their unfailing support

TABLE OF CONTENTS

ACKNOWLEDGEMENTS

The activity which is the subject of this Manual was supported in part, by the U.S. Office of Education, Department of Health, Education and Welfare -- Sub-Grant No. 78-915-060 through the Coordinating Board, Texas College and University System to the University of Houston at Clear Lake City. However, the opinions expressed herein do not necessarily reflect the position or policy of the U.S. Office of Education, and no official endorsement by the U.S. Office of Education should be inferred.

My deepest appreciation goes to Drs. Josephine Sobrino and James C. Benson, of the University of Houston at Clear Lake City for their untiring efforts and constant help in making this Manual and its companion training program a reality.

For supporting the grant request in 1978, my appreciation goes to Judge Lingo H. Platter, U.S. Magistrate, Southern District of Texas; the Mexican-American Bar Association in Houston; and Mr. Lupe Salinas, Chairman of the Committee on the Needs of the Spanish-Speaking, Texas Young Lawyer's Association, and now a Special Assistant to the Attorney General.

For preparing the legislation and following it through the 1978/79 Texas Legislative Session, thus benefitting and improving the working conditions of all the court interpreters in the State of Texas, our deepest thanks go to Senator Tati Santiesteban of El Paso; Senator Gene Jones of Houston; Mr. Bob Wessels, Court Manager, Mr. Walter C. Wiebusch, Staff Attorney, and Judge Neel Richardson, Presiding Judge, all of the County Criminal Courts at Law of Harris County; Judge Dan E. Walton, Administrative Judge and Mr. Charles Y. Cameron, Court Administrator, both of the Harris County Criminal District Courts.

And last but not least, my heartfelt thanks to my husband, George L. Trabing, for contributions to the drug-related terminology section and for support throughout this venture, and to Ms. Graciela Lucio for helping to proofread this Manual.

M. Eta Trabing

FOREWORD

Presently, in the U.S., there is no control over the proficiency of translators and interpreters, either through testing, registration or certification, except by two or three professional associations, and those are voluntary and their recommendations are not always followed by the general public or anyone else that has a need for translators and interpreters. Only a handful of states have even attempted to find a solution to the trial-and-error method now being used; we hope that this Manual will be a forerunner to proper training and certification of at least, judiciary interpreters in the State of Texas, and maybe even help other states that have large Spanish-speaking populations. As described in the Acknowledgements and in the Background Information, progress is being made, but much remains to be done.

For those who are not in the profession, the difference between an interpreter and a translator is that the former works from one language into another verbally, and the latter does so in writing. This Manual can be used by either, although emphasis is on interpretation. The accompanying training program emphasizes the consecutive mode of interpretation, which is the most commonly used in a judiciary setting. This consists of the interpretation of a question, waiting for an answer, and the interpretation of the answer, with only one person talking at a given time, thus consecutive.

Simultaneous interpretation is when the interpreter talks at the same time as another person, with only a few seconds delay to accommodate the syntax changes from one language to another. Two forms of simultaneous interpretation can and are being used in the Courts today: (1) where the interpreter sits close to his/her client and interprets in a low voice for the client only to hear; or (2) where, in multi-defendant trials many clients need the same interpretation, then equipment can be used consisting of a transmitter/receiver for the interpreters and earphones/receivers for the clients -- along the lines of U.N. or conference interpreting. These two systems, however, are not used when the interpreter's client is on the witness stand or in front of the bench. The use of equipment speeds up proceedings and facilitates the job of the interpreters (two interpreters, on a rotation basis, work the simultaneous system); but the costs are higher, namely, rental or purchase of the equipment, the hiring of two interpreters instead of one. In addition, simultaneous interpreters require a great deal more training, and are harder to find.

The Glossary of Terminology took into account the following aspects: (1) The English and Spanish-speaking countries have two, quite different, systems of law -- the common law and the Roman law, respectively. Thus, it is not always possible to have a word for word translation, but rather a concept that has to be translated. (2) Each of the more than twenty countries of the world that are Spanish-speaking, has its own vernacular and regionalisms -- these have to be identified and learned by the interpreter. (3) The Southwestern states have a Spanish-speaking population that has developed its own terminology over the centuries, apart from the more widely applicable "standard" Spanish, so "Chicano" Spanish has been included wherever possible. (4) The "street" or "character" language becomes almost a code spoken only by those who are "in". This particular vernacular changes from city to city, as well as from state to state in the U.S.; for example, the Chinese influence is strong in the "street" language of California, but it is non-existent in Texas.

Some of the words included herein may seem strange and unrelated on cursory inspection; however, man has devised some very odd methods and tools with which to kill or maim or otherwise damage his fellow man, and so these have been included -- all come from our direct experience of many years in this field.

Glossaries and dictionaries are, at best incomplete, and at worst totally useless. As in all specialized listings of terminology, it is hard to know where to draw the interdisciplinary line -- the dictionary should be truly useful, yet not necessarily duplicate extensive existing works that are readily available on the market. The writer of dictionaries and glossaries is not a prophet nor the ultimate authority, only a recorder of words. Languages keep changing, that is, precise meanings of words may change over the years, or meanings are broadened to include new concepts for which separate words have not yet been coined, thus a dictionary should be used as a guide and not as an authoritative statement of inflexible fact. It is intended that the terminology included in this Manual be supplemented with the other works listed in the Supplementary Dictionaries listing.

This Manual attempts to cover the following areas in the judicial field: criminal, civil personal injury, probate, juvenile, family relations, law enforcement in general, probation, parole, civil rights, labor negotiations and disputes, and the very special terminology used in drug trafficking. No attempt was made to include vocabulary on maritime law, general business, bankruptcy, securities and exchange, etc. -- existing dictionaries more than adequately cover these fields.

Any specialized field of endeavor, in time develops its own terminology, special meanings and phraseology, which basically, is what makes one either a part of it or not a part of it. The judicial field is no exception, almost all of its related words and the context in which they are used, have no other alternative, but simply to be memorized.

M. Eta Trabing

BACKGROUND INFORMATION

PUBLIC LAW 95-539
95th Congress

An Act

To provide more effectively for the use of interpreters in courts of the United States, and for other purposes.

Be it enacted by the Senate and House of Representatives of the United States of America in Congress assembled, That this Act may be cited as the "Court Interpreters Act".

Sec. 2. (a) Chapter 119 of title 28, United States Code, is amended by adding at the end thereof the following new sections:

"# 1827. Interpreters in courts of the United States

"(a) The Director of the Administrative Office of the United States Courts shall establish a program to facilitate the use of interpreters in courts of the United States.

"(b) The Director shall prescribe, determine, and certify the qualifications of persons who may serve as certified interpreters in courts of the United States in bilingual proceedings and proceedings involving the hearing impaired (whether or not also speech impaired), and in so doing, the Director shall consider the education, training, and experience of those persons. The Director shall maintain a current master list of all interpreters certified by the Director and shall report annually on the frequency of requests for, and the use and effectiveness of, interpreters. The Director shall prescribe a schedule of fees for services rendered by interpreters.

"(c) Each United States district court shall maintain on file in the office of the clerk of court a list of all persons who have been certified as interpreters, including bilingual interpreters and oral or manual interpreters for the hearing impaired (whether or not also speech impaired), by the Director of the Administrative Office of the United States Courts in accordance with the certification program established pursuant to subsection (b) of this section.

"(d) The presiding judicial officer, with the assistance of the Director of the Administrative Office of the United States Courts, shall utilize the services of the most available certified interpreter, or when no certified interpreter is reasonably available, as determined by the presiding judicial officer, the services of an otherwise competent interpreter, in any criminal or civil action initiated by the United States in a United States district court (including a petition for a writ of habeas corpus initiated in the name of the United States by a relator), if the presiding judicial officer determines on such officer's own motion or on the motion of a party that such party (including a defendant in a criminal case), or a witness who may present testimony in such action --

"(1) speaks only or primarily a language other than the English language; or

"(2) suffers from a hearing impairment (whether or not suffering also from a speech impairment)

so as to inhibit such party's comprehension of the proceedings or communication with counsel or the presiding judicial officer, or so as to inhibit such witness' comprehension of questions and the presentation of such testimony.

"(e) (1) If any interpreter is unable to communicate effectively with the presiding judicial officer, the United States attorney, a party (including a defendant in a criminal case), or a witness, the presiding judicial officer shall dismiss such interpreter and obtain the services of another interpreter in accordance with this section.

"(2) In any criminal or civil action in a United States district court, if the presiding judicial officer does not appoint an interpreter under subsection (d) of this section, an individual requiring the services of an interpreter may seek assistance of the clerk of court or the Director of the Administrative Office of the United States Courts in obtaining the assistance of a certified interpreter.

"(f) (1) Any individual other than a witness who is entitled to interpretation under subsection (d) of this section may waive such interpretation in whole or in part. Such a waiver shall be effective only if approved by the presiding judicial officer and made expressly by such individual on the record after opportunity to consult with counsel and after the presiding judicial officer has explained to such individual, utilizing the services of the most available certified interpreter, or when no certified interpreter is reasonably available, as determined by the presiding judicial officer, the services of an otherwise competent interpreter, the nature and effect of the waiver.

"(2) An individual who waives under paragraph (1) of this subsection, the right to an interpreter may utilize the services of a non-certified interpreter of such individual's choice whose fees, expenses, and costs shall be paid in the manner provided for the payment of such fees, expenses, and costs of an interpreter appointed under subsection (d) of this section.

"(g) (1) Except as otherwise provided in this subsection or section 1828 of this title, the salaries, fees, expenses, and costs incident to providing the services of interpreters under subsection (d) of this section shall be paid by the Director of the Administrative Office of the United States Courts from sums appropriated to the Federal judiciary.

"(2) Such salaries, fees, expenses, and costs that are incurred with respect to Government witnesses shall, unless direction is made under paragraph (3) of this subsection, be paid by the Attorney General from sums appropriated to the Department of Justice.

"(3) The presiding judicial officer may in such officer's discretion direct that all or part of such salaries, fees, expenses, and costs shall be apportioned between or among the parties or shall be taxed as costs in a civil action.

"(4) Any moneys collected under this subsection may be used to reimburse the appropriations obligated and disbursed in payment for such services.

"(h) In any action in a court of the United States where the presiding judicial officer establishes, fixes, or approves the compensation and expenses payable to an interpreter from funds appropriated to the Federal judiciary, the presiding judicial officer shall not establish, fix, or approve compensation and expenses in excess of the maximum allowable under the schedule of fees for services prescribed pursuant to subsection (b) of this section.

"(i) The term 'presiding judicial officer' as used in this section and section 1828 of this title includes a judge of a United States district court, a United States magistrate, and a referee in bankruptcy.

"(j) The term 'United States district court' as used in this section and section 1828 of this title includes any court created by Act of Congress in a territory which is invested with any jurisdiction of a district court of the United States established by section 132 of this title.

"(k) The interpretation provided by certified interpreters pursuant to this section shall be in the consecutive mode except that the presiding judicial officer, with the approval of all interested parties, may authorize a simultaneous or summary interpretation when such officer determines that such interpretation will aid in the efficient administration of justice. The presiding judicial officer on such officer's motion or on the motion of a party may order that special interpretation services as authorized in section 1828 of this title be provided if such officer determines that the provision of such services will aid in the efficient administration of justice.

"# 1828. Special interpretation services

"(a) The Director of the Administrative Office of the United States Courts shall establish a program for the provision of special interpretation services in criminal actions and in civil actions initiated by the United States (including petitions for writs of habaes corpus initiated in the name of the United States by relators) in a United States district court. The program shall provide a capacity for simultaneous interpretation services in multidefendant criminal actions and in multidefendant civil actions.

"(b) Upon the request of any person in any action for which special interpretation services established pursuant to subsection (a) are not otherwise provided, the Director, with the approval of the presiding judicial officer, may make such services available to the person requesting the services on a reimbursable basis at rates established in conformity with section 501 of the Act of August 31, 1951 (ch. 376, title 5. 65 Stat. 290:31 U.S.C. 483a), but the Director may require the prepayment of the estimated expenses of providing the services by the person requesting them.

"(c) Except as otherwise provided in this subsection, the expenses incident to providing services under subsection (a) of this section shall be paid by the Director from sums appropriated to the Federal judiciary. A presiding judicial officer, in such officer's discretion, may order that all or part of the expenses shall be apportioned between or among the parties or shall be taxed as costs in a civil action, and any moneys collected as a result of such order may be used to reimburse the appropriations obligated and disbursed in payment for such services.

"(d) Appropriations available to the Director shall be available to provide services in accordance with subsection (b) of this section, and moneys collected by the Director under that subsection may be used to reimburse the appropriations charged for such services. A presiding judicial officer, in such officer's discretion, may order that all or part of the expenses shall be apportioned between or among the parties or shall be taxed as costs in the action.".

(b) The table of sections for chapter 119 of title 28, United States Code, is amended by adding at the end thereof the following:

"1827. Interpreters in courts of the United States.
"1828. Special interpretation services.".

SEC. 3. Section 604(a) of title 28, United States Code, is amended --

(a) by striking out paragraph (10) and inserting in lieu thereof:

"(10) (A) Purchase, exchange, transfer, distribute, and assign the custody of lawbooks, equipment, supplies, and other personal property for the judicial branch of Government (except the Supreme Court unless otherwise provided pursuant to paragraph (17); (B) provide or make available readily to each court appropriate equipment for the interpretation of proceedings in accordance with section 1828 of this title; and (C) enter into and perform contracts and other transactions upon such terms as the Director may deem appropriate as may be necessary to the conduct of the work of the judicial branch of Government (except the Supreme Court unless otherwise provided pursuant to paragraph (17), and contracts for nonpersonal services for pretrial service agencies, for the interpretation of proceedings, and for the provision of special interpretation services pursuant to section 1828 of this title may be awarded without regard to section 3709 of the Revised Statutes of the United States (41 U.S.C.5);";

(b) by redesignating paragraph (13) as paragraph (17); and

(c) by inserting after paragraph (12) the following new paragraphs:

"(13) Pursuant to section 1827 of this title, establish a program for the certification and utilization of interpreters in courts of the United States;

"(14) Pursuant to section 1828 of this title, establish a program for the provision of special interpretation services in courts of the United States;

"(15) (A) In those districts where the Director considers it advisable based on the need for interpreters, authorize the full-time or part-time employment by the court of certified interpreters; (B) where the Director considers it advisable based on the need for interpreters, appoint certified interpreters on a full-time or part-time basis, for services in various courts when he determines that such appointments will result in the economical provision of interpretation services; and (C) pay out of moneys appropriated for the judiciary interpreters' salaries, fees, and expenses, and other costs which may accrue in accordance with the provisions of sections 1827 and 1828 of this title;

"(16) In the Director's discretion, (A) accept and utilize voluntary and uncompensated (gratuitous) services, including services as authorized by section 3102 of title 5, United States Code; and (B) accept, hold, administer and utilize gifts and bequests of personal property for the purpose of aiding or facilitating the work of the judicial branch of Government, but gifts or bequests of money shall be covered into the Treasury.".

SEC. 4. Section 604 of title 18, United States Code, is amended further by inserting after subsection (e) the following new subsections:

"(f) The Director may make, promulgate, issue, rescind, and amend rules and regulations (including regulations prescribing standards of conduct for Administrative Office employees) as may be necessary to carry out the Director's functions, powers, duties and authority. The Director may publish in the Federal Register such rules, regulations, and notices for the judicial branch of Government as the Director determines to be of public interest; and the Director of the Federal Register hereby is authorized to accept and shall publish such materials.

"(g) (1) When authorized to exchange personal property, the Director may exchange or sell similar items and may apply the exchange allowance or proceeds of sale in such cases in whole or in part payment for the property acquired, but any transaction carried out under the authority of this subsection shall be evidenced in writing.

"(2) The Director hereby is authorized to enter into contracts for public utility services and related terminal equipment for periods not exceeding ten years.".

SEC. 5. Section 602 of title 28, United States Code, is amended to read as follows:

"# 602. Employees

"(a) The Director shall appoint and fix the compensation of necessary employees of the Administrative Office in accordance with the provisions of chapter 51 and subchapter III of chapter 53 of title 5, relating to classification and General Schedule pay rates.

"(b) Notwithstanding any other law, the Director may appoint certified interpreters in accordance with section 604(a)(15)(B) of this title without regard to the provisions of chapter 51 and subchapter III of chapter 53 of title 5, relating to classification and General Schedule pay rates, but the compensation of any person appointed under this subsection shall not exceed the appropriate equivalent of the highest rate of pay payable for the highest grade established in the General Schedule, section 5332 of title 5.

"(c) The Director may obtain personal services as authorized by section 3109 of title 5, at rates not to exceed the appropriate equivalent of the highest rate of pay payable for the highest grade established in the General Schedule, section 5332 of title 5.

"(d) All functions of other officers and employees of the Administrative Office and all functions of organizational units of the Administrative Office are vested in the Director. The Director may delegate any of the Director's functions, powers, duties, and authority (except the authority to promulgate rules and regulations) to such officers and employees of the judicial branch of Government as the Director may designate, and subject to such terms and conditions as the Director may consider appropriate; and may authorize the successive redelegation of such functions, powers, duties, and authority as the Director may deem desirable. All official acts performed by such officers and employees shall have the same force and effect as though performed by the Director in person.".

SEC. 6. Section 603 of title 28, United States Code, is amended by striking out the second paragraph thereof.

SEC. 7. Section 1920 of title 28, United States Code, is amended by striking out the period at the end of paragraph (5) and inserting a semicolon in lieu thereof and by inserting after paragraph (5) the following new paragraph:

"(6) Compensation of court appointed experts, compensation of interpreters, and salaries, fees, expenses, and costs of special interpretation services under section 1828 of this title.".

SEC. 8. Section 5(b) of the Act of September 23, 1959 (Public Law 86-370, 73 Stat. 652), is repealed.

SEC. 9. There are authorized to be appropriated to the judicial branch of Government such sums as may be necessary to carry out the amendments made by this Act.

SEC. 10. (a) Except as provided in subsection (b), this Act shall take effect on the date of the enactment of this Act.

(b) Section 2 of this Act shall take effect ninety days after the date of the enactment of this Act.

SEC. 11. Any contracts entered into under this Act or any of the amendments made by this Act shall be limited to such extent or in such amounts as are provided in advance in appropriation Acts.

Approved October 28, 1978.

The following ruling set the precedent for the Texas legislation that is shown on the next few pages:

"TO: All County and District Court Judges (Criminal Cases) DATE: January 15, 1979

FROM: Bill Burge (initialed)

RE: When an Interpreter Must be Utilized

In Baltierra vs. State, No. 54,487, November 29, 1978, the Court of Criminal Appeals held that if a defendant cannot speak or understand English, the failure to furnish an interpreter constitutes a denial of the constituional right of confrontation of witnesses and will cause a reversal. The interpreter must be furnished not only for the defendant when he testities, but to translate the testimony of witnesses.

If at any time there is an indication that a defendant cannot speak English, there is an affirmative duty on the part of the trial court to conduct a hearing in order to make inquiry regarding the defendant's ability to speak and understand English. If, after the hearing, the trial court holds that the defendant can communicate adequately in the English language, that holding will be overturned only upon a showing of an abuse of discretion.

If the defendant cannot speak English, it is fundamental error for the trial court to furnish an interpreter only while the defendant is testifying, and not to furnish an interpreter while the other witnesses are testifying. Since the holding in Baltierra is based on the denial to the defendant of a constitutional right to confront witnesses, the defendant must be able to understand the proceedings, and would not be able to do so unless the testimony of witnesses is translated for the defendant at the time the witnesses are testifying."

TEXAS LEGISLATIVE SERVICE S.B. 548
2/12/79
Filed by Jones of Harris

9-11--285

A BILL TO BE ENTITLED

AN ACT

relating to providing interpreters and their pay; providing for pre-trial hearings on motions for interpreters; amending Article 38.30, Code of Criminal Procedure; amending Article 28.01, Code of Criminal Procedure, as amended; and declaring an emergency.

BE IT ENACTED BY THE LEGISLATURE OF THE STATE OF TEXAS:

Section 1. Article 38.30, Code of Criminal Procedure, is amended to read as follows:

"Article 38.30. INTERPRETER. When a motion for appointment of an interpreter is filed by any party or on motion of the court, in any criminal proceeding, it is determined that a person charged or a witness does not understand and speak the English language, an interpreter must be sworn to interpret for him. Any person may be subpoenaed, attached or recognized in any criminal action or proceeding, to appear before the proper judge or court to act as interpreter therein, under the same rules and penalties as are provided for witnesses. In the event that the only available interpreter is not considered to possess adequate interpreting skills for the particular situation, or the interpreter is not familiar with use of slang, the person charged or witness may be permitted by the court to nominate another person to act as intermediary between himself and the appointed interpreter during the proceedings. (~~Such interpreter shall receive the same pay as interpreters receive in civil suits.~~) Interpreters appointed under the terms of this Article will receive, from the General Fund of the County, for their services a sum not to exceed $100 a day, as follows: interpreters shall be paid not less than $15 nor more than $100 a day, at the discretion of the judge presiding, and when travel of the interpreter is involved all the actual expenses of travel, lodging, and meals incurred by the interpreter pertaining to the case he is appointed to serve shall be paid at the same rate applicable to state employees."

Sec. 2. Article 28.01, Code of Criminal Procedure, as amended, is amended to read as follows:

"Section 1. The court may set any criminal case for a pre-trial hearing before it is set for trial upon its merits, and direct the defendant and his attorney, if any of record, and the State's attorney, to appear before the court at the time and place stated in the court's order for a conference and hearing. The defendant must be present at the arraignment, and his presence is required during any pre-trial proceeding. The pre-trial hearing shall be to determine any of the following matters:

(1) Arraignment of the defendant, if such be necessary; and appointment of counsel to represent the defendant, if such be necessary;

(2) Pleadings of the defendant;

(3) Special pleas, if any;

(4) Exceptions to the form or substance of the indictment or information;

(5) Motions for continuance either by the State or defendant; provided that grounds for continuance not existing or not known at the time may be presented and considered at any time before the defendant announces ready for trial;

(6) Motions to suppress evidence - When a hearing on the motion to suppress evidence is granted, the court may determine the merits of said motion on the motions themselves, or upon opposing affidavits, or upon oral testimony, subject to the discretion of the court;

(7) Motions for change of venue by the State or the defendant; provided, however, that such motions for change of venue, if overruled at the pre-trial hearing, may be renewed by the State or the defendant during the voir dire examination of the jury;

(8) Discovery; ~~(and)~~

(9) Entrapment; and

(10) Motion for appointment of interpreter."

Sec. 3. All laws or parts of laws in conflict or inconsistent with the provisions of this Act are hereby repealed.

Sec. 4. If any section, subsection, paragraph, sentence, clause, phrase, or word in this Act, or the application thereof to any person or circumstance for any reason is held invalid or unconstitutional, such holding shall not affect the validity or enforceability of the remaining portions of this Act, and the legislature hereby declares that it would have passed such remaining portions of this Act despite such invalidity or unconstitutionality of any part or portion thereof.

Sec. 5. The importance of this legislation and the crowded condition of the calendars in both houses create an emergency and an imperative public necessity that the constitutional rule requiring bills to be read on three several days in each house be suspended, and this rule is hereby suspended, and it is so enacted.

***

For those of you who may be interested in professional organizations of court interpreters, please write to the following associations listed below. This is certainly not a complete list, but it is all we have available at the moment. Should there be professional organizations in other states, please let us, at the Texas association, know about you, so that we may all work together.

Texas Association of Judiciary Interpreters
c/o 5422 Yarwell
Houston, Texas 77096

California Court Interpreters Association
P.O. Box 60623
Los Angeles, California 90060

The national organization is:

Court Interpreters & Translators Association
CITA
P.O. Box 427
Madison Square Station
New York, N.Y. 10010

INTERPRETATION

WHAT IS AN INTERPRETER?

The modern connotation of interpreter, and the profession as such, is a fairly recent concept, coming into the public eye after World War II and the founding of the United Nations. However, interpreters have been around from time immemorial -- in fact, since humans learned how to speak and communicate with each other. Since the destruction of the Tower of Babel (Genesis, Chapter 11), the symbol of the breakdown of a universal language, interpreters have been a necessary part of the development of relationships between people. Just a very few years ago the first "bilingual dictionary" was found in Mesopotamia, a listing of 3,000 words from Sumerian to Ebblaite, written on clay tablets that date back to at least 2250 B.C. Today, with geographical distances meaning less and less and communications now being instantaneously possible almost anywhere in the world, interpreters take on an even greater importance.

The basic characteristics that an interpreter must have, are the following: (1) obviously, an excellent knowledge of two or more languages; (2) a good general knowledge on a variety of subjects and a wide range of terminology; (3) a good memory; (4) a personality that is capable of adapting to different and unforeseen circumstances; (5) a desire to never stop learning new things; (6) a genuine desire to help others; and (7) the facility to instill trust -- of ability and flawlessness. Besides, an interpreter must keep a low profile, being considered as the "mirror-image" of the person doing the talking -- simply in another language. Personal feelings, opinions and biases have no place in interpretation.

Historically, the translator/interpreter has been dedicated to accuracy as evidenced by the approximately 100 translators that were beheaded in Rome, in about 350 A.D., by the wife of Emperor Julian, because they would not re-translate the Bible omitting certain passages which she wanted removed -- it is not known whether she eventually got her way or not! There is no situation that requires more meticulousness than a judiciary setting, where a defendant's life, property, livelihood and freedom may depend upon the exactitude of interpreting seemingly insignificant statements. In effect, the administration of justice hinges upon the integrity and precision of the interpretation.

Hopefully, those who study this Manual will not shirk the ethical, moral and legal responsibility of being a true professional. A professional interpreter is much more than a word bank.

INTERPRETING IN A JUDICIAL SETTING

Elementary as the items listed below may seem, every single one of them has been ignored, overlooked and forgotten and many times has even been unknown to those who have acted as interpreters in judicial settings. It is hoped, that by studying this Manual, and by using a little common sense, all of these can be avoided or remembered. Working with a professional interpreter is a pleasurable experience, working with an untrained and unprofessional interpreter is an absolute disaster. In the telephone directory of one Texas city, the Court Interpreter is listed as the "Interrupter" -- and maybe that is how the general public (and the telephone company) views interpreters -- but, certainly, the time has come to change this image!

1. Obviously, you must have excellent command of the two languages you have chosen to work in -- a word perfect and smooth interpretation is mandatory.
2. Speed -- the more you practice, the faster you will become; a knowledge of the subject is, of course, indispensable.
3. Listen carefully and attentively -- if you cannot hear, you cannot interpret. If you cannot hear, say so. In a large courtroom, the acoustics are sometimes very bad.
4. Concentration -- you cannot allow your mind to stray for even one second. That is what makes interpretation so very tiring -- no matter what, you must concentrate 100 per cent ALL the time.
5. Impartiality -- an interpreter must remain unbiased regardless of personal opinions, likes or dislikes. Before any proceeding starts, introduce yourself to the lawyers, court clerk and any other members of both parties, so as to establish this non-bias. Do NOT talk about the case that is coming up.
6. An interpreter NEVER, EVER, gives legal advice.
7. An interpreter must be sworn in prior to beginning work. Should this be forgotten, remind the Court Clerk, or the Court Reporter at depositions. Memorize the Interpreter's Oath. Also, memorize the oath administered to your client.

8. Try to obtain some information about the generalities of the case ahead of time, so you can prepare additional vocabulary (medical, accounting, banking, engineering, etc.).

9. If you know any of the people involved in the proceeding, other than the judge and lawyers, you should make this known to the Court.

10. You should excuse yourself from the proceedings, if your client turns out to be a friend or relative, or someone you have had dealings with, other than as an interpreter, in prior proceedings.

11. You should speak clearly and loudly enough to be heard in a large courtroom; emulate the <u>tone</u> of voice of the client as closely as possible, i.e. place emphasis on the same words as did the client, or the meaning may change. This is particularly important in a jury trial, as the jury is forming an image of the client through the interpreter. Although only facts should be considered by a jury, the outstanding trial lawyers have long ago learned that a little theatrics goes a long way!

12. During a Court proceeding, you should sit at the table with your client and his/her lawyer. When your client takes the witness stand, move forward with him/her and stand next to the witness stand, facing the lawyers, but so the jury can see you and hear you. In prolonged questioning, you may request a chair. In short proceedings or hearings, when the judge talks to your client at the bench, you should stand next to him/her and face the judge.

13. Quite often, your client will be so pleased to actually have someone to communicate with in his/her own language, that he/she will want to talk, ask advice, give you his/her version of the "actual facts" and unwittingly get you to be on "their side". You <u>must</u> keep this type of conversation to an absolute minimum, without being rude. During Court recesses, make a point of talking to the opposing parties, or quietly disappear, so as not to encourage this type of conversation. Remember, you are completely impartial. You also must have NO conversation with any of the jurors in the case, either inside or outside the Courtroom.

14. Should you have to speak directly to the judge, or should he address you, you must stand up and address the judge as "Your Honor" or, in some cases, "Judge," depending on the formality of the Court. Follow the lead of the lawyers.

15. When you are by the witness stand, or in front of the bench, there is to be NO conversation between your client and yourself that does not get interpreted, <u>even if it is obviously a personal remark and was not intended by the client, for interpretation</u>. Remember, if the client spoke English, his remark would have been understood, anyway.

16. Prior to the start of proceedings, you and your client's lawyer should carefully explain the role of an interpreter -- what you can and cannot do. Also explain to your client, the "first and second person" rule (Item 18), as this is confusing to anyone who has not had to deal with it.

17. If your client does not understand a question, or pretends not to understand (a ploy often used to gain time for thinking of an answer!), you should refer it back to the lawyer or judge who asked the question, who, in turn, will repeat or reword the question. You are NOT to give a personal explanation on a point to your client on the witness stand or in front of the bench.

18. All interpretations are done in the "first and second person" (i.e., "Did <u>you</u> ..."; "<u>I</u> did not ..."). Should a judge or lawyer not phrase the question thusly, request them to rephrase prior to interpreting. The reason for this is two-fold: 1) It eliminates the confusion of "he said she said that when he ..."; and 2) the Court Reporter's record must be in the first and second person, and you are helping to make his/her job a little easier.

19. During proceedings that involve an interpreter, ONLY what the interpreter says for the witness/defendant goes into the record, therefore, you must repeat everything that your client says, even if the answer is given wholly or partly in English.

20. If your client uses gestures to describe something (i.e., "here", "so high", "so wide", etc.), you need not repeat the gesture (it has been seen), just the words. If your client points to a part of his/her body or points out a person, you do NOT supply the name of the part or the person, that will be specified for the record through questioning or by statement. Likewise nods or shakes of the head, "ugh-ugh" or "uh-huh", are not acceptable. Ask that your client be instructed to speak proper words.

21. If an objection has been made to a question or line of questioning, you MUST await the ruling of the Court, before interpreting your client's answer, even if he/she has already given you the answer. If the objection is sustained, you give no answer; if the objection is overruled, then you can give the answer. If, due to prolonged argument, you do not remember the exact wording of the question and/or the answer, then ask that it be repeated or read back by the Court Reporter, or your client, as the case may be.

22. If your client speaks just enough English to partly understand or answer in English, you should insist that everything be interpreted, and that your client be instructed to wait for interpretation before answering. Too many times, your client will think he/she understood a question, only to subsequently find he/she did not really understand, this leads to a large amount of confusion and misunderstandings and should not be allowed.

23. If a word is used that you have not heard before or if you cannot remember the meaning of the word, then you should make this known, and go off the record to establish its meaning. Do not do this directly with the person involved, make it known that the "interpreter" has a question and go off the record. This is not necessarily a reflection of inability on the part of the interpreter (unless it happens more than once or twice during a session!) -- no one is expected to know every single word in one, let alone two, given languages, with their various dialects and regionalisms. If used very sparingly, it establishes your concern with accuracy; but when you have been given the meaning once, remember it.

24. Interpreters should inspire confidence in their ability to interpret -- taking one or more dictionaries into a Courtroom and then stopping everything to look up a word, DOES NOT inspire confidence and SHOULD NOT be done. Do your homework ahead of time, or proceed as mentioned in Item 23, above.

25. If the terminology of a question or answer is vague, keep that exact same vagueness in the interpretation. A word like "shot" may or may not mean someone was killed; a "gun" can be anything from a pistol to a machine gun, so until you are sure of the exact meaning of a word and its context, stick to generic terms and generalities.

26. Quite often, you will be asked to read and interpret a document to your client, whether for identification by him/her, or for his/her signature. Try to obtain a copy of any documents ahead of time, so you can look them over for general content. Reading and interpreting is a lot harder than listening and interpreting. (See some of the sample forms and documents in the last section of this Manual.)

27. If, in spite of everything that has been said above, you do make a mistake in a word, or you become aware that you made a mistake earlier in the interpretation, you should immediately advise that you have made an inadvertent error. To err is human, but on not admitting it, you may be seriously jeopardizing your client.

28. If a lawyer in the proceeding, has a working knowledge of the foreign language you are working in, he/she may question your choice of words in the interpretation -- show confidence in yourself (unless you have made a mistake!), after all, you are there as the expert. However, do <u>not</u> get into an argument, there are many nice ways of avoiding one! Should you find yourself harassed, however, without a nice way out, suggest that you excuse yourself from the case and ask for a replacement. This action will usually put an end to any harassment.

29. Because interpreters, by virtue of their profession, are knowledgeable and quick-thinking, they sometimes tend to let strong personalities and opinions show up -- this "light" should be "hidden under a bush" during interpreting sessions!

30. An interpreter should be as unobtrusive as possible -- personal feelings, biases, etc. have NO place in interpreting. The interpreter is only a "mouthpiece" or "mirror image" of the client, in another language.

31. If a question, or an answer, become too lengthy (2-3 minutes), gently remind the speaker that same will have to be broken down into lengths that can be interpreted verbatim without error -- except in simultaneous interpretation, of course.

32. It will also help you and those who surround you, if you have a sense of humor -- the fact that an issue is in litigation per se makes it pretty grim -- it helps if you can smile occasionally and not get upset, even if warranted. The Court or conference room already has angry and/or frustrated people in it, it does not need any more.

33. People say some really hilarious things, whether intentionally or otherwise, when in stressful situations, and a good laugh is healthy -- BUT: 1) be sure you are not hurting someone's feelings unnecessarily; and 2) interpret the joke first and then you can all laugh together. Incredibly, I have seen interpreters laughing hard at something that was said, while the rest of the group, or the client, is wondering what is so amusing.

34. If you are involved in testimony that consists of large amounts of dates, figures, numbers, etc., it is preferable that you take a small pad and write down said figures, etc., while waiting to interpret, rather than carrying many figures in your head and possibly making a mistake that could be very serious -- this is particularly valid in lengthy statements.

35. During depositions, you should sit between your client and the Court Reporter, so the latter can hear you clearly. The note-taking mentioned in Item 34, can become more copious, including spellings of foreign names and places, for the record.

36. Depositions and jail/penitentiary visits are obviously much less formal occasions than a Court setting (particularly Federal Courts), but the responsibility for correct interpretation and professionalism remains the same, even though there is more badinage off the record.

37. The dress code -- a touchy subject that should be ruled by common sense, but which sometimes isn't. The interpreter is a professional in a formal setting, as such, his/her appearance should be professional looking, (NO jeans or low-cut dresses!). A judge can no longer banish a woman dressed in pants from his courtroom -- thank goodness; but if a woman interpreter knows that a judge dislikes women in pants, wear a dress. Why make your life harder by antagonizing him from the start? (May the ERA forgive me, but again, it is plain common sense!)

38. Know that by law, an interpreter may NOT be used as a witness against his/her client, with reference to what may have been said between the client and his/her lawyer through an interpreter.

39. So far, we have been talking mainly about the consecutive mode of interpretation, and both it and the simultaneous mode are explained in the foreword. During a multi-defendant trial, simultaneous interpretation may be used, together with the corresponding equipment; in such a case, interpreters work only in teams. Simultaneous interpretation is exhausting, and should not be done by one person for more than 30 minutes at a time, maximum 60 minutes.

40. And last, but certainly not least, comes tension and relaxation. Interpreting, and its intense concentration, can quickly become very tense work; your head, neck and back will begin to hurt, you'll find yourself squirming in a chair, shuffling your feet, and clenching your hands, without really being aware of the tension. To survive, you must learn to consciously relax, every chance you get. Be aware of relaxing certain muscles in your neck and back, take a deep breath or two (particularly in simultaneous interpreting, you can run out of oxygen and get dizzy), and during Court or other recesses, find some quiet place (the restroom works well!) and practice some relaxation exercises -- it works wonders.

And should you find yourself interpreting in the bowels of a hot and sticky ship that resembles a bucket of rust, while grain is being loaded and you are covered with grain dust that makes you cough and sneeze and roaches run over your feet (a true story) -- SMILE -- and remember that interpreters are indomitable!

COURT OATHS

INTERPRETER'S OATH

You do solemnly swear that you will justly, truly, fairly and impartially act as an interpreter in this case now before the Court -- so help you God? ("I do")

OR

You do solemnly swear that you will well and truly interpret to the witness the questions propounded to him(her) and that you will well and truly interpret to the Court the answers given by the witness to the respective questions -- so help you God? ("I do")

(The Interpreter's Oath need not be interpreted to the client.)

WITNESS' OATH

You do solemnly swear that in the proceeding now being had, you will tell the truth, the whole truth, and nothing but the truth -- so help you God?

"Yes, I swear."

OR

You do solemnly swear that all of the testimony you are about to give in the case now before the Court, will be the truth, the whole truth and nothing but the truth -- so help you God?

"Yes, I swear."

JURAMENTO PARA LOS TESTIGOS

Ud. jura solemnemente que en el procedimiento ahora siendo considerado, Ud. dirá la verdad, toda la verdad y solamente la verdad ¿jura por Diós?

"Sí, juro."

O

Ud. jura solemnemente que todo el testimonio que está por dar en la causa ahora ante la Corte, será la verdad, toda la verdad y solamente la verdad ¿jura por Diós?

"Sí, juro."

OATH FOR DEFENDANT

(as to financial ability to employ counsel)

You do solemnly swear that all of the statements you are about to make, relative to your financial ability to employ counsel, will be the truth, the whole truth and nothing but the truth -- so help you God?

"Yes, I swear."

JURAMENTO PARA EL(LA) DEMANDADO(A)

(para establecer capacidad financiera para contratar un abogado)

Ud. jura solemnement que todas las declaraciones que está por hacer con respecto a su capacidad financiera de contratar un abogado serán la verdad, toda la verdad y solamente la verdad ¿jura por Diós?

"Sí, juro."

OATH FOR JURORS TO ANSWER QUESTIONS

You do solemnly swear that you will truthfully answer all questions that shall be asked of you, touching your qualifications as jurors, in the case now called for trial -- so help you God?

JURAMENTO PARA QUE MIEMBROS DEL JURADO CONTESTEN PREGUNTAS

Juran solemnemente que contestarán verídicamente todas las preguntas que se les harán con respecto (tocante) a vuestra competencia como miembros del jurado en la causa que ahora se enjuicia ¿juran por Diós?

OATH FOR JURORS TO TRY A CRIMINAL CASE

You as an alternate juror ...

You and each of you do solemnly swear that you will well and truly try the case now on trial, and render a true verdict according to the law and the evidence -- so help you God?

JURAMENTO PARA QUE MIEMBROS DEL JURADO JUZGUEN UN CASO CRIMINAL

Ud. como miembro suplente del jurado ...

Ud. y cada uno de Uds., jura solemnemente que juzgará bien y fielmente el caso ahora en juicio, y que rendirá un veredicto verdadero de acuerdo con la ley y la evidencia ¿jura por Diós?

The following are excerpts from a marvellous book called I Solemnly Swear ... by my friend Jerry von Sternberg, a Court Reporter in Houston, who now works for a Federal Judge. Jerry has given permission to the use of some excerpts from his book, published by Carlton Press, Inc. of New York -- in return, I would ask the readers of this Manual to buy this book and have a good laugh.

They are included herein for your amusement and also to point out that interpreters must really listen and interpret exactly what they hear, no matter how strange it may sound. They are not translated, but you might do so as an exercise in the bizarre.

Q. What is your name, please?
A. H.M. Thomas.
Q. What do those initials stand for, Mr. Thomas?
A. Well, after twelve kids they kind of run out of names, and Mother always wanted a Junior, and my dad didn't, so they compromised, they named me his initials. That's all the name I got. I had a lot of trouble with that in the Navy, but I finally won.

***

Q. Mandy, you say you have had three children. Who was the father of your children?
A. Well, our pastor is the father of the little one.
Q. Who is the father of the others?
A. Well, our assistant pastor is the father of the next one.
Q. Who is the father of the oldest one?
A. Well, sir, I don't rightly knows. You see, that one I had before I was saved.

***

Q. Why were you arrested?
A. They say I was drunk. Of course, I wasn't. I was walking down the street, about three years ago -- one Saturday night I was walking down the street and I was peeping in a window and, you know, they was having a raid, and I didn't know they was having a raid, and the cops beckoned for me to come on in, and they took me down to jail. They took me and charged me $5 to get out.

***

Q. Has Mabel ever been handled by the police?
A. Well, they helped put her in the ambulance.

***

Q. All right, tell me what kind of trouble you did get into.
A. Got to fighting.
Q. Well, then what happened?
A. I fooled around and killed him.

***

Q. Have you ever had any trouble with the law, Ardell?
A. Not for no reckless driving or speeding, or anything like that.
Q. Have you ever been in the penitentiary?
A. I have.
Q. What have you been in the penitentiary for?
A. For murder.

***

Q. Eddie, what trouble have you had with the law?
A. I have been arrested twice, but I never had no trouble.
Q. What were they for?
A. One for shooting craps and the other for shooting a guy.
Q. Did you kill somebody?
A. He died afterwards, but I didn't kill him on the spot.

***

Q. Have you ever been arrested?
A. One time.
Q. What for?
A. Well, I was trying to help a girl.
Q. What do you mean, you were trying to help a girl?
A. Well, she was drunk and I was trying to sober her up.
Q. Well, what did you do?
A. Took her under the North Main bridge.

***

Q. Have you ever been arrested?
A. Well, I have never been arrested for anything worthwhile.

***

Q. What kind of examination did the doctor give you?
A. A thoroughly examination.
Q. Did you tell him about your condition?
A. I thought if he was the doctor he should know.

***

Q. What did the doctor tell you about your condition?
A. He said I had worked up a bad case of lazy.

***

Q. Why did you change hospitals?
A. I moved from that hospital to the Hermann Hospital, because I didn't get the right kind of treatment. They had an old dope head there that wanted to give me a shot when I was damn near bleeding to death. And I throwed a pitcher at him, made him leave the room.

***

Q. Do you have a family doctor?
A. Yes, sir. Dr. ____. He is a specialist.
Q. What is his specialty?
A. He's a neurotic.

***

Q. How many times did you go to the doctor?
A. I don't know. He never did tell me.

***

Q. Where is the doctor that took out your tonsils located?
A. In the Masonic Cemetery.

***

Q. What were your complaints at the time you arrived at the hospital.
A. I didn't have any complaints, because I wasn't feeling much like complaining.

***

Q. What did the doctor tell you?
A. He said both legs were matitated, but by that time the hemorrhagaphy had gone down to just bleeding.

(What would we do with that? I still haven't figured it out. Ed.)

***

Q. You say you went to Galveston in 1920, yet the first job you told me about was in 1946. What did you do between 1920 and 1946?
A. Well, I didn't go to work as soon as I got there.

***

A. A fellow accused me of setting his house afire, but it was proved I didn't do it.
Q. Did you prove it or did he prove it?
A. My lawyer proved it.

***

Q. You say defendant has caused you great mental suffering and distress. Tell us about it.
A. Well, I gave my wife $50 to get a divorce and she spent the money and didn't get one.

***

The following quotes come from a variety of printed sources, and were collected by the Automotive Information Council -- strange reasons that people give for having had automobile accidents. Again an exercise in precise listening.

"An invisible car came out of nowhere, struck my auto and vanished."

"Coming home, I drove into the wrong house and collided with a tree that I don't have."

"The other car collided with mine without warning me of its intentions."

"The telephone pole was approaching fast. I attempted to swerve out of its path when it struck my front end."

"I was thrown from my car as it left the road. I was later found in a ditch by some stray cows."

"I had been driving my car for 40 years when I fell asleep at the wheel and had an accident."

"I collided with a stationary truck coming the other way."

"A stop sign suddenly appeared where no stop sign had ever appeared before."

"I had been shopping for plants all day and was on my way home. As I reached an intersection, a hedge sprang up. It obscured my vision and I didn't see the other car."

"The indirect cause of this accident was a little guy in a small car with a big mouth."

"The pedestrian had no idea which direction to go, so I ran over him."

"The other car attempted to cut in front of me, so I, with my right bumper, removed his left rear taillight."

"I was driving through the field and hit a fire hydrant."

"In an attempt to kill a fly, I drove into a telephone pole."

"I pulled away from the side of the road, glanced at my mother-in-law and headed over the embankment."

***

GLOSSARY OF JUDICIAL TERMINOLOGY
AND
OTHER SPECIALIZED VOCABULARIES

ABBREVIATIONS

All adjectives have been written only in the masculine form, it being understood that the feminine is implied -- simply change the final "o" to an "a".

All common nouns that pertain to people's job or work, are written only in the masculine form, it being understood that the feminine is implied -- simply change the ending and/or the article, as the case may be. Even such typically feminine nouns as "prostitute," now also have their masculine counterparts.

Verbs that have both a transitive and an intransitive form are shown by having added "(se)" after the transitive form.

n.	noun
v.	verb
a.	adjective
adv.	adverb
conj.	conjunction

GLOSSARY OF JUDICIAL TERMINOLOGY

English - Spanish

abandon: v. abandonar, dejar, desamparar; renunciar

abandonment: n. abandono, deserción; renuncia; desamparo

a posteriori: del efecto a la causa

a priori: de la causa al efecto

abdicate: v. abdicar; renunciar (a derechos)

abduct: v. secuestrar, raptar

abduction: n. secuestro, rapto

abductor: n. secuestrador, raptor

aberrant: a. aberrante, anormal

aberration: n. aberración

abet: v. (see aid and abet)

abetment: n. complicidad; incitación

abettor: n. cómplice; instigador

abeyance: n. suspensión, espera; expectativa
    in abeyance: en suspenso, pendiente, en espera

abide: v. tolerar, aguantar
    to abide by: acatarse a, atenerse a

abjure: v. abjurar, renunciar; retractarse de (una opinión)

abolish: v. abolir, anular, derogar, suprimir

abortion: n. aborto

abortive: a. abortivo
    abortive trial: juicio abortivo (sin sentencia)

abrogate: v. abrogar, revocar, anular

abrogation: n. abrogación, revocación, anulación

abscond: v. salir, partir; evadirse, fugarse, huir; alzarse

absolute: a. irrevocable; absoluto

absolve: v. liberar, absolver, dispensar

abstract: v. resumir, extraer
    n. resumen, extracto, abstracción

absurd: a. absurdo, ridículo

absurdity: n. disparate, absurdo, ridiculez

abuse: n. abuso, injuria
    v. abusar, violar, insultar, denigrar

abusive: a. abusivo, injurioso, ofensivo

accede: v. acceder

accept: v. aceptar, admitir, reconocer; recibir

acceptance: n. aprobación; aceptación; recepción

access: n. acceso

accessory: n. cómplice
a. accesorio
accessory after the fact: cómplice encubridor
accessory before the fact: cómplice instigador

accident: n. accidente; (por) casualidad

accidental: a. accidental; fortuito

accomplice: n. cómplice

accord: n. acuerdo, convenio
v. conceder

accordance: n. acuerdo, conformidad
in accordance with: de acuerdo con, conforme a, en conformidad con

accost: v. abordar (una prostituta)

accountability: n. responsabilidad

accountable: a. responsable
accountable for: responsable de
accountable to: responsable ante

accrue: v. derivar, proceder; acumular(se)

accuracy: n. precisión, exactitud

accurate: a. preciso, exacto; (traducción) fiel

accusal: n. acusación

accusation: n. acusación
to bring an accusation against: formular una acusación contra

accusatory: a. acusatorio

accuse: v. acusar (de)

accused: n. acusado, acusada
a. acusado

accuser: n. acusador, acusadora

ache: n. dolor
v. doler

aching: a. dolorido

acid: n. ácido (see also drug-related terms section)

acknowledge: v. admitir, reconocer

acknowledgement: n. admisión, reconocimiento

acquaintance: n. conocido, conocida

acquainted: a. conocido, con conocimiento de

acquiesce: v. consentir, asentir

acquiescence: n. consentimiento, aquiescencia

acquire: v. adquirir, conseguir

acquit: v. exonerar, absolver

acquittal: n. exoneración, absolución

acquitted: a. exonerado, absuelto

act: n. acto; acta, ley, decreto; hecho
v. actuar, obrar; comportarse

acting: a. interino, provisional; en ejercicio (un puesto)

act of God: n. caso fortuito o force majeure

act of comission: n. acto de comisión

act of omission: n. acto de omisión

action: n. acción; proceso, acto
disciplinary action: medida disciplinaria
to bring action: presentar una demanda

actionable: a. procesable, justiciable, actuable

active: a. activo; vigente (una ley)

activist: a. activista

actual: a. real, verdadero, efectivo (NOT "actual")

actuary: n. actuario
a. actuarial

addendum: n. apéndice, addenda

addict: n. adicto (see also drug-related terms section)

address: n. dirección, domicilio
v. dirigir (la palabra), dirigirse a
to address the Court: dirigirse al Juez, o al tribunal
address to the jury: informe al jurado

addressee: n. destinatario

adequate: a. adecuado, razonable, suficiente, equitativo, justificante

adhere: v. adherirse

adherence: n. adherencia

adjourn: v. levantar o aplazar (una sesión); postergar, suspender, diferir

adjourned: a. levantado, aplazado

adjournment: n. suspensión, aplazamiento; postergación

adjudge: v. adjudicar, juzgar, declarar; decidir

adjudicate: v. adjudicar, juzgar, declarar, sentenciar

adjudicated: a. adjudicado, declarado, juzgado, sentenciado

adjudication: n. sentencia, fallo, adjudicación

adjudicatory: a. de adjudicación
adjudicatory hearing: audiencia de adjudicación o juzgamiento (de menores)

adjust: v. ajustar, arreglar; resolver

adjustment: n. ajuste, arreglo

ad lib: v. improvisar

administrate or administer: v. administrar (justicia)

admissible: n. admisible, aceptable

admission: n. admisión; confesión
admission of guilt: confesión de culpabilidad

admit: v. admitir, conceder, reconocer; confesar

admonish: v. advertir, prevenir; amonestar

admonitory: a. admonitorio

adopt: v. adoptar

adoption: n. adopción

adoptive: n. adoptivo

adult: n. & a. adulto, mayor de edad

adulterer, adulteress: n. adúltero, adúltera

adultery: n. adulterio

advantage: n. ventaja, provecho, beneficio

advantageous: a. ventajoso, beneficioso, provechoso

adversary: n. adversario
adversary proceeding or suit: juicio adversario o disputado

adverse: a. adverso, opuesto, contrario
adverse witness: testigo hóstil o desfavorable

advice: n. consejo(s), asesoramiento

advisable: a. aconsejable; juicioso, prudente; conveniente

advise: v. aconsejar, asesorar; avisar, notificar

advisedly: adv. intencionalmente, deliberadamente

advisement: n. consideración, deliberación
to take under advisement: tomar en consideración

advisor: n. consejero, asesor, consultor

advisory: a. asesor, consultivo

advocate: v. apoyar, sostener; defender, abogar por
n. abogado, defensor

affair: n. asunto, cuestión
to have an affair: tener una aventura (romántica)

affect: v. afectar

affected: a. afectado, afecto

affidavit: n. afidávit, declaración jurada, testimonio, atestiguación

affiliate: n. asociado; filial (compañía)
v. afiliarse, asociarse

affiliation: n. afiliación, asociación

affirm: v. afirmar, alegar, asegurar; confirmar, convalidar, ratificar

affirmant: n. afirmante

affirmation: n. afirmación; (Mex.) deposición

affirmative: n. afirmativa
a. afirmativo

affix: v. colocar o poner (sello o firma); añadir, agregar, adjuntar

afford: v. costearse, permitirse

affront: n. insulto; afrenta; agravio
v. insultar; afrentar

aforementioned: a. antes mencionado, antedicho, susodicho, ya mencionado

aforenamed: a. antes nombrado, prenombrado, ya nombrado

aforesaid: a. antedicho, susodicho, ya dicho

aforethought: a. deliberado, con premeditación, premeditado
with malice aforethought: con malicia premeditada

afraid: a. asustado
to be afraid: temer, tener miedo

aftereffect: n. efecto secundario, consecuencia

against: a. contra, en contra de

age: n. edad; era, época
of age: mayor de edad; de edad
under age: menor de edad; juvenil, menor
middle age: mediana edad
old age: vejez
v. envejecer

aged: a. anciano

agency: n. agencia, entidad, ente

agenda: n. órden del día, agenda

agent: n. agente, apoderado

aggravate: v. agravar

aggravated: a. agravado, agravante
aggravated assault and battery: ataque o acometimiento y agresión grave
aggravated robbery or larceny: robo o hurto (con circunstancias) agravante(s)

aggression: n. agresión

aggressive: a. agresivo

aggressiveness: n. agresividad

aggressor: n. agresor, acometedor

agitate: v. hacer campaña a favor de; incitar, alborotar; agitar

agitator: n. incitador, alborotador, agitador, perturbador; (MA) buscapleitos

agony: n. agonía, angustia

agree: v. acordar, concordar, estar o ponerse de acuerdo, acceder, consentir

agreed: a. convenido, de acuerdo

aid and abet: v. ser cómplice de; incitar

ailment: n. molestia, indisposición

alarm: n. alarma; susto
burglar alarm: alarma antirrobo
alarm clock: despertador
to give an alarm: dar la alarma
to be alarmed: alarmado, asustado
v. asustar, alarmar

alarming: a. alarmante

alcohol: n. alcohol

alcoholic: a. & n. alcohólico(ca)

alert: v. alertar
a. alerto, vigilante

alias: n. alias, nombre falso o supuesto (NOT nickname)

alibi: n. coartada, alibí

alien: n. & a. extranjero; foráneo, extraño

alienate: v. enajenar, alienar; apartarse (de sus amigos)

alienation: n. enajenación, enajenamiento, alienación

alimony: n. pensión alimenticia (en Texas no existe "alimony")

allegation: n. alegato, alegación

allege: v. alegar; afirmar; pretender

alleged: a. alegado, pretendido, supuesto

allowance: n. ayuda, subsidio, pensión, subvención

allude: v. aludir

alter: v. alterar, cambiar, modificar

altered: a. alterado, modificado, cambiado

alternate: n. suplente, reemplazante, sustituto
a. alterno
alternate juror: miembro suplente del jurado
v. alternar

alternative: a. alternativo
n. alternativa

ambiguity: n. ambigüedad

ambiguous: a. ambiguo

ambulance: n. ambulancia

ambulatory: a. ambulatorio

ambush: n. emboscada
to lie in ambush: estar emboscado
to be ambushed: caer en una emboscada
to ambush: tender una emboscada

amend: v. modificar, enmendar, corregir, rectificar

amendment: n. modificación, reforma, enmienda, rectificación, corrección
constitutional amendment: modificación constitucional

amends: n. reparación, compensación, satisfacción
to make amends: v. compensar, reparar, indemnizar

amnesty: n. amnestía

amount: n. cantidad, importe
v. ascender a, llegar a, sumar

ancillary: a. anciliario, auxiliar, secundario, afín, anexo, subordinado

anesthesia: n. anestesia

anesthetize: v. anestesiar

anguish: n. angustia

annihilate: v. aniquilar

annotation: n. anotación, nota, comentario

annul: v. anular, cancelar, abrogar, revocar, nulificar, dejar sin efecto

annulment: n. anulación, cancelación, abrogación, revocación

anonymity: n. anónimo, anonimato

anonymous: a. anónimo

answer: n. contestación, respuesta; solución; réplica
v. contestar, responder, replicar

antecedence: n. precedencia, anterioridad

antecedent: n. antecedente, precedente

antibiotic: n. & a. antibiótico

antitrust law: ley antimonopolista

apology: n. disculpa, excusa

apparent: a. aparente, obvio, evidente
heir apparent: heredero presunto

apparently: adv. aparentemente, por lo visto, evidentemente, obviamente

appeal: n. apelación, recurso, alzada
v. apelar, recurrir, alzar, interponer una apelación
Court of Appeals: Corte o Tribunal de Apelaciones

appealable: a. apelable, sujeto a recurso

appear: v. parecer, aparecer; comparecer (en los tribunales)

appearance: n. comparecencia, comparición; apariencia
initial appearance: comparecencia inicial, primera comparecencia

appearer: n. compareciente

appease: v. apaciguar, aplacar

appellant: n. & a. apelante, demandante, recurrente

Appellate Court: n. Tribunal de Apelaciones

appellee: n. apelado, demandado

applicability: n. aplicabilidad, pertinencia

applicable: a. aplicable, pertinente

applicant: n. demandante; candidado, aspirante, solicitante

application: n. aplicación, solicitud, petición
application form: formulario de solicitud

appoint: v. nombrar, designar

appointment: n. nombramiento, designación; cita

apprehend: v. detener, aprehender, arrestar, prender

apprehension: n. detención, arresto, prendimiento

appurtenance: n. anexidades, accesorios

appurtenant: a. anexo

arbiter: n. árbitro, arbitrador

arbitrable: a. arbitrable

arbitrage: n. arbitraje

arbitral: a. arbitral, arbitrario
arbitral award: sentencia o laudo arbitral

arbitrariness: n. arbitrariedad

arbitrary: a. arbitrario; discrecional
arbitrary power: poder arbitrario
arbitrary punishment: pena arbitraria o discrecional

arbitrate: v. arbitrar; someter al arbitraje

arbitration: n. arbitraje, arbitración, recurrir al arbitraje
Arbitration Board: n. Junta Arbitral
arbitration bond: n. fianza de arbitración
arbitration proceeding: n. juicio arbitral

arbitrational: n. arbitral, arbitrario

arbitrative: n. arbitrativo, arbitrario

arbitrator: n. árbitro, arbitrador

archives: n. archivos
National Archives: Archivo Nacional

argue: v. disputar, argumentar, argüir; (MA) averiguar
to argue for: (to plead) abogar por

argument: n. argumento, discusión, disputa; alegato

argumentative: a. argumentativo, argumentador

arm: v. armar(se)
n. brazo; arma   armed: a. (MA) empistolado; armado
n.pl. armas, armamentos

arraign: v. acusar formalmente, denunciar; procesar, instruir de cargos

arraignment: n. acusación formal, denuncia, lectura de acusación, proceso, procesamiento, instrucción de cargos

arrest: v. arrestar, detener
n. arresto, detención
under arrest: estar bajo arresto, estar detenido
house arrest: arresto domiciliario

arresting officer: n. agente o policía que hizo el arresto

arsenal: n. arsenal

arsenic: n. arsénico

arson: n. incendio intencional o malicioso o premeditado; incendiarismo

arsonist: n. incendiario

article: n. artículo; cláusula; ítem

as for or as to: en cuando a, por lo que se refiere a

as from: a partir de

as if: como si

as is: tal cual

as of: desde, a partir de

as per: según, de acuerdo con

as regards: con respecto a

as soon as: tan pronto como; lo antes (posible)

ascertain: v. averiguar, comprobar

assailant: n. asaltador, asaltante, agresor

assassin: n. asesino; (MA) matón
hired assassin: asesino pagado

assassinate: v. asesinar

assassination: n. asesinato

assault: n. asalto, ataque, agresión, amenaza
v. asaltar, atacar, agredir; violar (rape)
assault and battery: asalto con lesión, asalto y agresión
aggravated assault: n. asalto o ataque con propósito criminal o con arma y con lesión
simple assault: n. asalto o ataque sin arma y con lesiones menores
assault with a deadly weapon: asalto con arma mortífera
assault with intent to murder: asalto con intento homicida o con intento de matar, ataque para cometer asesinato
assault with intent to rape: asalto con intento de violar
assault with intent to rob: asalto con intento de robar o intento hurtador

assert: v. afirmar, mantener, sostener; hacer valer

assertion: n. afirmación, aserción

assess: v. evaluar, valuar, gravar, imponer; fijar, establecer

assessment: n. evaluación, valoración, juicio, imposición, gravamen, impuesto

assign: v. ceder, asignar, hacer cesión, transferir, designar; fijar (una fecha)

assignable: a. transferible, cesionable; asignable

assignee: n. cesionario; apoderado

assignment: n. asignación; tarea, trabajo, cesión, transferencia, traspaso

assigned: a. asignado, designado, nombrado
assigned counsel: abogado designado por la Corte

assist: v. asistir, ayudar; presenciar, tomar parte en

assistance: n. asistencia, ayuda

assistant: n. & a. asistente, auxiliar; sub......, vice......
assistant District Attorney (D.A.): subprocurador, fiscal asistente

associate: n. & a. asociado; socio; cómplice
v. asociar(se)

assume: v. asumir, suponer

assumed: a. supuesto; simulado
assumed name: nombre ficticio

assumption: n. suposición; suponiendo que

assure: v. asegurar, garantizar

asylum: n. asilo; manicomio

atrocious: a. atroz

atrocity: n. atrocidad

attack: n. ataque
v. atacar

attackable: a. atacable

attacker: n. atacador, asaltante

attacking: n. agresor

attempt: v. intentar, tratar
n. intento, tentativa; atentado
attempted murder: tentativa de asesinato, intento a homicidio

attendance: n. comparecencia; asistencia

attest: v. atestiguar, atestar, dar fé, deponer; certificar, testificar, testimoniar, legalizar, dar testimonio
n. atestación, deposición
attested copy: copia certificada

attesting: a. testificante, certificador, certificante

attestor: n. testigo, certificador

attorney: n. abogado, consejero, procurador; apoderado; licenciado (Mex.)
Attorney General: Procurador o Fiscal General; Ministro de Justicia
Attorney General's Office: procuraduría general

attorneyship: n. procuraduría

audible: a. audible

authentic: a. auténtico, legítimo; legalizado

authenticate: v. autenticar, autentificar; legalizar

authenticity: n. autenticidad

authority: n. autoridad; competencia, poder
by authority: por poder

authorities: n.pl. autoridades

authorization: n. autorización

authorize: v. autorizar, facultar, apoderar

authorized: a. autorizado; legalizado

autopsy: n. autopsia, necropsia
v. autopsiar
to perform an autopsy: hacer una autopsia

avenge: v. vengar(se)

avoid: v. evitar; anular

avoidable: a. evitable; anulable

avow: n. declarar, reconocer, admitir, confesar

avowal: n. reconocimiento, admisión, confesión

avowed: a. declarado, reconocido

award: n. juicio, sentencia, fallo; adjudicación o concesión (de un contrato); laudo (de árbitro)
v. conceder, otorgar, adjudicar, laudar

backlog: n. casos pendientes o atrasados

bad: a. malo; grave (accidente, enfermedad, error)
bad debt: deuda incobrable o mala
bad faith: mala fé

badge: n. placa, escudo

bail: n. fianza, caución
v. dar fianza, caucionar, afianzar
bail-bond: n. fianza, caución
forfeit bail: perder la fianza
jumping bail: huir estando bajo fianza
on bail: bajo fianza
to bail out (another): sacar o liberar bajo fianza

bailable: a. caucionable, afianzable
bailable offense: n. delito caucionable o afianzable

bailee: n. depositario, afianzado

bail bondsman (or bailor, bailer): n. fiador, garante, afianzador

bailiff: n. alguacial, bailif

ballot: n. voto, votación; lista de candidatos
v. votar

balloting: n. votación

ban: n. prohibición, interdicción
v. prohibir

bandit: n. bandido, bandolero

banditry: n. bandidaje, bandolerismo

bang: n. detonación, explosión
with a bang: ruidosamente, dando estallidos
v. golpear, dar golpes

bank: n. banco, institución bancaria; banquina o terraplén (de carretera)
v. tratar con un banco, depositar en el banco, tener una cuenta en el banco
bank account: n. cuenta bancaria, cuenta corriente (checking account)

banking: a. bancario

bankrupt: a. en bancarrota, en quiebra; insolvente, quebrado
v. hacer quebrar; arruinar
to go bankrupt: irse en bancarrota, estar o declararse en quiebra
adjudge bankrupt: v. declarar en bancarrota o en quiebra

bankruptcy: n. bancarrota, quiebra, falencia, insolvencia
Bankruptcy Court: Tribunal de Quiebras
bankruptcy petition: petición de quiebra
bankruptcy proceedings: juicio de quiebra

bar: n. abogacía, asociación o colegio de abogados; bar

barricade: n. barricada
v. levantar barricadas; embarricarse

barrister: n. (British) abogado

be it enacted: decrétese

be it resolved: resuélvase

bear witness: v. atestiguar, testimoniar, dar fé

beat: v. golpear, pegar, dar golpes
  to beat a rap: conseguir que se reduzcan los cargos; conseguir que se abandonen los cargos

beating: n. paliza

before me: ante mí

beg: v. rogar, pedir, suplicar

being duly sworn: habiendo sido juramentado, habiendo prestado juramento

bench: n. tribunal, magistratura; el juez; estado del juez
  bench warrant: auto de juez para detención de alguien

benefit: n. provecho, beneficio
  benefit of counsel: derecho de representación legal
  benefit of the doubt: beneficio de la duda

bet: n. apuesta
  v. apostar

betray: v. traicionar, engañar, defraudar

betrayal: n. traición, engaño
  betrayal of confidence: abuso de confianza

beyond: prep. más allá de, fuera de; además
  beyond a reasonable doubt: fuera de una duda razonable, más allá de una duda razonable

bias: n. tendencia, parcialidad, predisposición, prejuicio
  to be biased: v. ser parcial, tener prejuicios

bill: n. factura; proyecto de ley
  to pass a bill: adoptar un proyecto de ley
  a true bill: acusación aprobada por el Jurado Mayor
  v. facturar

bind: v. obligar(se), comprometer(se)
  to bind over: v. poner bajo fianza; colocar bajo custodia; obligar legalmente

binding: a. obligatorio, que compromete
  binding instruction: instrucción al jurado para veredicto
  binding over: fianza para comparecencia; colocando bajo custodia

birth: n. nacimiento; parto
  birth certificate: certificado o partida de nacimiento; (Mex.) acta de nacimiento

birthday: n. cumpleaños; día del cumpleaños

birthplace: n. lugar de nacimiento

blackjack: n. cachiporra, porra, macana (MA)
  v. aporrear, cachiporrear, (MA) macanar, dar macanazos

blackmail: n. chantaje
  v. chantajear, hacer chantaje

blackmailer: n. chantajista

blade: n. cuchilla, hoja de navaja; (MA) fila, filero

blame: n. culpa
  v. culpar, echar la culpa
  to bear the blame: tener la culpa
  to put the blame on ...: echarle la culpa a ...

blameless: a. libre de culpa, inocente

blank cartridge: n. cartucho de fogueo

blank check: n. cheque en blanco

blank spaces: n. espacios en blanco

blast: n. explosión, estallido
v. explotar, hacer volar; seguir disparando (armas de fuego)

blatant: a. evidente, patente, obvio; descarado

blaze: n. llamarada, fuego, incendio, (MA) lumera
v. arder, quemar; seguir disparando (armas de fuego)
to blaze up: v. encenderse, incendiarse

bleed: v. sangrar
to bleed to death: v. morir desangrado

bleeding: a. sangrante, sangriento

blind: a. ciego
blind alley: callejón sin salida
blind curve: curva sin visibilidad
n. persiana
v. cegar, dejar ciego

blindness: n. ceguera, ceguedad

blink: v. parpadear, pestañar
n. parpadeo

blister: n. ampolla
v. producir o levantar ampollas

block: n. bloque
city block: n. cuadra, manzana
road block: barricada, bloqueo
v. bloquear, obstruir

blood: n. sangre
blood poisoning: envenenamiento de la sangre

bloodbath: n. matanza

bloodhound: n. sabueso (perro)

bloodshed: n. matanza, derramamiento de sangre

bloodstain: n. mancha de sangre

bloody: a. sangriento, sanguinolento; sanguinario
v. manchar de sangre, ensangrentar

blow: n. golpe
v. soplar; reventar (una llanta)
to blow away: (slang) matar
to blow up: explotar, reventar, estallar

blowgun: n. cerbatana

blowup: n. explosión, estallido; (slang) pelea grande, gran discusión

bludgeon: n. cachiporra, porra
v. aporrear, cachiporrear

blue-collar: a. obreril, tipo obrero

bluff: n. fanfarronada, un bluf; (MA) blofe
v. fanfarronear, blufear; blofear

blunt: n. desfilado (cuchillo); brusco (persona)
blunt instrument: n. instrumento contundente

board: n. junta directiva, junta
board of directors: directorio, junta directiva, consejo de directores
board of elections: junta electoral, tribunal electoral
Board of Pardons and Paroles: Junta de Indultos y Libertad Supervisada

boast: n. jactancia
v. jactarse

bodily injury (serious): lesiones o daños corporales (mayores)

body: n. cuerpo

bodyguard: n. guardaespaldas

bogus: a. falso, fingido, simulado

bolt: n. cerrojo, pestillo (de una puerta)
v. cerrar con cerrojo o pestillo; huir(se), escapar(se), fugarse

bona fide: a. de buena fé

bomb: n. bomba
v. bombardear
bomb blast: n. explosión o estallido de bomba
time bomb: n. bomba de efecto retardado, bomba con mecanismo de relojería, bomba de tiempo

bombard: v. bombardear

bombing: n. bombardeo

bond: n. fianza; bono; obligación; garantía
v. afianzar, dar fianza, caucionar; garantizar

bonded: a. afianzado; garantizado

bondsman: n. fiador, afianzador, garante

bone: n. hueso

bony: a. huesudo; esquelético

book: v. fichar (un sospechoso); oficialmente registrar o asentar a una persona asentada
to make book: registrar las apuestas

bookie: n. (slang) corredor de apuestas

booking: n. registro oficial de una persona arrestada -- con identificación completa, puede o no incluir toma de impresiones digitales

borrow: v. emprestar, pedir prestado

borrower: n. prestatario

boss: n. patrón, jefe

bounce: v. rebotar; ser rechazado (un cheque)

bow: n. arco (para ser usado con flechas)

boycott: n. boicot, boicoteo
v. boicotear

boycotting: n. boicoteo

brace: n. aparato ortopédico
v. reforzar; prepararse

brand name: n. marca de fábrica

brawl: n. alboroto, disputa, pelea, reyerta
v. pelear(se)

brave: a. valiente

bravery: n. valentía

brass knuckles: n. manopla

breach: v. violar, infringir
n. infracción, violación
breach of contract: violación de un contrato
breach of the peace: perturbación o alteración del órden público
breach of trust: abuso de confianza

break: v. romper, quebrar
break a case: resolver un caso
break a contract: violar un contrato
break and enter: allanar, entrar a la fuerza, escalar
break the law: violar o quebrantar la ley
break a strike: romper una huelga

breaking and entering: n. allanamiento (de morada), escalamiento
breaking jail: huirse, escaparse, fugarse de la cárcel

breech: n. recámara (de arma de fuego)
breech-loading: a. de retrocarga

bribe: n. soborno, cohecho, mordida, "compra", (Arg.) coima
v. sobornar, dar una mordida, (Arg.) coimear

briber: n. sobornador, cohechador, (Arg.) coimero

bribery: n. soborno, cohecho

brief: n. expediente, informe, sumario, resumen, escrito, alegato, auto, memorial
v. recopilar, resumir, informar, dar instrucciones

bring suit, to: v. enjuiciar, encausar, entablar un pleito, incoar un proceso, demandar

bruise: n. moretón, contusión, magulladura
v. tener moretones o magulladuras, magullar(se), contusionar

brutal: a. brutal, cruel

brutality: n. brutalidad, crueldad

brutalize: v. embrutecer(se); tratar brutalmente

brute: a. bruto, brutal
n. bruto, bestia

buckshot: n. postazorrera

bug: n. (slang) micrófono oculto
v. escuchar por medio de un micrófono oculto

bullet: n. bala

bulletproof: a. a prueba de balas

bullet wound: n. herida de balazo

bum: n. vagabundo, vago
v. vagabundear

bump: n. choque, golpe, porrazo, chichón, hinchazón
v. chocar, darse un golpe o porrazo o chichón

burden of proof: cargo de la prueba; obligación de probar

Bureau of Vital Statistics: Dirección o Departamento de Estadísticas Vitalicias, Registro Civil

burglar: n. ladrón, escalador
burglar alarm: n. alarma antirrobo

burglary: n. robo, hurto, escalamiento; robo con allanamiento de morada

burgle: v. robar (con allanamiento de morada)

burial: n. entierro

burn: n. quemadura
v. quemar(se)
to burn down: incendiar(se); quedar totalmente quemado

bury: v. enterrar, sepultar

busted, to get: acabar arrestado, bustear (MA), lo bustearon

butt (of revolver): n. culata (de un revólver)

by-laws: n.pl. estatutos

by-product: n. subproducto

bystander: n. circunstante (a un accidente), persona presente, espectador cadaver: n. cadáver

calculate: v. calcular

calculated: a. calculado; intencional, deliberado
calculated risk: riesgo calculado

calculator: n. (máquina) calculadora

calendar: n. calendario; lista de pleitos
calendar days: n. días corridos, días calendario

call: n. llamada, llamado; citación, convocación (de sesión o reunión)
v. llamar, citar, convocar; declarar (una huelga)
to be on call: estar disponible, estar de guardia
call girl: n. prostituta

calumniate: v. calumniar

calumniation: n. calumnia

calumny: n. calumnia

camera: n. cámara o máquina fotográfica; cámara del juez
in camera: en sesión secreta, a puerta cerrada

camouflage: n. camuflaje, disimulación, enmascaramiento
v. camuflar, disimular, enmascarar

cancel: v. cancelar, anular, rescindir

cancellation: n. cancelación, anulación

cane: n. bastón; caña

canteen: n. cantina; cantimplora (botella)

cap gun: n. pistola de fulminantes

caper: n. travesura

capital: n. (ciudad) capital
a. capital
capital crime: crimen con pena de muerte
capital letter: mayúscula
capital murder: homicidio con pena de muerte
capital punishment: pena capital, pena de muerte

capitulate: v. capitular

capitulation: n. capitulación

capsule: n. cápsula

captain: n. capitán

captive: a. & n. cautivo

captivity: n. cautividad, cautiverio

captor: n. capturador, apresador

capture: n. captura, apresamiento
v. capturar, apresar; captar

car: n. coche, carro, automóvil

carbine: n. carabina

care: n. cuidado, atención
    medical care: atención o asistencia médica

career: n. carrera, profesión

careless: a. descuidado, negligente, imprudente

carelessness: n. descuido, negligencia; indiferencia

cartridge: n. cartucho; (case) casquilla
    blank cartridge: cartucho sin bala o cartucho de fogueo
    cartridge clip: cargador (de balas)

case: n. caso, pleito, causa, acción, proceso, procedimiento
    to bring a case against ...: poner (hacerle) pleito a ...
    case dismissed: causa desechada
    to rest a case: terminar el alegato
    to state one's case: exponer los hechos
    case law: derecho común, jurisprudencia por precedentes
    case settled: causa resuelta

caseload: n. (in corrections) total de clientes registrados
    (in court) total de causas registradas en un tribunal
    caseload,pending: total de causas registradas en una corte que están pendientes o esperando disposición

cash: n. dinero efectivo; pago al contado, en efectivo
    v. cobrar (un cheque), cobrar en efectivo, (MA) feriar un cheque
    cash register: caja registradora

cashier: n. cajero, cajera

castigate: v. castigar, censurar

castigation: n. castigo, censura

castigator: n. castigador

casualty: n. víctima (de un accidente); accidente

catastrophe: n. catástrofe

catastrophic: a. catastrófico

catch: v. agarrar, coger, prender, capturar, pescar
    to catch fire: incendiarse, encenderse, prenderse fuego
    to catch red-handed: agarrar en flagrante delito, agarrar con las manos en la masa; pescar o coger en las moras; pescar

causal: a. causal

causation: n. causalidad

causative: a. causativo

cause: n. causa, pleito, litigio; motivo, razón; causantes
    v. causar

causeless: a. sin causa, sin motivo

caution: n. cautela, cuidado; advertencia
    v. advertir, avisar

cautionary: a. admonitorio

cautious: a. cauteloso, cauto, prudente

cell: n. celda (de una prisión); célula

censor: v. censurar

censorship: n. censura

censure: n. censura
v. censurar

certificate: n. certificado
certificate of eviction: orden de desahucio, desalojo, expulsión

certification: n. certificación

certified: a. certificado

certify: v. certificar; atestiguar; declarar

chain: n. cadena
v. encadenar
chain gang: cadena de presos

chairman/chairwoman/chairperson: el/la presidente, o presidente/presidenta

challenge: n. desafío; recusación
v. desafiar; recusar

chamber: n. cámara (del juez); recámara (de pistola)
judge's chambers: cámara del juez
in chambers: en cámara; en despacho; fuera de la sala del Tribunal

change of venue: n. traslado de jurisdicción

charge: n. cargo, acusación, alegato formal
v. acusar; instruir (al jurado)
charge to the jury: instrucciones al jurado

charging document: n. documento de acusación (formal y por escrito)

charter: v. alquilar o fletar

chase: v. perseguir; ir corriendo detrás de
chase off or away: v. ahuyentar
n. persecución; una corrida detrás de

cheat: v. hacer trampa, engañar, estafar, timar, (MA) chiriar
n. tramposo, estafador, timador

cheating: n. & a. engaño, estafa, time, trampa, (MA) chiriando

chief: n. jefe
a. principal
Chief Justice: n. presidente del Tribunal Supremo; (Mex.) justicia mayor
chief magistrate: n. primer magistrado
chief of police: n. jefe de policía, intendente policial

child: n. niño, niña
child abuse: abuso de menores o de niños
child neglect: descuido o negligencia de menores
child support: para para manutención de menores

circuit: n. circuito; distrito, jurisdicción
circuit court: tribunal de distrito o de circuito
circuit judge: juez de circuito o de distrito

circumstancial evidence: n. prueba o evidencia circunstancial, (Mex.) conjetura

citation: (to appear) n. citación, orden de comparecencia; cita

cite: v. citar, ordenar a comparecer

citizen: n. ciudado, súbdito

citizenship: n. ciudadanía
citizenship papers: documentos de ciudadanía

city: n. ciudad, municipio, municipalidad
a. municipal, de la ciudad, urbano
city block: cuadra, manzana
city council: n. consejo municipal
city court: n. corte o tribunal municipal
city hall: n. municipalidad, intendencia municipal, alcaldía
city marshall: n. márchal municipal, ministril, alguacil
city mayor: n. alcalde; intendente municipal

civic: a. cívico

civil: a. civil
civil code: código civil
civil court: tribunal o juzgado civil
civil jurisdiction: jurisdicción civil
civil law: ley civil, derecho civil o privado, derecho romano
civil procedure: procedimiento civil
civil proceeding: acción o juicio civil
civil rights: derechos civiles
civil service: servicio civil del gobierno; administración pública
civil status: estado civil
civil suit: juicio o pleito civil
civil war: guerra civil

civilian: a. civil, que no pertenece a las fuerzas armadas

claim: n. reclamo, demanda, reclamación, petición
v. reclamar, demandar; declarar, afirmar
claim for damages: demanda o reclamación por daños y perjuicios

claimant: n. reclamante, demandante, demandador

clarify: v. clarificar, aclarar

clash: n. choque o encuentro (de personas)
v. chocar, encontrarse

class: n. clase; categoría

classification (or diagnosis) center: (in corrections) centro de clasificación (para decidir a qué prisión irá el prisionero)

classify: v. clasificar

clemency: n. clemencia, indulgencia

clerk of the court or court clerk: n. escribano forense, actuario o secretario del tribunal, oficial de la corte

client: n. cliente

closed session: sesión a puerta cerrada

club: n. garrote, palo
v. dar garrotazos o palazos

clue: n. pista; indicio

code: n. código
    code of civil procedure: código de procedimiento civil
    code of criminal procedure: código de procedimiento criminal o penal
    code of professional ethics: código de ética profesional

codefendant: n. codemandado, coacusado

coerce: v. coercer, forzar, obligar; coaccionar

coercion: n. coerción, coacción

coercive: a. coercitivo, coersivo, coactivo

coffin: n. ataúd

collision: n. choque (de carro), colisión

comity: a. cortesía, respeto de leyes y decisiones de tribunales de otro estado; acuerdo entre naciones

commit: v. cometer; encarcelar; perpetrar; comprometer; internar (un loco)
    commit a crime: perpetrar o cometer un delito o crimen
    commit a murder: cometer asesinato
    commit to prison: encarcelar

commitment: n. compromiso; auto de prisión, ser enviado a la prisión, encarcelamiento; internamiento (de un loco)

committed: a. cometido; encarcelado, aprisionado por auto de juez; internado

common: a. común, general, ordinario, corriente, normal, regular
    common jury: jurado ordinario
    common law: ley común, derecho consuetudinario, (Mex.) derecho de precedentes judiciales, derecho jurisprudencial
    common law marriage: casamiento por acuerdo y cohabitación, matrimonio sin formalidad alguna, matrimonio de hecho
    common right: derecho común o consuetudinario
    common use: uso general o común

community: n. comunidad

comparative: a. comparativo, comparado

compel: v. compeler, obligar

compensate: v. compensar, remunerar; indemnizar

compensation: n. compensación, remuneración; indemnización
    compensation law: ley de compensación por accidentes laborales

compensatory: a. compensatorio, compensativo
    compensatory damages: indemnización compensatoria o por daños y perjuicios

competence: n. competencia, capacidad, aptitud

competency: n. competencia, aptitud legal, capacidad
    competency hearing: audiencia para establecer aptitud legal

competent: a. capaz, apto, competente, capacitado
    competent court: corte competente o que tiene jurisdicción

complain: v. quejarse; presentar una demanda o queja

complainant: n. demandante, acusador

complaint: n. demanda, escrito de agravios, acusación
    complaint denied: demanda negada
    complaint granted: demanda concedida
    complaint requested: demanda solicitada

compliance: en conformidad, de acuerdo con

comply: v. cumplir con, obedecer; acatarse (a la ley)

complicity: n. complicidad

conceal: v. ocultar, encubrir

concealment: n. ocultación, encubrimiento

concealed weapon: n. arma oculta o escondida

concede: v. conceder

conclusion: n. conclusión; deducción; decisión
  conclusions of fact: conclusiones de hecho
  conclusions of law: conclusiones de derecho

conclusive: n. concluyente, conclusivo; decisivo
  conclusive evidence: prueba conclusiva o indisputable

concurrent sentences: sentencias simultáneas

condemn: v. condenar

condemnation: n. condena, condenación

condition: n. condición
  conditions of probation: condiciones de probación o libertad condicional

conditional: a. condicional
  conditional judgement: sentencia condicionada, fallo condicional
  conditional pardon: absolución condicionada

condone: v. condonar, aceptar o permitir que continúe (algo que se debería parar)

conducive: a. conducente

conduct: n. conducta, comportamiento
  v. conducir, llevar

confederate: n. cómplice

confess: v. confesar, admitir

confessed: a. confesado, declarado

confession: n. confesión, admisión

confidant: n. confidente

confide: v. confiar(se)
  to confide in: fiarse de, tenerle confianza a

confidence: n. confianza

confident: a. seguro (de si mismo)

confidential: a. confidencial, de confianza

confine: v. confinar (encarcelar)

confinement: n. confinamiento, encarcelamiento; prisión

confiscate: v. confiscar

confiscation: n. confiscación

conflagration: n. incendio; conflagración (guerra)

conflict: n. conflicto
  v. luchar, chocar

conflicting: a. contrario

confront: v. hacer frente a, confrontar, enfrentar

confrontation: n. confrontación

confuse: v. confundir, desconcertar

confusing: a. confuso, desconcertante

confusion: n. confusión, desconcierto, desorden

conjecture: n. conjetura
v. conjeturar, hacer conjeturas

conjugal: a. conyugal

connive: v. confabular(se)

consecutive sentences: sentencias consecutivas

consent: n. conformidad, consentimiento
v. consentir

consideration: n. consideración; retribución, compensación

conspiracy: n. conspiración, confabulación, complot

conspirator: n. conspirador

conspire: v. conspirar, complotar, confabular
conspire to defraud: conspirar para defraudar
conspire to sell drugs: conspirar para vender drogas

constable: n. oficial del juez de paz; policía, guardia

constitution: n. constitución, ley orgánica, estatutos

constitutional: a. constitucional
constitutional law: derecho constitucional, ley fundamental
constitutional rights: derechos constitucionales

constrain: v. encerrar, confinar; forzar, obligar

constraint: n. encierro, confinamiento, restricción de libertad

contempt: n. desacato; desdén, desprecio
contempt of court: desacato al tribunal

contend: v. disputar; afirmar, sostener

contention: n. controversia, discusión

contest: v. disputar, controvertir, objetar, impugnar, rebatir
n. disputa, oposición, controversia, discusión

contested: a. disputado, impugnado

contingent: a. contingente, condicional

contraband: n. contrabando
a. de contrabando

contrabandist: (see smuggler) n. contrabandista

contradiction: n. contradicción

contradictory: a. contradictorio

contravene: v. contravenir, ir en contra de, oponerse, negar

contravention: n. contravención, infracción

controversy: n. controversia, disputa, polémica

controvertible: a. controvertible, disputable, discutible

contusion: n. contusión

convict: n. convicto, penado, presidiario, preso, prisionero; (MA) marcho, sopa
v. condenar, sentenciar, declarar culpable

conviction: n. convicción (en creencias); fallo o declaración de culpabilidad, condena, sentencia

convince: v. convencer

cop: n. (slang) policía, agente policial
to cop a plea or to cop out: (slang) declararse culpable; hacer excusas

cordon: n. cordón
to cordon off: v. acordonar

corespondent: n. codemandado; cómplice del demandado en juicio de divorcio

coroner: n. médico forense
coroner's inquest: indagatoria del médico forense

corpse: n. cadáver

correctional agency: n. agencia de correcciones (agencia federal, estatal o local de justicia criminal)

correctional day program: n. programa de correcciones diurno (obligatorio)

correctional facility: instalaciones correccionales; prisión, penitenciaría

correctional institution: institución de corrección, prisión, penitenciaría, reformatorio, etc. (término genérico para adultos y juveniles)

corrections: n. correcciones (término genérico que incluye todo que se relaciona con prisioneros)

corroborate: v. corroborar

corrupt: a. corrupto, corrompido
corrupt practices: corrupción
v. corromper, sobornar

corruption: n. corrupción

cosh: n. porra, cachiporra
v. cachiporrear, dar porrazos, porrear

council: n. consejo
city council: consejo municipal

councilman: n. concejal

counsel: n. consejo; abogado, asesor jurídico
counsel for the defense: abogado defensor
counsel for the prosecution: fiscal
v. aconsejar

counseling: n. asesoramiento

count: n. cargo, acusación; cada ofensa separada

counteraccusation: n. contracusación

counteract: v. contrarrestar

countercharge: v. reconvenir
n. reconvención

counterclaim: n. contrademanda, contrapetición, contradenuncia, reconvención
v. contrademandar, contradenunciar, reconvenir

counterespionage: n. contraespionaje

counterfeit(ing): n. falsificación; dinero o documentos falso o falsificados
v. falsificar (dinero o documentos)
a. falso, falsificado

counterfeiter: n. falsificador

counterintelligence: n. contraespionaje

countermand: n. contraorden
v. revocar, anular una órden

counterpart: n. contraparte, colega; réplica; contrapartida

counterplea: n. reconvención, contrarréplica

counterplead: v. reconvenir, contrarreplicar

counterproposal: n. contraproposición, contrapuesta

countersign: v. refrendar, ratificar, contrafirmar
n. contrafirma, refrendata

countersignature: n. refrendata, contrafirma

county: n. condado
county attorney: procurador del condado
county administrator: administrador del condado
county court: tribunal de condado
county jail: cárcel del condado
county judge: juez del tribunal de condado
county seat: capital del condado

coup: n. golpe (i.e.) coup d'état: golpe de estado

courage: a. valor, valentía

courier: n. mensajero; correo (diplomático)

court: n. tribunal, corte, juzgado; sala; audiencia
court bond: fianza de litigante
court clerk: secretario o escribano del tribunal
court costs: costos judiciales o procesales, costos de la corte
court decision: sentencia, fallo, resolución
court of appeals: tribunal de apelaciones
court of arbitration: tribunal de arbitraje o tribunal arbitral
court of bankruptcy: tribunal de quiebras
court of claims: tribunal de reclamaciones
court of common pleas: tribunal de litigios ordinarios
court of domestic relations: tribunal de relaciones familiares
court of first instance: tribunal de primera instancia; corte de jurisdicción original
court of last resort: tribunal de última instancia
court of law: juzgado; tribunal de derecho
court, probate: corte de sucesiones, tribunal testamentario
court, review, of: tribunal de revisión
court officer: oficial del tribunal

court order: orden judicial, providencia del tribunal
court reporter: relator del tribunal, repórter, taquígrado de la corte
court stenographer: taquígrafo del tribunal
open court: audiencia pública
Court, Supreme: Corte Suprema
court, juvenile: tribunal de menores
to bring to court: llevar a los tribunales
to go to court: acudir a los tribunales
to settle out of court: llegar a un acuerdo amistoso o satisfactorio

courthouse: n. palacio de justicia, edificio de los tribunales

courtroom: n. sala del tribunal
n.pl. estrados

cover: n. pretexto, excusa

cover-up: n. coartada (alibí), encubrimiento

covert: a. furtivo, secreto
covert action: acción furtiva

crash: n. choque, colisión (de carro); caída (de avión)
a. de emergencia, forzoso (un aterrizaje)
v. chocar, estrellarse, tener un accidente

credentials: n.pl. credenciales

credibility: n. credibilidad

credible: a. creíble
credible witness: testigo competente o creíble

credulous: a. crédulo

crew: n. tripulación; equipo; cuadrilla

crime: n. crimen, delito, infracción de la ley, acto que viola la ley

criminal: a. criminal, penal
n. criminal
criminal court: tribunal penal, corte criminal
criminal intent: intención criminal
criminal negligence: negligencia criminal
criminal offense: delito penal, ofensa criminal
criminal record: antecedentes criminales
criminal history record information: información en el archivo criminal de una persona

criminal justice agency: agencia de justicia criminal o penal

criminology: n. criminología

cripple: n. lisiado, cojo, manco
v. lisiar

crippled: a. lisiado, cojo, manco

crook: n. embustero, estafador, trampeador, ladrón, timador

crooked: a. deshonesto, tramposo, trampero; corrupto

cross-examination or cross-question: n. contrainterrogatorio

cross-examine or cross-question: v. contrainterrogar

cross-fire: n. fuego cruzado, entre dos fuegos

cross-question: (see cross-examine)

crowbar: n. palanca de hierro, vara

cruel: a. cruel
    cruel and unusual punishment: n. castigo cruel y desacostumbrado, pena cruel y desusada

cruelty: n. crueldad, inhumanidad

culpability: n. culpabilidad
    proof of culpability: prueba de culpabilidad

culpable: n. culpable

culprit: n. culpable, acusado

cumulative: a. acumulativo, acumulable, cumulativo
    cumulative evidence: prueba cumulativa
    cumulative penalty: pena cumulativa
    cumulative sentence: sentencia cumulativa

curfew: n. toque de queda; estado de queda

custodial: a. & n. custodial; custodia

custodian: n. custodio; guardián, guarda

custody: n. custodia; guardia; detención, prisión
    to be in custody: estar bajo custodia, estar detenido
    remanded in custody: mantenido bajo custodia; mantener encarcelado
    to give into custody: entregar a la policía o al cherife
    to take into custody: detener, arrestar

custom: n. costumbre

customary: a. usual, corriente, habitual, acostumbrado, consuetudinario
    customary interpretation: interpretación usual

Customs: n. aduana

cutthroat: n. asesino
    a. sanguinario

cyanide: n. cianuro

dagger: n. daga, puñal, filero

damage: n. daño, perjuicio
v. dañar, perjudicar

damages: n.pl. daños y perjuicios; indemnización de perjuicios

damaging: a. perjudicial, dañoso, dañino

danger: n. peligro
in danger of: en peligro de
out of danger: fuera de peligro

dangerous: a. peligroso

dare: n. desafío
v. desafiar; atreverse, osar

daring: a. atrevido, osado

date: n. fecha, data; plazo; época
v. fechar, datar
date of record: fecha de registro

dead: a. muerto; difunto
to drop dead: caerse muerto
to fall dead: caer muerto

dead-end: a. sin salida

deadly: a. mortífero, mortal, letal
deadly weapon: arma mortífera

deadweight: n. peso muerto

deal: n. negocio, transacción, trato, arreglo
to deal in: comerciar en

death: n. muerte, defunción, fallecimiento
death certificate: certificado de defunción o fallecimiento o muerte
death penalty: pena de muerte
death sentence: sentencia de muerte

debt: n. deuda

decapitate: v. decapitar

decapitation: n. decapitación

decay: n. descomposición (de materias); ruina, deterioro (de edificios)
v. descomponerse; caer en ruinas, deteriorarse, pudrirse

decease: n. fallecimiento, defunción
v. morir, fallecer

deceased: n. & a. difunto, finado, muerto, occiso (murdered)

deceive: v. engañar

deceiving: a. engañoso
n. decepción

decedent: n. muerto, difunto, finado

deception: n. engaño

deceptive: a. engañoso

decide: v. decidir, resolver; determinar, fijar; juzgar

decided: a. decidido, resuelto, determinado

deciding: a. decisivo

decipher: v. descifrar

decision: n. decisión, resolución, fallo, sentencia

decisive: a. decisivo, concluyente

declarant or declarer: n. declarante

declaration: n. declaración

declaratory: a. declaratorio, declarativo

declare: v. declarar, afirmar

decode: v. descifrar

decoder: n. descifrador; decodificadora (máquina)

decoding: n. desciframiento, descifrado

decompose: v. descomponer, pudrir

decoy: n. gancho, señuelo (persona)
v. atraer con señuelo

decree: n. decreto, edicto, mandato; sentencia
v. decretar; pronunciar (una sentencia)

deduce: v. deducir, inferir

deduct: v. deducir; restar, descontar

deductible: a. deducible

deduction: n. deducción, conclusión

deductive: a. deductivo

deed: n. acto, acción, hecho; escritura (para bienes raíces)

deem: v. considerar, juzgar, creer

deface: v. desfigurar; mutilar; estropear

defacement: n. desfiguración, mutilación, deterioro

de facto: a. & adv. de hecho

defamation: n. difamación, calumnia

defamatory: a. difamatorio, difamante

defame: v. difamar, calumniar

default: n. falta de comparecencia; incumplimiento, mora; contumación, rebeldía
by default: en contumacia; por mora; por incumplimiento; delincuente
to be in default: estar en mora
default judgement: perder por incomparecencia, fallo por falta de comparecencia, sentencia en rebeldía
v. condenar en rebeldía, estar en rebeldía; dejar de pagar (una deuda)

defeat: v. vencer, derrotar; anular; hacer fracasar
n. anulación; fracaso

defect: n. defecto, falla
v. desertar, huir

defective: a. defectuoso, anormal

defence: n. defensa
    counsel for the defence: abogado defensor

defenceless: a. indefenso

defend: v. defender(se)

defendant: n. demandado, acusado, parte demandada

defending: a. defensor

defense: n. defensa

defensive: a. defensivo
    to be defensive: ser defensivo
    to be on the defensive: estar a la defensiva

defer: v. diferir, prorrogar, postergar

deferment: n. aplazamiento, prórroga

deferred: a. diferido, aplazado

defiance: n. desafío
    in defiance of: con desprecio de; en desafío de

defiant: a. desafiante

deficiency: n. deficiencia
    mental deficiency: debilidad mental

deficient: a. deficiente; atrasado mental
    to be deficient in: carecer de

define: v. definir, precisar, determinar

definite: a. definido; preciso; definitivo; determinado

definition: n. definición

definitive: a. definitivo

deflect: v. desviar

deform: v. deformar

deformation: n. deformación, desfiguración

deformed: a. deformado, deforme

deformity: n. deformidad

defraud: v. defraudar, estafar, engañar

defraudation: n. defraudación

defrauder: n. defraudador, estafador, engañador

defy: v. desafiar, resistir; (MA) torear (con la ley)

deign: v. dignarse a

delay: n. retraso, demora
    v. retrasar, demorar

delayed-action: a. de efecto retardado

delaying tactics: tácticas dilatorias

delegate: n. delegado
v. delegar

delete: v. suprimir, tachar, eliminar

deleterious: a. deletéreo, perjudicial

deletion: n. tachadura, supresión

deliberate: a. deliberado, premeditado, pensado, intencional; lento, pausado
v. reflexionar, pensar; deliberar (un jurado)

deliberately: adv. deliberadamente, con premeditación, a propósito; lentamente, pausadamente

deliberation: n. deliberación

delinquency: n. delincuencia
juvenile delinquency: delincuencia juvenil

delinquent: n. delincuente
juvenile delinquent: delincuente juvenil
a. delictuoso, delincuente

deliver: v. entregar; pronunciar (un fallo)
deliver a blow: dar un golpe
deliver a judgement: dictar o pronunciar un fallo o sentencia

demand: n. petición, solicitud; reclamación, demanda
v. exigir, requerir; reclamar, demandar

demanding: a. exigente (persona); agotador (trabajo)

demented: a. demente, loco

dementia: n. demencia

demise: n. muerte, defunción, fallecimiento

demolish: v. demoler, derribar, echar abajo, destruir

demolition: n. demolición, derribo, destrucción

demonstration: n. manifestación; demostración

demonstrator: n. manifestante; demostrador

demur: v. presentar excepción, hacer objeción

deniable: a. negable

denial: n. negación, denegación, rechazo
denial of justice: denegación de justicia

denote: v. denotar; indicar; significar

denounce: v. denunciar; censurar

denouncement: n. denuncia

denunciation: n. denuncia, denunciación; censura

deny: v. negar, rehusar, denegar, rechazar

depend: v. depender (de)

dependency: n. dependencia, estado legal de un menor sobre quien la Corte tiene jurisdicción

dependent or dependant: n. dependiente
n.pl. dependientes, mantenidos, personas a cargo

deponent: n. declarante, deponente,

deport: v. deportar, expulsar

deportation: n. deportación, expulsión

deportee: n. deportado, expulsado

depose: v. declarar, deponer, atestar, atestiguar

deposition: n. deposición, declaración jurada

depressant: a. calmante, sedante

deprive: v. privar; destituir

deprived: a. desheredado; desgraciado

deputy: n. delegado, legado; diputado, suplente
deputy marshall: submárchal
deputy sheriff: oficial o adjunto del departamento del chérif

derogatory: a. derogatorio; despectivo

describe: v. describir

description: n. descripción

descriptive: a. descriptivo

desert: v. abandonar, desertar

desertion: n. abandono, desertación

deserve: v. merecer

deserved: a. merecido

designate: v. designar, nombrar, denominar

designated: a. designado
designated counsel: abogado designado o nombrado

designation: n. designación, nombramiento

desist: v. desistir

despair: n. desesperación
v. desesperarse

desperate: a. desesperado

desperately: adv. desesperadamente

desperation: n. desesperación

despoil: n. despojar, saquear, arruinar, echar a perder

destitute: a. indigente
to be destitute: estar en la miseria

destroy: v. destruir, matar, aniquilar

destruction: n. destrucción; ruina

detain: v. detener; encarcelar

detainee: n. detenido; preso

detainer: n. orden de detención; toma de posesión (de una propiedad)

detainment: n. detención

detect: v. detectar, descubrir

detective: n. detective
    detective work: detectivismo

detention: n. detención; arresto (denota temporalidad)
    detention center: centro de detención (temporaria)
    detention facility: instalaciones de detención; (juvenile) mora
    detention hearing: audiencia de detención (juvenil solamente)

deter: v. disuadir

determination: n. determinación; resolución, fallo

determine: v. determinar; resolver, decidir

deterrent: a. disuasivo, fuerza disuasiva

detonate: v. detonar, hacer detonar

detonating: a. detonante

detonation: n. detonación

detonator: n. detonador

detour: n. desvío, desviación

detriment: n. detrimento, daño, perjuicio

detrimental: a. perjudicial

devastate: v. devastar, asolar

devastating: a. devastador, desconsolador

devastation: n. devastación

develop: v. desarrollar, fomentar; contraer (un hábito o enfermedad); revelar (fotografías)

developing: a. en desarrollo

development: n. desarrollo, evolución; acontecimiento, hecho, evento; revelado (de fotografías)

deviate: n. invertido sexual
    v. desviar(se)

deviation: n. desviación; inversión sexual

device: n. aparato, dispositivo

diabetes: n. diabetes

diabetic: a. diabético

diagnose: v. diagnosticar

diagnosis: n. diagnóstico, diagnosis

dice: n.pl. dados (para jugar) - el singular de "dice" es "die".

dictate: n. mandato, orden
    v. dictar; ordenar, mandar

dictum: n. dictamen, declaración

die: v. morir(se)

diet: n. dieta

dietary: a. dietético

differ: v. ser diferente o distinto; no estar de acuerdo con difference: n. diferencia; desacuerdo

different: a. diferente, distinto

difficulty: n. dificultar; estar en apuros

diminish: v. diminuir, reducir; menoscabar

dire: a. horrible, terrible; extremo
dire consequences: consecuencias horribles

direct: v. dirigir; disponer, ordenar, dictar, mandar
a. directo
direct evidence: prueba o evidencia directa
direct examination: interrogatorio directo

direction: n. dirección
n.pl. instrucciones

directive: a. directivo
n. orden, instrucción
n.pl. directivas, directrices

disability: n. incapacidad, invalidez
disability benefits: beneficios pagados por incapacidad o por invalidez

disable: v. incapacitar, lisiar

disabled: a. incapacitado; inválido

disadvantage: n. desventaja

disagree: v. no estar de acuerdo

disagreement: n. desacuerdo; riña, altercado

disallow: v. prohibir, rechazar

disapprove: v. desaprobar

disarm: v. desarmar

disarray: n. desorden

disaster: n. desastre

disastrous: a. desastroso

disavow: v. repudiar; desaprobar; negarse

disband: v. dispersar (gente)

disbar: v. expulsar del colegio de abogados

disbarment: n. expulsión del colegio de abogados

disbelief: n. incredulidad

disbelieve: v. no creer; ser incrédulo

disburse: v. desembolsar

disbursement: n. desembolso

discard: v. descartar, tirar, desechar

discharge: v. disparar o descargar (una pistola); cumplir, ejecutar (una tarea); exonerar, absolver (un acusado); despedir (un empleado); liberar (un prisionero)
to discharge a patient: dar de alta (a un paciente)
to discharge from the armed forces: dar de baja (al soldado)

discharge: n. descarga o disparo (de pistola); desempeño o cumplimiento (de tarea); descargo (de deuda); liberación (de prisionero); absolución, exoneración (del acusado); despido (de trabajador); alta (del hospital); baja (de las fuerzas armadas)

disclaim: v. renunciar, rechazar, negar

disclaimer: n. renuncia, denegación

disclose: v. revelar

disclosure: n. revelación

discourse: n. discurso, disertación, plática
v. disertar, platicar

discover: v. descubrir

discovery: n. descubrimiento

descredit: v. desacreditar
n. duda, descrédito

discrepancy: n. discrepancia

discrete: a. discreto

discretion: n. discreción; a juicio de

discretionary: a. discrecional

discriminate: v. discriminar

discrimination: n. discriminación

discriminatory: a. discriminatorio

disease: n. enfermedad

diseased: a. enfermo

disfigure: v. desfigurar, mutilar

disguise: v. disfrazar; disimular
n. disfraz

dishonest: n. deshonesto, deshonroso; fraudulento

dishonesty: n. deshonestidad, falta de honradez; fraude

disinherit: v. desheredar

disintegrate: v. desintegrar

disinterested: a. desinteresado; imparcial

disinterment: n. desenterramiento, exhumación

dislocate: v. dislocar (una articulación)

dislodge: v. desalojar, sacar

dismember: v. desmembrar, descuartizar

dismiss: v. declarar sin lugar; desestimar (un reclamo); absolver (al acusado); dar por terminado; despedir (un empleado)

dismissal: n. rechazamiento; denegación, anulación de la instancia, declaración sin lugar; desestimación; despido (de un empleado)

disobedience: n. desobediencia

disobey: v. desobedecer

disorder: n. desorden; trastorno (médico)
v. desordenar

disorderly: adv. desordenado; alborotado (una reunión)
disorderly conduct: conducta escandalosa o contra la moral pública; alteración del orden público

disown: v. repudiar, negar, no reconocer como

disparity: n. disparidad

dispatch: n. expedición; despacho
v. expedir, remitir, despachar

dispatcher: n. despachador; expedidor

dispensation: n. dispensa, exención (de una ley); administración

disperse: v. dispersar (una multitud)

dispose of: v. deshacerse de, disponer de; resolver; despachar, liquidar (matar)

disposition: n. disposición
disposition hearing: audiencia de disposición (juveniles)

disprovable: a. refutable

disprove: v. refutar

disputable: a. discutible, disputable

dispute: n. disputa, discusión, controversia
v. disputar, discutir
beyond dispute: indiscutible, incontrovertible
in dispute: en litigio; disputado, en debate
labor dispute: conflicto laboral

disqualify: v. descalificar(se); desclasificar(se)

disregard: n. violación o desacato (de la ley); descuido, indiferencia
v. no hacer caso a o de; violar o desacatar (la ley); descuidar, ser indiferente a

disrespect: n. falta de respeto
v. faltar al respeto, faltarle respeto a

disrespectful: a. irrespetuoso

disrupt: v. interrumpir; desbaratar, trastornar, alterar

disruption: n. desbaratamiento, trastorno, interrupción

disruptive: a. disruptivo; (lo) que trastorna

dissemble: v. disimular, ocultar; fingir, simular

dissent or dissidence: n. disensión, disidencia, disentimiento
v. disentir de; disidir

dissenter or dissident: n. disidente

dissenting: a. disidente

dissimulation: n. disimulo, disimulación

dissolution: n. disolución

dissuade: v. disuadir

distinctive: a. distintivo

distort: v. desvirtuar (el sentido de algo); deformar, retorcer, torcer

distortion: n. distorción; desvirtuación; torcimiento, deformación

distraught: a. enloquecido, muy turbado

distress: n. angustia; aflicción; peligro
distress signal: señal de socorro
v. afligir, angustiar

district: n. distrito; región; barrio
district attorney (D.A.): fiscal
district court: tribunal o corte de distrito (federal)
district judge: juez de tribunal o corte de distrito

distrust: n. desconfianza, recelo, sospecha
v. desconfiar, sospechar

disturb: v. molestar; perturbar, alterar (el orden público)

disturbance: n. perturbación, disturbio, alteración (del orden público), alboroto; trastorno (mental)

disturbing: a. molesto, preocupante
disturbing the peace: alteración o disturbio de orden público

ditch: n. zanja; acequia; cuneta (a lo largo de la carretera)
v. hacer zanjas o acequias; volcar o caer en la cuneta; abandonar, tirar, deshacerse de

dive: n. (slang) bar, boliche
v. tirarse o zambullirse de cabeza (al agua); bucear (debajo del agua); lanzarse; meterse

diver: n. buzo

diversion: n. diversión

divert: v. distraer (la atención); desviar (un avión)

diving: n. salto, clavado; buceo

division: n. división

divorce: n. divorcio
v. divorciar; divorciarse de

dock: n. banco o banquillo del acusado; dársena, muelle, dique (para buques)
v. multar; atracar al muelle

docket: n. orden del día; lista de litigios para el período de sesiones; registro de sumarios de causas
v. registrar

doctor: n. médico; doctor

document: n. documento; escritura pública
v. documentar; probar con documentos

documentary: a. documental
documentary evidence: prueba o evidencia documental

documentation: n. documentación; trámites

dodge: n. truco; sacateada
v. echarse a un lado, esquivar(se); eludir (una pregunta); despistar (al que persigue); sacatear(se)

dog: n. perro
v. perseguir; seguir (los pasos de)

domicile: n. domicilio

donor: n. donante; donatario

dope: n. (slang) droga, narcótico; informes, información (see section on drug-related slang)

dosage: n. dosificación, dosis

dose: n. dosis
v. dosificar, administrar un medicamento

double: a. doble
v. doblar, duplicar

double-barrelled shotgun: n. escopeta de dos cañones

double-cross: v. traicionar
n. traición

double-crosser: n. traidor, traicionero (see more in drug-related section)

double-dealing: n. estafa, engaño, fraude, duplicidad

double indemnity: doble indemnización

double jeopardy: procesamiento por segunda vez; doble peligro mientras que una persona esté enjuiciada

doubt: n. duda, incertidumbre
v. dudar
in doubt: dudoso

doubtful: a. dudoso, dudable

doubtless: adv. sin duda, indudablemente

drag: v. dragar, rastrear (un río o lago); arrastrar
n. rastra (para investigar el fondo de un río o lago); (slang) una pitada o chupada (de un cigarrillo); persona pesada, aburridora
in drag: hombre vestido de mujer

draw: v. (a gun) sacar o desenfundar (una pistola); (curtains) correr; (a check) extender
to draw up: (a document) redactar, preparar

dread: n. pavor, terror
v. temer, tener miedo de

drifter: n. vagabundo, vago

drive: n. vuelta, paseo (en coche); camino de entrado (privado)
to go for a drive: dar una vuelta o dar un paseo en coche o carro
v. conducir, manejar (un coche); (MA) draivear, draiviar
to drive at: insinuar, querer decir
to drive by: pasar por
to drive into: atropellar, chocar contra; entrar
to drive off: alejarse; apartar; irse (en coche)
to drive out: echar
to drive up: acercarse

driver: n. conductor; chofer; camionero, taxista, etc.
driver's license: licencia para manejar o conducir; carnet de manejo o conducción

driveway: n. camino de entrada

driving: n. conducción, manejo; pp. de drive: manejando, conduciendo
driving under the influence of ... manejando bajo la influencia de ...
alcohol ... drugs ... alcohol ... drogas ...
driving while intoxicated (DWI) manejando o conduciendo en estado de embriaguez o en estado de intoxicación

drop: n. gota; baja (en precios); (see also section on drug-related slang)
v. dejar caer
to drop charges: desestimar o abandoner los cargos acusativos

drown: v. ahogar(se)

drug: n. droga, narcótico; medicamento, medicina
v. drogar(se), echar una droga en una copa

drug addict: n. toxicómano, drogadicto (see also section on drug-related slang)

drug addiction: n. toxicomanía, adicción a drogas

drug law violation: infracción de las leyes sobre drogas

drunk: n. borracho, ebrio
a. borracho, ebrio, estar en copas, curda, cruda, andar pedo
to get drunk: v. emborracharse

drunkard: a. borracho, borrachín, tomado, ebrio,

drunken: a. borracho
drunken state: estado de embriaguez

drunkenness: n. embriaguez, ebriedad, borrachera, borrachez

drunk driving: (véase driving while intoxicated)

due: a. vencido; debido; propio; pagadero
to become due: vencer
due course of law: el debido curso de la ley
due process of law: el debido procedimento legal o de la ley
due proof: prueba razonable, prueba debida

duly: adv. debidamente; a su debido tiempo
duly sworn: debidamente juramentado

dupe: v. engañar, timar, estafar

duration: n. duración

duress: n. coerción, coacción, compulsión
under duress: bajo coerción

duty: n. deber, obligación; impuesto; derechos (de aduana)

dye: n. tinte, tinta, color, colorante
v. teñir

dying: a. moribundo, muriéndose

dynamite: n. dinamita
v. dinamitar, volar con dinamita

ear: n. oreja; oído
  play it by ear: improvisar

earwitness: n. testigo auricular, testigo de oídos

earn: v. ganar; devengar

earnings: n.pl. ingresos, sueldo; ganancias, utilidades

ease: n. facilidad
  v. aliviar; facilitar; relajar (la tensión)

eavesdrop: v. escuchar indiscreta o secretamente

edict: n. edicto, decreto, auto

edification: n. edificación

edit: v. redactar; preparar para la impresión; corregir; quitar, suprimir

editing: n. redacción; revisión, corrección

effect: n. efecto
  n.pl. efectos (personales)
  to the effect of: con el fin de
  to be in effect: estar vigente, estar en vigor, tener vigencia, regir (una ley)
  side effect: efecto secundario
  to take effect, to go into effect: entrar en vigencia, entrar en vigor, tener efecto (una ley)
  in effect: vigente, en vigor; en efecto, en realidad
  v. efectuar, llevar a cabo, realizar

effective: a. efectivo, eficaz; vigente, en vigor, en vigencia (una ley)
  effective date: n. fecha de vigencia
  to become effective: (see to take effect)

effectiveness: n. eficacia, efecto; vigencia

efficiency: n. eficiencia, eficacia

efficient: a. eficiente, eficaz

effort: n. esfuerzo

eject: v. expulsar, echar; desahuciar (un inquilino)

ejection: n. explusión; desahucio

elaborate: a. complicado, complejo; detallado
  v. elaborar; ampliar, desarrollar; explicar (con más detalles)

elaboration: n. explicación; elaboración

elect: v. elegir
  a. elegido, electo

election: n. elección; n.pl. elecciones
  election returns or results: resultados electorales
  general elections: elecciones generales

electioneering: n. campaña electoral

electorate: n. electorado; distrito electoral

elicit: v. sacar (la verdad); obtener

eligible: a. elegible

eliminate: v. eliminar

elimination: n. eliminación

eliminatory: a. eliminatorio

elope: v. fugarse con el amante

elopement: n. fugar (con amante)

elude: v. eludir; evitar; escapar(se)

embalm: v. embalsamar

embarrass: v. desconcertar, embarazar; molestar
 to be embarrassed: v. sentirse molesto, pasar vergüenza

embarrassing: a. molesto, embarazoso

embarrassment: n. desconcierto, confusión, vergüenza

embassy: n. embajada; legación

embezzle: v. desfalcar, malversar

embezzlement: n. desfalco, malversasión

embezzler: n. desfalcador, malversador

emergency: n. emergencia; urgencia; situación crítica, crisis; necesidad urgente
 state of emergency: estado de emergencia
 a. de emergencia, de urgencia; forzoso (aterrizaje)

emit: v. emitir

employ: v. emplear
 n. empleo

employee: n. empleado

employer: n. empleador, patrón

employment: n. empleo, ocupación, trabajo

empower: v. apoderar, facultar, autorizar, conferir poderes, dar poder, habilitar

enable: v. permitir, habilitar, capacitar, posibilitar, autorizar

enact: v. legislar, decretar; promulgar (una ley); actuar

enactment: n. promulgación; estatuto, decreto

enchain: v. encadenar

encircle: v. rodear, cercar

enclose: v. encerrar, rodear, cercar; adjuntar, anexar (a un documento)

enclosure: n. cercado; encierro; adjunto, anexo

encompass: v. abarcar; cercar, rodear

encounter: n. encuentro
 v. encontrar(se); tropezar con

encroach: v. usurpar, invadir

encroachment: n. intrusión, invasión, usurpación

end: n. fin, extremo, punta
 v. acabar, terminar, finalizar

endorse: v. endosar; aprobar

endorsement: n. endoso; aprobación

endure: v. aguantar, tolerar

enemy: a. & n. enemigo

enforce: v. hacer cumplir; ejecutar, imponer, poner en vigor; dar fuerza, reforzar

enforceable: a. aplicable (ley); ejecutable, ejecutorio

enforcement: n. coacción, ejecución; entrada en vigor; aplicación (de la ley)
law enforcement: ejecución de la ley

enhance: v. acrecentar, aumentar; realzar (belleza)

enhancement: n. acrecentamiento, aumento; realce (de belleza)

enjoin: v. prohibir; mandar, ordenar; imponer

enjoy: v. disfrutar, gozar

enlighten: v. aclarar, iluminar

enrage: v. enfurecer

en route: adv. en camino

ensue: v. resultar, seguir

ensuing: a. resultante, consiguiente

ensure: v. asegurar

entail: v. suponer; ocasionar; vincular (tierras)

entailmente: n. vinculación (de tierras)

enter: v. entrar en; registrar, anotar, inscribir; entablar, interponer; declarar
enter a plea: v. interponer un alegato, entablar una excepción o alegación
enter a guilty plea: interponer o entablar una declaración de culpabilidad
enter a not-guilty plea: interponer o entablar una declaración de inocencia

entice: v. atraer; seducir

enticement: n. atracción; seducción

entirety: n. totalidad

entitle: v. dar derecho a; titular

entreat: v. suplicar, rogar, implorar

equality: n. igualdad
equality before the law: igualdad ante la ley

equalize: v. igualar

equivocal: a. equívoco, ambíguo

err: v. errar, equivocarse

error: n. error, equivocación

escape: n. fuga, escapatoria
escape clause: cláusula de excepción
v. escapar, huir, escaparse

escapee: n. fugitivo; evadido

espionage: n. espionaje

essential: a. esencial, indispensable, imprescindible

establish: v. establecer; probar, comprobar, demostrar

estate: n. propiedad, herencia; testamentaria

estimate: n. estimación; presupuesto
v. estimar, calcular

estimation: n. estimación; juicio, parecer

estrangement: n. alejamiento, separación

ether: n. éter

ethic: a. ético

ethics: n. ética, moralidad

ethnic: a. étnico

evacuate: v. evacuar, hacer salir

evacuation: n. evacuación

evacuee: n. evacuado

evade: v. evadir, eludir, evitar; esquivar; escaparse de

evaluate: v. valuar, valorar, valorizar, evaluar; juzgar

evaluation: n. evaluación, valuación, valorización; cálculo

evasion: n. evasión, evasiva, fuga

evasive: a. evasivo

event: n. hecho, evento; suceso, acontecimiento

evict: v. desalojar, desahuciar, expulsar

eviction: v. desalojo, desalojamiento, desahucio
eviction notice: orden de desahucio

evidence: n. testimonio, evidencia, prueba;
v. evidenciar; probar, manifestar, declarar

ex-convict: n. (see ex-offender)

ex-offender: n. ex prisionero, ex presidiario, ex penado, ex ofensor, ex convicto, ex ofendedor

examination: n. examen; interrogatorio; investigación; instrucción

examine: v. examinar; interrogar; investigar; instruir

examining magistrate: n. juez de instrucción

except: v. exceptuar, excluir; recusar (un testigo)

exception: n. salvedad; excepción; recusación; objeción

excerpt: n. extracto

excessive: a. excesivo

exclusive: a. exclusivo, selecto

excusable: a. excusable, disculpable, justificable, perdonable

excuse: n. excusa, disculpa; justificación; pretexto

excuse: v. excusar, disculpar, dispensar, perdonar

execute: v. ejecutar; llevar a cabo; legalizar, formalizar; firmar; ejecutar (matar)

executed: a. ejecutado; efectuado; formalizado; legalizado

execution: n. ejecución; cumplimiento; legalización, firma

executioner: n. verdugo

executive: a. & n. ejecutivo

executor: n. ejecutor; albacea o ejecutor testamentario

executory: a. ejecutorio; ejecutivo

executrix: n. albacea o ejecutora testamentaria

exemplary damages: n. daños punitivos; (daños que sirven como castigo o advertencia)

exempt: n. exento; eximido; libre; dispensado

exemption: n. exención

exhaust: v. agotar

exhausted: a. agotado, exhausto

exhaustive: a. exhaustivo, completo

exhibit: n. documento de prueba
v. presentar documentos de prueba; exhibir

exhibitionist: n. exhibicionista

exhumation: n. exhumación

exhume: v. exhumar, desenterrar

exigency: n. exigencia

exigible: a. exigible

exile: n. exilio; exiliado
v. exilar

exonerate: v. exonerar, disculpar, dispensar

exoneration: n. exoneración, dispensa, disculpa

expedience or expediency: n. conveniencia, oportunidad

expedient: a. conveniento, oportuno

expedite: v. dar curso a, tramitar; acelerar, apurar, despachar, facilitar

expel: v. expulsar

expert: n. experto, perito
a. experto, pericial
expert opinion: dictamen pericial
expert testimony: testimonio pericial
expert witness: testigo perito o pericial

expertise: n. pericia, competencia, habilidad, experticia

expiration: n. expiración; terminación; vencimiento

expire: v. expirar; terminar; vencer, caducar

explicit: a. explícito; inequívoco

explode: v. explotar, estallar, reventar

explosion: n. explosión

explosive: a. & n. explosivo

expose: v. exponer; descubrir, revelar
to expose oneself: v. exhibirse, revelarse

exposure: n. exposición; descubrimiento, revelación
indecent exposure: exposición o exhibición indecente

expound: a. explicar, exponer

express: n. expreso
a. expreso
v. expresar, manifestar

expression: n. expresión

expropriate: v. expropiar, confiscar; desposeer

expropriation: n. expropiación, confiscación; desposeimiento

extant: a. existente

extenuating: a. atenuante
extenuating circumstances: circunstancias atenuantes

extinguish: v. extinguir, apagar
fire extinguisher: n. extintor o extinguidor de incendio

extort: v. extorsionar, exigir sin derecho

extortion: n. extorsión, exacción

extortionist: n. extorsionista

extradite: v. conceder la extradición de; reclamar por extradición; obtener la extradición de

extradition: n. extradición

extrajudicial: n. extrajudicial

extralegal: n. extrajurídico, extralegal

extreme: a. extremo, severo, excepcional
extreme cruelty: crueldad extrema o severa

extrinsic: a. extrínsico, de otra fuente

eyesight: n. vista

eyewitness: n. testigo ocular, testigo presencial

fabricate: v. falsificar (documentos)

fabrication: n. falsificación (de evidencia)

fabricator: n. embustero, mentiroso

face: n. cara, rostro
  face up: boca arriba
  face down: boca abajo
  v. mirar hacia; estar frente de; enfrentarse; hacer frente a

face-saving: a. para salvar apariencias

face value: n. valor nominal; valor facial

facilitate: v. facilitar

facility: n. facilidad; instalaciones

fact: n. hecho, realidad; n.pl. datos, hechos
  in fact: de hecho, en efecto, en realidad
  facts in issue: hechos litigiosos

factor: n. factor

factual: a. objetivo, real; basado en hechos

faculty: n. facultad; profesorado, cuerpo docente

fag: n. (slang) marica, maricón

failure: n. fracaso; falta, omisión; fallo
  failure of evidence: falta de prueba o de evidencia
  failure of justice: injusticia, fracaso de justicia

faint: v. desmayarse
  n. desmayo

fair: a. justo, equitativo, razonable, imparcial; regular, mediano
  fair and reasonable compensation: compensación justa y razonable
  fair hearing: audiencia imparcial
  fair trial: juicio imparcial
  fair warning: aviso oportuno, advertencia de antemano, preaviso

Fair Labor Standards Act: Decreto de Normas Equitativas del Trabajo

fair employment practices legislation: leyes sobre prácticas justas de empleo o de trabajo

fait accompli: hecho consumado

fake: n. falsificación; impostor
  a. falso, falsificador; fingido
  v. falsificar; fingir, simular

faker: n. impostor, estafador, falsificador

faking: n. falsificación

fallacious: a. falaz, erróneo

fallacy: n. falacia, idea falsa o errónea, engaño

false: n. falso, erróneo; postizo
  false arrest: arresto ilegal
  false claim: reclamación fraudulenta
  false imprisonment: encarcelación ilegal
  false oath: juramento falso; perjurio

false plea: alegación falsa o ficticia
false pretenses: apariencias falsas, representaciones falsas, falsos pretextos, estafa
false representation: representación falsa
false statement: declaración falsa
false swearing: perjurio
false verdict: veredicto injusto o erróneo
false witness: testigo falso

falsehood: n. falsedad, mentira

falsification: n. falsificación

falsifier: n. falsificador

falsify: v. falsificar

family: n. familia
a. familiar, de familia
family court: juzgado de relaciones familiares

fanatic: a. & n. fanático

fanatical: a. fanático

fanaticism: n. fanatismo

farce: n. farsa

fatal: a. fatal, mortal, letal
fatal injury: lesión mortal

fatality: n. víctima, muerto; muerte; calamidad, desgracia; fatalidad

fatally: adv. fatalmente, mortalmente

fate: n. destino

fault: n. falta; defecto; culpa, negligencia; falla
v. criticar

fear: n. miedo, temor
v. temer, tener miedo

fearless: a. audaz, valiente, intrépido

fearsome: a. temible, espantoso; temeroso

feasible: a. factible, viable, practicable, posible

feat: n. hazaña, proeza

feature: n. característica; rasgo
n.pl. facciones, rasgos (de la cara)
v. presentar, representar; caracterizar; destacar

federal: n. & a. federal
federal common law: derecho de precedentes de los tribunales federales
federal court: tribunal federal
federal government: gobierno federal
federal judge: juez de tribunal federal
federal prison: prisión, presidio, penitenciaría federal o nacional

Federal Bureau of Investigation (FBI): Agencia Federal de Investigaciones; la FBI

federation: n. federación

federative: a. federativo

fee: n. honorarios, estipendo; cuota, tarifa, derechos

feeble: a. débil

feebleminded: a. débil mental, mentalmente deficiente

feign: v. fingir, simular, aparentar

feigned: a. fingido, simulado; ficticio, falso

fellow-employee: n. compañero de trabajo

felo-de-se: n. suicida, el que cometió suicidio; suicidio

felon: n. criminal, felón

felonious: a. criminal, delectivo, delictuoso
felonious assault: asalto con intento criminal
felonious homicide: homicidio culpable

felony: n. crimen o delito mayor o grave

fence: n. (slang) comprador de objetos robados, traficante o recibidor de objetos robados; cerco, cerca
v. traficar en objetos robados; cercar

fencing: n. tráfico con objetos robados; cercos, cercas; esgrima

fend: v. defender; mantener
to fend off: v. repeler, rechazar (un ataque)

fetish: n. obsesión; fetiche (ídolo)

fetters: n.pl. grillos
to be in fetters: estar encadenado o engrillado
v. encadenar, engrillar, poner grillos

feud: v. pelear, luchar
n. enemistad u odio hereditario; peleando contínuamente

fever: n. fiebre

fiat: n. fíat, autorización
v. autorizar

fictitious: a. ficticio, falso, fingido, imaginario

fiend: n. demonio, diablo; malvado
dope fiend: n. toxicómano, tecato

fiendish: a. diabólico, demoniaco, endemoniado

fierce: a. feroz, fiero; cruel; furioso (un ataque)

Fifth Amendment: Quinta Modificación o Enmienda (de la Constitución)

fight: n. lucha, pelea, disputa
v. pelear(se), luchar, discutir

fighting: n. lucha, pelea

figment: n. invención, ficción
figment of the imagination: producto de la imaginación

figure: n. figura (de persona o cosa); personaje; cifra, número, suma, cantidad
v. representar; suponer, figurarse; figurar, calcular

filch: v. (slang) robar, hurtar

file: n. ficha, archivo; legajo, expediente; lima (herramienta)
v. fichar, archivar; clasificar; entablar, presentar; limar
file an appeal: presentar o alzar una apelación
file a claim: entablar una reclamación
file a judgement: registrar una sentencia
file a motion: elevar un recurso, presentar una moción, incoar un juicio
file an objection: formular una objeción
file a protest: entablar una protesta

filibuster: n. obstruccionista; obstrucción, tácticas de demora
v. obstruir

filing: n. registro (de un pleito o juicio); archivo

filtrate: v. filtrar

filtration: n. filtración

final: a. último, final; decisivo, definitivo, terminante
final decision or decree: auto definitivo, decisión definitiva
final determination: resolución final
final injunction: interdicto definitivo, mandamiento final
final judgment: sentencia definitiva
final jurisdiction: jurisdicción de último grado
final pleadings: escritos de conclusión
final submission: sumisión completa o final

finalize: v. finalizar, completar; aprobar definitivamente

finance: n. finanzas; n.pl. fondos, recursos
v. financiar

financial: a. financiero
financial responsibility: responsabilidad económica o financiera
financial statement: estado financiero
financially responsible: solvente, financieramente responsable

find: v. hallar; encontrar; decidir, fallar; declarar, pronunciar (sentencia)
find against: decidir en contra de
find for: decidir a favor de
find guilty: declarar o hallar culpable
find innocent: declarar o hallar inocente o no culpable

finding: n. fallo, laudo, decisión; descubrimiento
n.pl. resultados de una investigación, hallazgos, resultados

fine: n. multa, castigo
v. multar, poner multa, dar multa
a. bueno, excelente

finesse: n. fineza, delicadeza; tacto, diplomacia; discernimiento, astucia

finger: n. dedo
v. (slang) robar; señalar, apuntar

fingerprint: n. impresión o huella digital o dactilar
v. tomar impresiones digitales o dactilares
(of fingerprints): arches: arcos
loops: presillas
whorls: verticilos
composites: compuestas

fire: n. fuego, incendio; lumbre, quemazón
to be under fire: estar bajo fuego; ser atacado (por críticas)
to catch fire: incendiarse, prenderse fuego, encenderse
to misfire: fallar (una pistola)
to set on fire: prenderle fuego (a algo)
interj. ¡fuego!
v. disparar (una pistola); incendiar, prender fuego, encenderse; despedir (del empleo); (MA) balacear

fire alarm: n. alarma de incendios

firearm: n. arma de fuego

firebomb: n. bomba incendiaria

firebug: n. incendiario, pirómano

fire department: n. departamento o cuerpo de bomberos

fire escape: n. escalera de emergencia

fire extinguisher: n. extintor o extinguidor de incendios

fire hydrant: n. boca de incendio

fireman: n. bombero, lumbrero

fireproof: a. ininflamable, incombustible; a prueba de incendio o de fuego

fire station: n. estación de bomberos

firetrap: n. (edificio) con insuficientes salidas o resguardos en caso de incendio

firing: n. disparos; despidos (de empleados)

first: a. primero
first aid: primeros auxilios
first aid kit: botiquín de emergencia o de primeros auxilios
of first instance: de primera instancia (un tribunal)
firstborn: n. & a. primogénito, mayor
first floor: n. primer piso; (U.S.) planta baja
first offender: n. persona que comete un delito por primera vez

fist: n. puño
to strike with the fist: v. dar puñetazos

fisticuffs: n. pelea a puñetazos

fit: n. ataque
to have a fit, to throw a fit: darle a uno un ataque

fix: v. arreglar, componer; (see also section on drug-related terminology)

flagrant: a. flagrante, descarado, escandaloso, notorio

flagrante delicto: flagrante delito, en flagrante

flame: n. llama, llamarada
in flames: en llamas
burst into flames: incendiarse

flameproof: a. a prueba de fuego, ininflamable

flaming: a. llameante

flammable: a. inflamable

flare: n. llamarada
to flare up: v. llamear; estallar

flare-up: n. llamarada; pelea

flash: n. destello; fogonazo (de escopeta); instante
v. mostrar con ostentación; echar destellos, centellear, brillar

flasher: n. (slang) exhibicionista, persona que se expone indecentemente

flashlight: n. linterna

flaunt: v. ostentar; burlarse de

flaw: n. defecto, fallo, desperfecto

flawless: a. perfecto, sin defectos

flee: v. huir

fleeting: a. fugaz, breve, instantáneo

flesh: n. carne
flesh wound: n. herida superficial

flight: n. vuelo; recorrido o trayectoria (de una bala); huida, fuga

flirt: v. flirtear, coquetear

flog: v. azotar

flogging: n. paliza, azotaina

flood: n. inundación
v. inundar

floodlight: n. lámpara proyectante, foco o luz intenso(a)
v. iluminar con focos intensos

floodlighting: n. iluminación proyectante

floor: n. piso, suelo; fondo

fog: n. niebla, bruma, neblina
v. envolver en niebla o neblina

foggy: a. nebuloso, brumoso

foible: n. debilidad; manía

foil: v. hacer fracasar, desbaratar (planes)

folio: n. folio, hoja, foja, página
v. foliar, paginar

folly: n. locura, disparate, estupidez

fondle: v. acariciar; mimar

fool: n. tonto, imbécil
v. engañar, estafar; tomar el pelo; bromear

foolish: a. tonto, necio, estúpido

foolproof: a. infalible, a toda prueba

footfall or footstep: n. paso, pisada

footprint: n. huella (de pie o zapato), pisada

foray: n. incursión, saqueo
v. hacer incursión, saquear

forbid: v. prohibir

force: n. fuerza; validez; cuerpo de ...
Armed Forces: n. fuerzas armadas
v. forzar, compeler, obligar
in force: vigente, en vigencia, en vigor
force majeure: fuerza mayor, caso fortuito
enter by force: entrar a la fuerza; allanar (la morada)

forcible: a. a la fuerza, por fuerza; contundente (un argumento); con violencia
forcible detainer: detención violenta, posesión ilegal obtenida por violencia
forcible entry: toma de posesión violenta; allanamiento de morada, violación de domicilio
forcible trespass: translimitación con violencia

forcibly: adv. por la fuerza

foreboding: n. presentimiento

forecast: n. previsión, pronóstico
v. pronosticar

foreclose: v. ejecutar una hipoteca; hacer juicio hipotecario

foreclosure: n. ejecución de una hipoteca; juicio hipotecario

forego: v. renunciar a; preceder

foregone: a. sabido, conocido de antemano; inevitable

foreign: a. extranjero; ajeno; exterior
foreign exchange: divisas, tipo de cambio
foreign plea: excepción de incompetencia
Foreign Office: Ministerio de Relaciones Exteriores

foreigner: n. extranjero

foreman: n. jefe, superintendente, capataz, mayordomo

foreman/forewoman of the jury: presidente del jurado

forensic: a. forense, del foro, que pertenece a los Tribunales

foresee: v. prever

foreseeable: a. previsible

foresight: n. previsión

foretell: v. predecir, pronosticar

forewarn: v. prevenir, advertir, avisar con anticipación

forfeit: n. pérdida de un derecho; pérdida; comiso, decomiso (de propiedad)
v. perder (un derecho); comisar, decomisar, confiscar (una propiedad)

forfeiture: n. pérdida; decomiso, comiso, confiscación(de propiedad)

forge: v. falsificar, falsear

forger: n. falsificador, falsario

forgery: n. falsificación; documento o billete o moneda falsificado(a)

forgery-proof: n. infalsificable, a prueba de falsificación

forget: v. olvidar(se)

forgetful: a. olvidadizo

forgive: v. perdonar

form: n. forma; formulario
    form letter: n. circular
    v. formar, hacer

formal: a. formal, solemne

formality: n. formalidad, trámite necesario; ceremonia

formalize: v. formalizar; celebrar (un contrato)

format: n. formato

formulate: v. formular

fornicate: v. fornicar

fornication: n. fornicación

fornicator: n. fornicador, fornicadora

forsake: v. abandonar, dejar; renunciar

forswear: v. abjurar de, bajo juramento renunciar a

fortuitous: a. fortuito, casual, accidental

forum: n. tribuna, foro; jurisdicción

foster: v. fomentar, promover; criar
    foster parent(s): padre/madre adoptivo(a)

foundling: n. expósito, niño abandonado

fracas: n. riña, pelea, disturbio

fracture: n. fractura, rotura
    v. fracturar, quebrar

frame: v. tramar (un complot); formular o expresar (una pregunta); incriminar, culpar, amañar (a otra persona); marco; armazón (de edificio)
    n. incriminación, falsedad; estructura, cuerpo; maquinación
    frame of mind: estado de ánimo, estado mental
    framed evidence: prueba o evidencia falsificada, testimonio fraudulento

frantic: a. desesperado, frenético

fratricide: n. fratricida (persona); fratricidio (crimen de matar a su propio hermano o hermana)

fraud: n. fraude, engaño, estafa, defraudación; impostor

fraudulence: n. fraude, fraudulencia, engaño

fraudulent: a. fraudulento, engañoso
    fraudulent misrepresentation: falsedad fraudulenta

fray: n. combate, riña, pelea

freak: n. & a. (algo o alguien) anormal, extraño, imprevisto, inesperado

free: a. libre; gratuito
v. poner en libertad, soltar, liberar, libertar

freedom: n. libertad; exención

free on bail: libertad bajo fianza

free without bail: libertad sin fianza

free-lance: n. persona que trabaja independientemente
v. trabajar independientemente

freely: adv. libremente; voluntariamente; gratuitamente

freeze: v. congelar(se); quedarse helado o inmóvil o paralizado
n. congelación, bloqueo (de precios)
interj.: ¡no se mueva!

frenzy: n. frenesí
v. poner frenético, volver loco

frequency: n. frecuencia

frequent: a. frecuente; corriente (una práctica); habitual (un cliente)
v. frecuentar

frequently: adv. frecuentemente, a menudo

fright: n. susto; miedo

frighten: v. asustar; tener miedo

frisk: n. (slang) registro, cacheo
v. registrar, cachear

frivolous: a. frívolo, fútil

front: n. (slang) fachada, frente
to front for: hacer de fachada para

fugitive: n. fugitivo, prófugo
a. fugitivo, fugaz

fulfill: v. cumplir, ejecutar, realizar, satisfacer, desempeñar, llevar a cabo

fulfillment: n. cumplimiento, ejecución, desempeño, satisfacción, realización

full: a. lleno; pleno; completo
full amount: suma total, valor íntegro
full answer: respuesta completa
full authority: autoridad completa, plena autoridad
full copy: transcripción completa
full endorsement: endoso completo
in full force and effect: en plena fuerza y vigor
full hearing: vista o audiencia completa
full jurisdiction: plena competencia; jurisdicción completa
full pardon: perdón incondicionado, absolución completa
full payment: pago total o completo
full satisfaction: satisfacción total o completa
full settlement: liquidación completa, saldo final
full-time: a. de jornada completa, de tiempo integral

fulminate: v. fulminar, explotar, detonar

fulminating: a. fulminante

fulmination: n. fulminación, detonación

fumble: v. dejar caer, buscar a tientas, ir tanteando

fume: n. vapor n.pl. humo
v. humear; estar furioso

function: n. función; acto
v. funcionar

functional: a. funcional

fund: v. proporcionar fondos
n. fondo
n.pl. fondos, dinero, recursos financieros

fundamental: a. fundamental, básico

funeral: n. funeral, entierro; cortejo fúnebre
a. fúnebre

funerary: a. funerario

furious: a. furioso, violento, extremadamente enojado

furnish: v. suministrar, proporcionar, proveer, abastecer, facilitar, dar; amueblar
to furnish bail: prestar fianza
to furnish a bond: otorgar una fianza; presentar una fianza
to furnish information: dar informaciones o informes

further proceedings: procedimientos ulteriores o subsecuentes

furor: n. furor

furtive: a. furtivo

fury: n. furia, violencia
to be in a fury: estar hecho una furia; estar muy furioso

fuse: n. mecha (de dinamita); espoleta (de una granada)

fusillade: n. descarga de fusilería; tiroteo; fusilamiento (ejecución)
v. fusilar

fuss: n. jaleo, alboroto, lío; quejas
v. preocuparse por pequeñeces; quejarse; fastidiar

futile: a. fútil, inútil, en vano

futility: n. futileza, futilidad, inutilidad

fuzz: n. (slang) policía, polizonte; (see also drug-related terminology section) gadget: n. aparato, dispositivo

gag: n. mordaza; chiste, broma
v. amordazar; bromear

gain: n. ganancia; ventaja, beneficio; aumento (de peso)
v. ganar; conseguir, adquirir; aumentar (de peso) o engordar

gainful: a. ganancioso, remunerador, lucrativo
gainful employment: empleo ganancioso o provechoso; trabajo pagado; ocupación lucrativa o retribuída

gainsay: v. negar

gambit: n. táctica, estratagema, estrategia

gamble: v. jugar, apostar; arriesgar
n. jugada; riesgo, (algo) arriesgado

gambler: n. jugador, jugadora

gambling: n. juego

game: n. juego; caza
game animal: n. animal de caza
game license: n. licencia de caza, licencia para cazar
game preserve: n. coto o vedado de caza
game warden: n. guardabosques, guardamontes

gang: n. pandilla, cuadrilla, banda; gang (de criminales); bato, palomilla
to gang up on: conspirar en contra de, unirse contra

gangster: n. pandillero, gángster, pistolero, raquetero, chantajista

gangsterism: n. gangsterismo, bandidaje, raqueterismo, chantajismo

garage: n. garaje

garnish: v. embargar; citar; retener (pago)

garnishee: v. embargar
n. embargado (persona)

garnisher: n. embargante

garnishment: n. embargo, orden de retención de pago; citación

garrote: n. garrote
v. agarrotar

garroting: n. garrote

gas: n. gas; gasolina
gas mask: n. careta antigás
v. asfixiar con gas

gash: n. corte, herida de navaja, cuchillada
v. cortar con navaja, acuchillar

gasp: n. jadeo (dificultad en respirar)
v. jadear
to gasp for air: hacer esfuerzo para respirar

gasping: n. jadeo

gassed: a. gaseado; (slang) borracho

gassing: n. asfixia con gas; gasificación

gavel: n. martillo (del juez)

gay: a. alegre; (slang) homosexual, marica

gem: n. piedra preciosa; alhaja, joya

general: a. general
in general: en general, por lo general, generalmente
general appearance: comparecencia general; apariencia general
general charge: instrucciones generales al jurado
general damages: daños generales o directos
general denial: denegación general o completa
general finding: decisión general o completa
general power of attorney: poder general
general strike: huelga general
general verdict: veredicto general

generality: n. generalidad

generalize: v. generalizar

genocide: n. genocidio

germane: a. pertinente, aplicable, relacionado

gesticulate: v. gesticular, hacer ademanes

gesture: n. gesto, ademán
v. gesticular, hacer gestos o ademanes

ghastly: a. horroroso, espantoso

gimmick: n. truco; artefacto

gist: n. esencia, lo esencial, lo substancial; motivo principal

give: v. dar; donar; regalar
to give evidence: dar testimonio
to give judgement: dictar sentencia
to give notice: avisar, dar aviso, notificar; renunciar (del empleo)
to give warning: prevenir, advertir
to give up: renunciar a; darse por vencido; dejar de

giveaway: n. revelación involuntaria

given: a. dado, determinado

glare: n. luz deslumbrante; deslumbramiento
v. deslumbrar, relumbrar

glaring: a. deslumbrante, deslumbrador; evidente, manifiesto

glass: n. vidrio; cristal; vaso, copa; lente

glib: a. de mucha labia, de mucha charla
glib tongue: lengua suelta

glimpse: n. vislumbre, visión momentánea
v. vislumbrar; echar una ojeada

gloves: n.pl. guantes

goad: v. aguijar, aguijonear, incitar

goldbrick: n. estafa, timo
v. timar, estafar

gold-digger: n. (slang) aventurera (mujer)

gonorrhea: n. gonorrea (enfermedad venérea)

good: a. bueno; capaz; válido
good behavior: buen comportamiento, buena conducta
good cause: motivo suficiente
good faith: buena fé
good time: tiempo que se descuenta de una sentencia por buen comportamiento

good-for-nothing: a. inútil, que no sirve para nada

good-looking: a. guapo, buen mozo

goods: n.pl. bienes; mercancías; artículos
to have the goods on someone: tener pruebas de culpabilidad contra alguien

goodwill: n. buena voluntad

gory: a. sangriento (pelea); ensangrentado (persona)

gossip: n. chisme; chismoso
v. chismear

govern: v. gobernar, dirigir; regir

governing: a. gobernante, dirigente

government: n. gobierno; administración, dirección
a. del gobierno, gubernamental
government attorney: fiscal, procurador del gobierno
government attorney's office: fiscalía, procuradoría gubernamental
government bonds: bonos fiscales o de tesorería
government operation: operación gubernamental

governmental: a. gubernamental, gobernativo
governmental agency: agencia o dirección gubernamental

governor: n. gobernador

grab: v. agarrar, coger; pillar; asir, arrancar (de las manos)

graft: n. soborno, mangoneada, mordida, coima, mangoneo; injerto
v. mangonear, sobornar, coimear; injertar, hacer un injerto

grafter: n. sobornador, coimero, mangoneador

grand juror: n. miembro del jurado de acusación

Grand Jury: n. Jurado Mayor, Jurado de Acusación, Gran Jurado

grand larceny: hurto mayor

graph: n. gráfico, gráfica

grapple: n. lucha cuerpo a cuerpo
v. agarrar; luchar cuerpo a cuerpo

grasp: v. agarrar; asir, sujetar; comprender; apretar (la mano)

gravamen: n. fundamento o parte significante de un cargo o acusación

grave: a. serio, importante; severo, grave
n. tumba, sepultura

gravestone: n. lápida sepulcral o mortuoria

graveyard: n. cementerio

greed or greediness: n. avaricia, codicia, avidez

greedy: a. ávaro, codicioso, ávido

grenade: n. granada (arma)
  hand grenade: n. granada de mano

grief: n. pena, dolor, pesar

grief-stricken: a. desconsolado

grievance: n. agravio; injusticias; queja, motivo de queja

grieve: v. apenar, dar pena; lamentar; aflijirse

grievous: a. doloroso, penoso; dolorido, apenado, lastimoso; grave, intenso (dolor)
  grievous bodily harm: daño corporal serio o grave; heridas graves

grill: v. someter a un interrogatorio severo

grip: n. mango, asidero
  v. agarrar, asir, sujetar, apretar (la mano)

gripe: v. (slang) quejarse

grisly: a. horroroso, espantoso

groan: n. gemido, quejido
  v. gemir, quejarse

grope: v. andar a tientas; ir tentando

gross: a. gordo; grueso; grosero
  gross amount: importe o cantidad total
  gross weight: peso bruto
  v. recaudar en bruto, ganancias brutas
  gross negligence: negligencia grave o mayor

ground: n. suelo, tierra; terreno; motivo, razón
  on the grounds of: a causa de, por razones de, por motivos de
  sufficient grounds for: suficiente evidencia para
  a. fundamental, básico
  ground floor: n. planta baja

groundless: a. sin base, sin fundamento

grudge: n. rencor, resentimiento
  to bear a grudge: guardar rencor, estar resentido
  v. envidiar

grudgingly: adv. con resentimiento, a regañadientes

guarantee: n. garantía, fianza; fiador, garante
  v. garantizar, ser fiador de

guaranteed: a. garantizado, asegurado

guarantor: n. garante

guard: n. guardia; guardían, guarda
  National Guard: Guardia Nacional
  v. vigilar, custodiar, guardar; proteger, defender
  to guard against: protegerse contra o de algo

guarded: a. cauteloso, precavido; protegido; custodiado, vigilado

guardian: n. guardían, guarda, guardia; tutor (de un huérfano o niño)

guardianship: n. tutela, tutoría

guerrilla: n. guerrillero

guess: n. suposición, adivinanza
v. adivinar, suponer

guesswork: n. conjetura

guile: n. astucia, engaño

guilt: n. culpa, culpabilidad

guiltless: a. inocente

guilty: a. culpable; remordimiento (de consciencia)
to plead guilty: declararse culpable
to plead not guilty: declararse inocente o no culpable
to find guilty: declarar culpable
not guilty: inocente, no culpable
guilty verdict: sentencia o veredicto de culpabilidad

guise: n. modo; pretexto

gun: n. arma; revólver, pistola, fusil, escopeta, rifle, carabina, ametralladora
v. disparar (un arma), (MA) balear, balacear
to gun down: v. matar a tiros, balear, balacear

gun barrel: n. cañón de escopeta

gunfight: n. tiroteo, pelea a tiros

gunfire: n. tiroteo; fuego, disparo (de arma)

gun license: n. licencia de armas

gunman: n. pistolero, bandido

gunpoint, at: bajo amenaza de ser matado a tiros

gunrunner: n. traficante de armas

gunrunning: n. tráfico o contrabando de armas

gunshot: n. disparo, tiro
within gunshot: a tiro de fusil (distancia)

gyp: v.(slang) timar, estafar

habeas corpus: n. hábeas corpus

habit: n. costumbre, hábito

habit-forming: a. que crea hábito

habitual: a. habitual, acostumbrado
habitual criminal: n. criminal habitual
habitual offender: n. delincuente habitual

hack: v. cortar, acuchillar, cortar con hacha o machete; destrozar

hacksaw: n. sierra para metales

hair: n. cabello, pelo
by a hairsbreadth: por un pelo

hairdo: n. peinado

half: a. medio, mediano
adv. a medias, medio
n. mitad, medio
half-alive or half-dead: a. medio muerto
half-cocked: a. con el seguro a medio echar (de un arma); con locuras
half-truth: n. verdad a medias

halfway house: n. casa tipo familiar para aquellos ex prisioneros que están bajo libertad supervisada o condicional

hallucinate: v. alucinar

hallucination: n. alucinación

hallucinogen: n. alucinógeno

hullocinogenic: a. alucinogénico, alucinógeno

halt: n. alto; los lisiados o cojos
v. detener, parar; hacer alto
interj. ¡alto! ¡pare!

halting: a. vacilante

halve: v. compartir; partir por la mitad

hammer: n. martillo

hand: n. mano; aguja (de reloj)
v. dar, entregar
hand and seal: firma y sello
to hand down a decision: anunciar un fallo o decisión
to hand in: entregar; presentar (una renuncia)
to hand out: dar (información); distribuir, repartir
to hand over: entregar; ceder

handcuff: v. esposar, poner esposas

handcuffs: n.pl. esposas

handgun: n. pistola

handicapped: a. con incapacidad física

handle: n. mango, palanca, manija
v. tocar; manipular; manejar; controlar; tratar (con)

handout: n. limosna

handwriting: n. escritura, letra; califragía
 handwriting expert: n. perito caligráfico

handwritten: a. escrito a mano

hang: v. colgar; ahorcar, ser ahorcado
 to hang about: vagar, haraganear, perder el tiempo
 to hang out: vivir; frecuentar (un lugar)

hanging: a. colgante; que merece la horca
 n. horca, ejecución en la horca

hangman: n. verdugo

hangout: n. lugar de reunión frecuente o habitual

hangover: n. resaca

haphazard: a. fortuito, casual
 adv. por casualidad, a las buenas; al azar

hapless: a. desventurado, desgradiado (víctima)

happen: v. ocurrir, suceder, pasar, acontecer

happening: n. acontecimiento, suceso, evento

harass: v. acosar, atormentar, hostigar

harassment: n. hostigamiento, tormento

hard: a. duro, difícil
 hard punishment: castigo severo
 hard facts: hechos innegables o incontestables
 hard labor: trabajo forzado o forzoso
 adv. fuerte, mucho, muy

hardheaded: a. terco, testarudo, cabeza dura

hardly: adv. apenas, escasamente

hard-pressed: a. apremiado

hardship: n. dificultad, apuro, opresión

harlot: n. ramera, prostituta

harm: n. daño, perjuicio
 v. dañar, perjudicar; hacer daño, lisiar

harmful: a. perjudicial, dañino, nocivo; pernicioso (persona)

harmless: a. inofensivo

harsh: a. duro, severo; áspero

hassle: n. (slang) jaleo, pelea; molestia
 v. pelear; molestar; perseguir

hatchet: n. hacha

hate: n. odio
 v. odiar, detestar, aborrecer

hatred: n. odio, aborrecimiento

haul: n. tirón; acarreo; recorrido
 v. tironear, arrastrar, acarrear; remolcar (un carro); jalar

havoc: n. estragos
    wreak havoc: hacer estragos

hazard: n. peligro; azar; riesgo
        v. arriesgar, poner en peligro

hazardous: a. peligroso, arriesgado, perjudicial

head of household: n. cabeza de familia

heading: n. encabezamiento, título; membrete (de carta)

heal: v. curar, cicatrizar; curarse, sanarse

healer: n. curador, curandero

healing: a. curativo, cicatrizante
         n. curación

health: n. salud
    public health: sanidad pública
        a. sanitario

healthy: a. sano, salubre

hear: v. oír, escuchar; ver (un caso)
    to hear a case: ver o conocer un caso o una causa
    to hear a witness: oír un testigo

hearing: n. vista, audiencia; oído, audición
    probable cause hearing: audiencia antes del juicio para establecer si hay o no causa suficiente para un juicio
    preliminary hearing: audiencia preliminar

hearsay: n. rumor, de oídas
    hearsay evidence: evidencia por referencia, testimonio de oídas

hearse: n. coche fúnebre

heat: n. calor; calefacción; (slang) la policía
    put the heat on: intensificar o ejercer presión sobre
    a. de(l) calor
    v. calentar

heated: a. acalorado (argumento)

heating: n. calefacción

heavily: adv. pesadamente, mucho, muy
    heavily armed: muy armado
    heavily damaged: muy estropeado o dañado

heckle: v. interrumpir, molestar (durante un discurso)

heckler: n. persona que interrumpe o que hace preguntas molestas

hedge: v. contestar evasivamente

heed: v. prestar atención

heir: n. heredero

heiress: n. heredera

heirloom: n. reliquia (de familia); herencia

heist: n. (slang) robo, asalto, atraco
  to pull a heist: v. asaltar, robar con armas
    v. asaltar, atracar, cometer robo

helmet: n. casco

help: n. ayuda, auxilio, socorro
  v. ayudar, auxiliar, socorrer
  interj. ¡socorro!

helpless: a. incapaz; desamparado (niño); imposibilitado, impotente, indefenso

hereafter: adv. de aquí - de ahora - en adelante, en el futuro; más adelante
  n. provenir, otra vida

hereby: adv. por la presente; por este medio

hereditary: a. hereditario

herein: adv. en este, aquí, incluso, aquí mencionado

hereinafter: adv. de aquí en adelante, más abajo, más adelante
  hereinafter referred to as or called: de aquí en adelante denominado, a quien se denominará

heretofore: adv. antes, anteriormente; hasta ahora

hereunder: adv. más abajo, a continuación, más adelante; en virtud de

hereunto: adv. aquí
  hereunto set his hand and seal: firmó y selló el presente

herewith: adv. adjunto, anexo, con el presente

heritable: a. heredable, hereditario

hermit: n. ermitaño

hero: n. héroe

heroic: a. heroico

heroin: n. heroína (see also section on drug-related terms)

heroine: n. heroína (persona)

heroism: n. heroísmo

hesitant: a. vacilante, indeciso, hesitante

hesitate: v. vacilar, titubear, hesitar, no decidirse

hesitation: n. vacilación, hesitación, indecisión, duda

heterosexual: n. & a. heterosexual

hex: n. maleficio, mal de ojo
  v. embrujar, echar el mal ojo, dar el mal ojo

hide: v. esconder, ocultar, tapar; encubrir (a un criminal); esconderse, ocultarse
  to hide out: estar escondido, esconderse

hideaway or hideout: n. escondite, escondrijo

hiding: n. ocultación, encubrimiento (de un criminal); (slang) paliza

high: a. alto, elevado; gran (velocidad)
  High Court: Tribunal Supremo

high school. n. escuela secundaria
high treason: alta traición
high life: gran vida

higher: a. más alto, mayor

highhanded: a. arbitrario, tiránico

highway: n. carretera; vía pública
highway robbery: asalto, atraco

hijack: v. asaltar, atacar (personas), robar (productos); secuestrar o piratear (aviones)

hijacker: n. asaltador, secuestrador, pirata, pirata del aire

hijacking: n. asalto, secuestro, piratería

hinder: v. dificultar, obstaculizar, poner trabas; impedir, estorbar

hindrance: n. obstáculo, impedimento, estorbo

hindsight: n. percepción retrospectiva

hinge: n. bisagra, charnela (de puerta)
v. depender

hint: n. indirecta, indicio; idea, pizca, insinuación
v. insinuar, dar a entender, soltar indirectas

hire: v. alquilar, arrender; contratar
hired assassin: n. asesino a sueldo, pagado

hit: n. golpe; ataque; choque
v. golpear, pegar; darse un golpe; chocar
hit-and-run driver: motorista que causa un accidente y se fuga
hit-and-run: causar un accidente y fugarse

hitman: n. (slang) asesino profesional

hitch: n. obstáculo, impedimento, dificultad
v. amarrar, atar

hitchhike: v. hacer dedo; pedir un aventón

hitchhiker: n. persona que hace dedo

hoard: n. tesoro, colección; provisión
v. acumular, amontonar; atesorar; acaparar (algo que escasea)

hoarding: n. acumulación, amontonamiento; atesoramiento; acaparamiento

hoax: n. mentira, engaño
v. engañar

hobo: n. vagabundo, vago

hock: v. empeñar
to be in hock: estar empeñado

hold: v. tener; detener; retener; mantener; opinar, sostener
to hold captive: tener cautivo
to hold court: celebrar sesión, estar en sesión
to hold elections: celebrar o tener elecciones
to hold for trial: detener para proceso; encarcelar hasta la fecha del juicio
to hold harmless: amparar, dejar a salvo

to hold hostage: tener como rehén
to hold a hearing: celebrar una audiencia
to hold over: retener; dejar pendiente; diferir
to hold responsible: hacer responsable
to hold up: atacar, asaltar; parar, detener, estorbar; interrumpir; retrasar; suspender; aguantar
to hold without bail: detener sin fianza; encarcelar

holdup: n. asalto, atraco (con armas); atasco (de tráfico)
holdup man/woman: asaltador/dora; atracador/dora

hole: n. agujero, hoyo
to hole up: (slang) esconderse, hacerse desaparecer por un tiempo

holocaust: n. destrucción por fuego o incendio

holster: n. funda de pistola, estuche para pistola, pistolera; cartuchera

home: n. hogar; casa, residencia, domicilio; morada
a. central, matriz; casero, doméstico
to strike home: dar en el blanco

homeowner: n. propietario o dueño de casa o residencia

homicidal: a. homicida, asesino

homicide: n. homicidio (crimen); homicida (persona)
accidental homicide: n. homicidio accidental
attempted homicide: n. intento homicida, intento de matar
criminal homicide: homicidio criminal (causando muerte sin jusficicación)
excusable homicide: homicidio no intencional, homicidio intencional pero accidental o justificable
justifiable homicide: homicidio inculpable (NO es crimen)
willful homicide: homicidio intencional e injustificado

homosexual: n. & a. homosexual

honest: a. honesto, honrado, recto, sincero

honesty: n. honestidad, honradez, rectitud, sinceridad

honor: n. honor, honra, honradez, rectitud
v. honrar

hood: n. rufián, matón; (MA) bato

hoodlum: n. (see hood)

hoodwink: v. engañar, estafar, timar

hook: v. enganchar
to hook it: v. largarse, tirarse, salir corriendo o disparando

hooked: a. (slang) adicto (a drogas)
to get hooked: v. enviciarse, pasar a ser adicto

hooker: n. (slang) prostituta, puta

hooligan: n. gamberro

hooliganism: n. gamberrismo

hoosegow: n. (slang) prisión, cárcel

horror: n. horror, pavor

horror-stricken: a. horrorizado

hose: n. manguera
v. regar con manguera

hospital: n. hospital

hospitalize: v. hospitalizar

hostile: a. hostil, enemigo
hostile witness: testigo hostil o desfavorable

hostilities: n.pl. hostilidades

hot: a. caliente, caluroso (clima); fresco, reciente (pista); algo robado
hot seat: n. silla eléctrica; estar en apuros o en aprietos
hot tip: informe seguro
to be hot on the trail: estar sobre la pista
to get hot: acalorarse (persona); calentarse (situación)
hot temper: genio o temperamento violento
hothead: impetuoso, impulsivo

hound: v. perseguir, acosar; incitar

hour: n. hora
at all hours: a todas horas
by the hour: por hora
business or office hours: horas de oficina
small hours: altas horas (de la mañana)
working hours: horas de trabajo

hourly: a. por hora (sueldo)
adv. cada hora

house: n. casa, vivienda
House of Representatives: Cámara de Representantes o Diputados
v. alojar

house arrest: n. arresto domiciliario

housebreaker: n. escalador, ladrón, atracador

housebreaking: n. allanamiento de morada, robo, escalamiento

household: n. casa, familia
a. casero, doméstico, familiar
head of household: n. cabeza de familia

housekeeper: n. ama de llaves; ama de casa

house-to-house inquiries: investigaciones de casa en casa

housewife: n. ama de casa

housework: n. quehaceres domésticos

hubbub and hullabaloo: n. alboroto, barullo, jaleo, tumulto

hue and cry: n. protesta clamorosa, griterío

humane: a. humano, humanístico

humiliate: v. humillar

hunch: n. presentimiento

hunger: n. hambre
hunger strike: huelga del hambre

hungry: a. hambriento

hung up: a. (slang) obsecionado

hunt: v. perseguir, buscar; cazar
to hunt down: acorralar

hurl: v. lanzar, arrojar

hurt: n. herida; daño; perjuicio
v. dañar, herir, lesionar; doler; perjudicar; ofender

hussy: n. lagarta, mujer inmoral

hustle: n. estafa (see also drug-related terminology)
v. estafar, robar

hustler: n. (see drug-related terminology)

hypnosis: n. hipnosis

hypnotize: v. hipnotizar

hypo: (see variations in section on drug-related terminology)

hypothesis: n. hipótesis

hysteria: n. histerismo, histeria

hysterical: a. histérico

hysterics: n. histerismo

ice pick: n. picahielo, punzón, piqueta para romper hielo
identifiable: a. identificable
identification: n. identificación
identify: v. identificar; identificarse con
identity: n. identidad
ignite: v. encender(se), prender fuego a
ignorance: n. ignorancia
ignore: v. no hacer caso; pasar por alto; hacer caso omiso
ill: a. enfermo; malo
illegal: n. ilegal, ilícito
illegality: n. ilegalidad
illegible: a. ilegible, que no se puede leer
illegitimate: a. ilegítimo
ill-fated: a. desafortunado, desdichado; fatal
ill-founded: a. infundado, sin fundamento
ill-gotten: a. mal adquirido, adquirido por métodos ilícitos
ill health: n. mala salud
illicit: n. ilícito, ilegal
ill-informed: a. mal informado
illiterate: a. analfabeto
illness: n. enfermedad
illusion: n. ilusión
illustrate: v. ilustrar; aclarar
illustration: n. ilustración, ejemplo, aclaración
illustrative: a. ilustrativo, aclaratorio
imaginary: a. imaginario
imagination: n. imaginación
imitation: n. imitación
immaterial: a. sin importancia, inmaterial, irrelevante, indiferente
immediate: a. inmediato, urgente
immensurable: a. inmensurable
immigration: n. inmigración
Immigration and Naturalization Service (INS): Servicio de Inmigración y Naturalización
imminent: a. inminente
immobile: a. inmóvil, fijo
immobilize: v. inmovilizar

immodest: a. inmodesto

immoral: a. inmoral

immovable: a. inmóvil

immune: a. inmune

immunity: n. inmunidad; exención de

impact: n. impacto, choque, colisión; efecto

impale: v. atravesar con, ensartar, empalar

impanel (a jury): v. elegir o seleccionar el panel del jurado

impartial: a. imparcial

impartiality: n. imparcialidad

impassable: a. intransitable (una calle)

impassioned: a. apasionado

impassive: a. impasible; insensible

impatient: a. impaciente

impeach: v. acusar; encausar, enjuiciar; censurar; recusar (evidencia o un testigo); poner en duda la evidencia de un testigo

impeachment: n. acusación; enjuiciamiento, encausamiento; censura; recusación

impediment: n. estorbo, impedimento; defecto del habla

impenitent: a. impenitente

imperative: a. imprescindible, indispensable; perentorio

imperceptible: a. imperceptible

imperil: v. arriesgar, poner en peligro

impersonate: v. personificar; hacerse pasar por; imitar

impersonator: n. imitador

impervious: a. insensible

implement: v. implementar, cumplir; aplicar (una ley), dar efecto; realizar, ejecutar; llevar a cabo

implicate: v. implicar, envolver, comprometer

implication: n. implicación, inferencia; repercusión; complicidad

implicit: a. implícito

implied: a. implícito
- implied consent: consentimiento implícito
- implied waiver: renuncia implícita

imply: v. implicar, envolver, presuponer, insinuar, querer decir, dar a entender

impose: v. imponer

imposition: n. imposición; abuso

impostor: n. impostor

impound: v. confiscar, embargar

impression: n. impresión

imprison: v. encarcelar, aprisionar, poner en la cárcel o prisión

imprisonment: n. encarcelamiento; cárcel, prisión; encarcelación
 false imprisonment: detención ilegal

improper: a. impropio; inexacto, incorrecto

improve: v. mejorar, perfeccionar, hacer mejoras

improvement: n. mejora, mejoramiento, reforma

impulse: n. impulso

inaccuracy: n. inexactitud; error

inaccurate: a. inexacto, incorrecto

inadequate: a. inadecuado, insuficiente, no equitativo

inadmissible: a. inadmisible; improcedente; no admisible

inadmissibility: n. inadmisibilidad, improcedencia

inadvertent: a. inadvertido, descuidado, involuntario

inadvertently: adv. inadvertidamente, por inadvertencia

inadvisable: a. desaconsejable, poco aconsejable

inalienable: a. inalienable

inapplicable: a. inaplicable

inappropriate: a. impropio, inadecuado; inconveniente

inasmuch: adv. puesto que, en vista de que, ya que

inaudible: a. inaudible

incalculable: a. incalculable; imprevisible

incapable: a. incapaz; incompetente

incapacitate: v. incapacitar

incapacitation: n. privación de capacidad (legal); incapacitación

incapacity: n. incapacidad

incarcerate: v. encarcelar, aprisionar

incarceration: n. encarcelación, encarcelamiento, aprisionamiento; cárcel, prisión

incendiarism: n. incendio premeditado (crimen); piromanía, incendiarismo

incendiary: a. incendiario
 n. incendiario, pirómano
 incendiary bomb: bomba incendiaria

incense: n. incienso

incest: n. incesto

incestuous: a. incestuoso

incidence: n. incidencia, frecuencia; efecto

incident: n. & a. incidente

incidental: a. incidente, incidental; imprevisto; secundario

incinerate: v. incinerar; quemar

incineration: n. incineración

incite: v. incitar, instigar, provocar; bullir
incite a riot: instigar un tumulto o alboroto

incitement: n. incitamiento, incitación

inciting: a. incitador, incitante

include: v. incluir; adjuntar

included: a. incluido, incluso

including: n. incluso, inclusivo

inclusive: a. inclusivo, incluido

incognito: a. incógnito
adv. de incógnito

incoherent: a. incoherente

incombustible: a. incombustible

income: n. ingreso, ingresos

incommunicado: a. incomunicado

incompetence or incompetency: n. incompetencia, inhabilidad

incompetent: a. & n. inhábil, incompetente, incapaz

incomplete: a. incompleto, inacabado, sin terminar

incomprehensible: a. incomprensible

inconceivable: a. inconcebible

inconclusive: a. poco concluyente, poco convincente; indecisivo

incongruous: a. incongruo, incongruente; incompatible

inconsequential: a. inconsecuente, sin importancia, insignificante

inconsiderate: a. desconsiderado, inconsiderado

inconsistency: n. inconsistencia; contradicción

inconsistent: a. inconsistente; contradictorio

incontrovertible: a. incontrovertible, indiscutible

inconvenience: n. inconveniente, molestia
v. incomodar, causar molestia

inconvenient: a. inconveniente, incómodo, molesto, inoportuno

incorporate: a. incorporado
v. incorporar; constituir en sociedad

incorrect: a. incorrecto, inexacto, erróneo

incorrigible: a. incorregible

incorruptible: a. incorruptible

increase: n. aumento
v. aumentar, incrementar

incredible: a. increíble

incredulous: a. incrédulo

increment: n. incremento, aumento

incriminate: v. incriminar, inculpar

incrimination: n. incriminación

incriminating: a. incriminante

incriminatory: a. inculpatorio, incriminante

incur: v. incurrir; contraer; sufrir

incurable: a. incurable; irremediable

indecency: n. indecencia

indecent: a. indecente
indecent exposure: exhibicionismo

indecisive: a. indeciso, irresoluto

indefensible: a. indefensible, indefendible

indefinite: a. indefinido, indeterminado

indelible: a. indeleble, imborrable

indemnify: v. indemnizar

indemnity: n. indemnidad, indemnización

indeterminate: a. indeterminado, indefinido

index: n. índice

indicate: v. indicar, señalar

indication: n. indicación, señal

indicative: a. indicativo, indicador

indicator: n. indicador

indict: v. acusar formalmente (por el jurado mayor); encausar, procesar

indictable: a. procesable

indictee: n. procesado, acusado

indictment: n. acusación formal, proceso, acta de acusación, procesamiento

indigent: a. indigente

indignant: a. indignado

indignity: n. indignidad; ultraje, afrenta

indirect: a. indirecto
indirect damages: daños indirectos o emergentes
indirect evidence: prueba o evidencia indirecta

indiscreet: a. indiscreto, imprudente

indiscretion: n. indiscreción, imprudencia

indiscriminate: a. indistinto

indispose: v. indisponer

indisposition: n. indisposición

indisputable: a. indisputable, indiscutible, incontrovertible

indistinct: a. indistinto, confuso

individual: a. individual
n. individuo

induce: v. inducir, persuadir; causar, provocar

inducement: n. incentivo, estímulo; introducción explicativa de los alegatos

induct: v. instalar (en un puesto); incorporarse a las filas (del ejército)

indulgence: n. indulgencia, tolerancia

inebriate: a. & n. borracho, ebrio, embriagado

ineligible: a. inelegible, no apto (para servicio militar)

inept: a. inepto, incapaz

inequality: n. desigualdad; injusticia

inequity: n. injusticia, falta de equidad

inescapable: a. inevitable, ineludible

inevitable: a. inevitable, ineludible

inexcusable: a. imperdonable, inexcusable

inexplicable: a. inexplicable

infallible: a. infalible

infamous: a. infame (crimen, persona); infamante (castigo)

infamy: n. infamia

infancy: n. infancia; minoría de edad

infant: n. niño; menor de edad

infanticide: n. infanticidio (crimen); infanticida (asesino)

infection: n. infección

infer: v. inferir, deducir

inference: n. inferencia, deducción

infidelity: n. infidelidad

infiltrate: v. infiltrar(se)

infirm: a. enfermizo; nulo (documento)

infirmary: n. enfermería

inflammable: a. inflamable

inflict: v. infligir; imponer, dar, causar o hacer (daño)

influence: n. influencia
v. influenciar

influential: a. influyente

inform: v. informar, avisar

informal: a. informal, extraoficial

informant: n. informante; confidente (de la policía)

information: n. información, informe, datos; denuncia o acusación formal y escrita por un fiscal

informer: n. informador, denunciante, delator, informante; confidente infraction: n. infracción, violación, transgresión (de una ofensa multable)

infractor: n. infractor

infringe: v. infringir, violar (leyes); usurpar (derechos)

infringement: n. infracción, violación; usurpación

infuriate: v. enfurecer; exasperar

ingenuous: a. ingenuo

ingot: n. lingote, barra (de oro)

ingrate: a. ingrato

inhale: v. inhalar; aspirar

inherent: a. inherente, intrínsico, propio de

inherit: v. heredar

inheritance: n. herencia; sucesión

inhibit: v. inhibir; impedir

inhuman: a. inhumano

inimical: a. hostil; contrario, en contra de

initial: v. rubricar; poner iniciales; firmar con iniciales
a. inicial, primero

initials: n.pl. iniciales, siglas; rúbrica

initiate: v. iniciar, entablar

inject: v. inyectar

injection: n. inyección

injunction: n. mandato judicial, mandamiento, orden; requerimiento, intimación (summons); entredicho (prohibición)
injunction bond: fianza de entredicho

injure: v. herir, dañar, lesionar, lastimar; perjudicar

injured: a. dañado, herido, lesionado, lastimado

injurious: a. dañino, injurioso, dañoso; ofensivo, perjudicial

injury: n. lesión, herida, lastimadura; daño, perjuicio; injuria, agravio

injustice: n. injusticia, agravio

in-law: n. pariente político

inmate: n. prisionero, preso, presidiario; enfermo (en un hospital); internado (en una institución mental)

innocence: n. inocencia, inculpabilidad

innocent: a. & n. inocente, no culpable
innocent party: parte inocente

innuendo: n. insinuación, indirecta

inordinate: a. desmesurado, excesivo

inpatient: n. paciente internado

inquire: v. preguntar, informarse de, pedir informes; inquirir
to inquire into: investigar, hacer investigaciones

inquiry: n. investigación; pregunta, inquirimiento, encuesta; petición de información
Board of Inquiry: Comisión de Investigación

insane: a. loco, demente; insensato

insanity: n. locura, demencia; enajenación mental

inscription: n. inscripción; dedicación (en un libro)

inscrutable: a. inescrutable

insecure: a. inseguro, poco seguro

insensitive: a. insensible

inseparable: a. inseparable

insert: n. encarte, inserción
v. introducir; insertar, incluir, intercalar

insertion: n. inserción, encarte; anuncio

insight: n. percepción, perspicacia

insignificant: a. insignificante

insinuate: v. insinuar, dar a entender

insinuation: n. insinuación

insist: v. insistir, empeñar

insistence: n. insistencia, empeño

insistent: a. insistente, empeñado

in situ: adv. en el sitio, en lugar de origen, in situ

insolent: a. insolente

insolvable: a. insolubre, que no tiene solución

insolvent: a. insolvente, en quiebra o bancarrota

insomnia: n. insomnio

insomniac: n. insomne

inspect: v. inspeccionar, examinar; registrar

inspection: n. inspección, examen; registro

inspector: n. inspector

inspire: v. inspirar, infundir (miedo)

instability: n. inestabilidad, instabilidad

install: v. instalar

installment: n. plazo (de pago), (pagar) a plazos

instance: n. caso
Court of first instance: Tribunal de primera instancia

instigate: v. instigar, incitar; provocar

instigator: n. instigador, provocador

instinct: n. instinto

institutional: a. institucional

institutionalize: v. institucionalizar; cometer a una institución

instruct: v. instruir, dar instrucciones; ordenar, mandar

instruction: n. instrucción
instruction to the jury: instrucción al jurado

instrument: n. instrumento; documento, escritura

insubordination: n. insubordinado

insubstantial: a. insubstancial; inconsistente, flojo, infundado

insufficient: a. insuficiente

insult: n. insulto, injuria
v. insultar, injuriar

insulting: a. insultante, ofensivo

insurance: n. seguro

insure: v. asegurar(se)

insurgence: n. insurrección, levantamiento

insurgent: n. & a. insurrecto, insurgente

insurrection: n. insurrección

intake: n. toma, entrada
intake process: proceso de entrada (juneviles). Proceso para decidir lo que se hará con el menor (soltarlo, enjuiciarlo, etc.).
intake unit: unidad o agencia gubernamental de entrada al proceso legal para juveniles

intangible: a. intangible

integrity: n. integridad

intelligence: n. inteligencia

intelligible: a. intelegible

intend: v. tener la intención de; querer hacer o decir; destinar

intended: a. proyectado; intencional

intensify: v. intensificar

intensive: a. intensivo; profundo

intent: n. intención, intento, propósito
a. atento; abosorto en

intention: n. intención

intentional: a. intencional, deliberado

intentionally: adv. intencionalmente, intencionadamente, a propósito

interact: v. actuar recíprocamente

interaction: n. interacción, acción recíproca

intercede: v. interceder

intercept: v. interceptar; parar

interchange: n. intercambio

intercourse: n. contacto sexual

interdict: n. interdicto, entredicho
v. interdecir, prohibir, poner en entredicho

interdiction: n. interdicción, interdicto, entredicho, prohibición

interest: n. interés; provecho, beneficio
v. interesar

interested: a. interesado
interested party: parte interesada

interfere: v. estorbar; entrometerse

interference: n. intromisión; obstrucción; entrometimiento

interim: n. ínterim
a. interino, provisional

interlope: v. hacer negocios fraudulentos; entrometerse

interloper: n. intruso; entrometido; traficante

internecine: a. mortífero, letal; de aniquilación mutua

internment: n. internación

interpret: v. interpretar; hacer de intérprete

interpretation: n. interpretación

interpreter: n. intérprete

interpretive: a. interpretativo

interrelated: a. interrrelacionado

interrogate: v. interrogar, examinar

interrogation: n. interrogatorio; interrogación

interrupt: v. interrumpir

interstate: a. interestatal, entre estados

intervene: v. intervenir, mediar

intervening: n. interpuesta, interviniente

intervention: n. intervención

interview: n. entrevista
v. entrevistar

intestacy: n. morir intestado; falta de testamento

intestate: a. intestado; sin testamento

intimate: a. íntimo

intimate: v. insinuar, dar a entender

intimation: n. insinuación, indicio

intimidate: v. intimidar, asustar, alarmar

intimidation: n. intimidación

intimidator: n. persona que intimida

intolerable: a. intolerable

intolerant: a. & n. intolerante

intoxicant: n. bebida o sustancia intoxicante

intoxicate: v. embriagar(se), emborrachar(se); intoxicar(se)

intoxicated: a. ebrio, borracho; intoxicado

intoxication: n. embriaguez, borrachez; intoxicación

intractable: a. intratable, indisciplinado, difícil de manejar

intrastate: a. intraestatal, dentro del estado

intravenous: a. intravenoso

intrepid: a. intrépido

intricate: a. intrincado, complejo

intrigue: n. intriga, complot; relaciones amorosas ilícitas
v. intrigar

intrinsic: a. intrínseco, de si mismo

introduce: v. presentar (una persona); introducir (una moda, producto o cosa)

introduction: n. presentación; introducción

introspection: n. introspección

introvert: a. & n. introvertido

intrude: v. meter(se) a la fuerza; imponer; entrometerse

intruder: n. intruso

intrusion: n. intrusión; entrometimiento; usurpación

intrusive: a. intruso, intrusivo

intuition: n. intuición

inundate: v. inundar

inundation: n. inundación

invade: v. invadir; usurpar (derechos)

invader: n. invasor

invalid: a. inválido, nulo; enfermizo
n. inválido, enfermo

invalidate: v. invalidar, anular

invasion: n. invasión; usurpación (de derechos)

invent: v. inventar

invention: n. invención, invento, mentira

inventory: n. inventario

invest: v. invertir

investigate: v. investigar, indagar; examinar

investigation: n. investigación, indagación, encuesta; estudio

investigator: n. investigador

investment: n. inversión

investor: n. inversionista

inveterate: a. emprendido (fumador, etc.); arraigado (costumbre)

inviolable: a. inviolable

inviolate: a. inviolado

invoke: v. invocar, recurrir, acogerse de
to invoke the rule: recurrir a la ley; acogerse de la ley; invocar la ley

involuntary: a. involuntario
involuntary manslaughter: homicidio accidental o involuntario

involve: v. envolver; comprometer, involucrar; implicar, participar (en un complot)

involvement: n. envolvimiento; enredo, complicación; participación, implicación (en un complot)

irate: a. furioso, airado

iron: n. hierro; plancha
in irons: encadenado

irony: n. ironía

irrational: a. irracional

irrecognizable: a. irreconocible

irreconcilable: a. irreconciliable

irrecoverable: a.irrecuperable; incobrable

irrefutable: a. irrefutable, irrebatible

irregular: a. irregular; anormal

irrelevance or irrelevancy: n. inaplicabilidad; improcedencia; falta de pertinencia

irrelevant: a. irrelevante, inaplicable; improcedente

irresponsible: a. irresponsable

irriversible: a. irreversible

irrevocable: a. irrevocable

isolate: v. aislar

isolation: n. aislamiento

issue: v. emitir; promulgar; expedir; pronunciar (sentencia)
n. tema, asunto, cuestión
at issue: en discussión; en litigio
side issue: cuestión secundaria
to take issue with: estar en desacuerdo con

itemize: v. detallar; especificar, pormenorizar

iterate: v. iterar, repetir, reiterar

itenerant: a. itinerante, ambulante; que se mueve de lugar en lugar

jab: n. golpe seco; pinchazo, codazo
v. pinchar, dar un codazo

jackknife: v. colear (un camión) y quedar articulado

jail: n. cárcel, calabozo, prisión
v. encarcelar, aprisionar

jailbird: n. presidiario o preso reincidente

jailbreak: n. fuga (de la cárcel)

jailer: n. carcelero

jealous: a. celoso; envidioso; tener celos de

jealousy: n. celos; envidia

jeopardize: v. arriesgar, poner en peligro

jeopardy: n. riesgo, peligro

jewel: n. joya, alhaja; piedra preciosa

jeweler: n. joyero

jewelry shop: n. joyería

job: n. trabajo, empleo; tarea

jobber: n. trabajador a destejo (pieceworker)

joint: a. unido, conjunto, colectivo; mancomunado
n. juntura, junta, unión; articulación (de hueso); (see more in drug-related terminology section)

joyride: n. paseo en coche sin autorización, paseo en coche robado

judge: n. juez; magistrado
v. juzgar; fallar, declarar; opinar

judgment: n. sentencia, fallo, juicio; decisión, dictamen; criterio

judgeship: n. judicatura; magistratura

judicial: a. judicial, legal

judiciary: a. judicial,
n. magistratura; el poder judicial

junk: n. trastos viejos; (see more in drug-related terminology section)
v. desechar, tirar a la basura

junkyard: n. depósito de carros viejos y chatarra

juridical: a. jurídico, judicial

jurisdiction: n. jurisdicción, fuero

jurisdictional: a. jurisdiccional
jurisdictional strike: n. huelga intergremial sobre jurisdicción

jurisprudence: n. jurisprudencia

juror: n. miembro del jurado

jury: n. jurado, tribunal de jurados
jury box: tribunal o banco del jurado
jury panel: panel de jurados, lista de personas de la cual se selecciona el jurado

jury process: citación de jurados
jury service: juraduría
jury trial: juicio por o con jurado
grand jury: gran jurado, jurado mayor, jurado de acusación

just: a. justo; justificado
just cause: causa justificada

justice: n. justicia; juez; magistrado
justice of the peace: juez de paz

justifiable: a. justificable
justifiable homicide: n. homicidio inculpable

justification: n. justificación

justify: v. justificar, vindicar

juvenile: a. juvenil; de menores
n. menor de edad, joven, adolescente
juvenile court: tribunal de menores
juvenile delinquency: delincuencia juvenil o de menores
juvenile delinquent: delincuente juvenil

keep: v. guardar, mantener, tener
    to keep the peace: mantener el orden público

kick: n. patada, puntapié
    v. dar una patada o puntapié; dar patadas

kickback: n. comisión ilícita, chivo, coima, mordida

kidnap: v. raptar, secuestrar

kidnapper: n. raptor, secuestrador

kidnapping: n. rapto, secuestro

kill: v. matar, asesinar; matarse; borrar del mapa; (MA) ningunear

killer: n. asesino; matón

killing: n. asesinato, matanza
    a. mortal; asesino; matador

kin: n. parientes, familia
    next of kin: pariente o familiar más cercano
    a. emparentado

kinship: n. parentesco

kinky: a. extraño, raro, chiflado, loco

kleptomania: n. cleptomanía

kleptomaniac: n. cleptomaníaco, cleptómano

kneel: v. arrodillarse

knife: n. cuchillo, navaja, filero
    v. apuñalar, cortar con cuchillo, dar puñaladas, navajar

knife-edge: n. filo (de cuchillo)

know: v. saber, conocer, reconocer

knowingly: adv. a sabiendas, deliberadamente

knowledge: n. conocimiento
    to his best knowledge and belief: a su mejor saber y entender, a su mejor conocimiento y creencia

knowledgeable: a. informado

label: n. etiqueta, rótulo, membrete
v. poner etiqueta o rótulo o membrete, rotular

labor: n. mano de obra, obreros, clase obrera; trabajo, obra, labor, tarea
v. trabajar, laborear
labor agreement: convenio colectivo de trabajo, contrato laboral
labor code: código del trabajo, código laboral
labor court: tribunal de trabajo; see also NLRB
labor dispute: conflicto laboral
labor laws: leyes laborales, reglamento de trabajo, derecho obrero, legislación laboral o del trabajo
labor union: gremio, sindicato obrero, asociación obrera; (MA) unión

laborer: n. trabajador, obrero, jornalero, peón, bracero

lacerate: v. lacerar

laceration: n. laceración; desgarrón

lack: n. falta, carencia, escasez
lack of evidence: falta de prueba o evidencia

lame: a. cojo, manco

lamp: n. lámpara; faro; farol

lamppost: n. poste de alumbrado

land: n. tierra; tierras, campo; suelo
v. aterrizar, desembarcar

landlady: n. patrona, propietaria, casera, arrendadora

landlord: n. arrendador, patrón, casero, propietario

landowner: n. propietario (de tierras), terrateniente

lane: n. camino, callejuela, callejón; vía, carril (de una calle)

lapse: n. lapso; caducidad (de leyes)
v. caducar, vencer (leyes); transcurrir, pasar (tiempo)

to lapse back: recurrir, volver

lapsed: a. caducado, vencido

larcenist, larcener: n. ratero, ladrón, hurtador

larceny: n. hurto, robo, latrocinio, ratería
petty larceny: robo de menor cuantía

lash: n. azote, latigazo
v. azotar, dar latigazos
to lash out: dar golpes a diestra y siniestra

last: a. último
v. durar
last name: n. apellido
last resort: de última instancia
last will and testament: n. último testamento

late: a. tardío; último, reciente; ex, antiguo; finado, difunto, fallecido
adv. tarde

lately: adv. últimamente, recientemente

latent: a. latente

law: n. ley; derecho, jurisprudencia, (slang) la ley, la policía
    law-abiding: a. respetuoso de las leyes, observante de la ley
    law enforcement: ejecución de la ley
    law office: oficina, estudio de abogados, despacho, bufete; procuraduría
    law officer: oficial de la ley
    to practise law: ejercer la profesión de abogacía

lawbreaker: n. infractor, violador de la ley

lawbreaking: n. infracción o violación de la ley

lawcourt: n. tribunal de justicia

lawful: a. legal, lícito, legítimo; válido
    lawful age: mayoría de edad, edad legal

lawless: a. ilegal, ilícito, sin leyes

lawsuit: n. pleito, juicio, acción, litigio, proceso

lawyer: n. abogado, jurista, licenciado; procurador

lay, to, off: v. despedir

layoff: n. despido; paro forzoso o involuntario

lead: n. pista, indicación; ventaja
    v. llevar, conducir; inducir a; guiar
    to lead astray: llevar por mal camino
    to lead up to: llevar a, conducir a

leak: n. escape, pérdida; filtración (de información secreta)
    v. filtrarse (información secreta); dejar escapar

lease: n. contrato de arrendamiento o alquiler o inquilinato
    v. arrendar, alquilar

leaseholder: n. arrendatario

leasing: n. arrendamiento, alquiler

leave: n. permiso
    leave of absence: permiso para ausentarse, licencia de ausencia
    leave of the court: permiso del juez o del tribunal
    v. irse; salir; dejar; legar, dejar (en un testamento)
    to ask leave of the court: pedir permiso al juez o al tribunal

lecherous: a. lascivo, libertino, lujurioso

lechery: n. lascivia, libertinaje, lujuria

left-handed: a. zurdo, zocato

legacy: n. legado, herencia, patrimonio

legal: a. legal, lícito, legítimo, jurídico, forense, jurisprudencial
    legal advice: consejo legal o jurídico
    legal adviser: abogado, consultor jurídico, asesor legal
    legal age: mayoría de edad, edad legal
    legal aid: abogacía de pobres
    legal costs or expenses: costos o gastos jurídicos
    legal entity: n. persona jurídica
    legal fees: honorarios de abogado
    legal insanity: insania legal
    legal name: nombre legal
    legal notice: notificación legal
    legal profession: abogacía

legal responsibility: responsabilidad legal
legal strike: huelga autorizada por el gremio
legal status: estado o capacidad legal
to take legal action: entablar un pleito

legality: n. legalidad; trámites jurídicos

legalization: n. legalización

legalize: v. legalizar, formalizar

legally: adv. legalmente
legally competent: de capacidad legal

legibility: n. legibilidad

legible: a. legible

legislate: v. legislar, establecer por ley

legislation: n. legislación

legislative: a. legislativo

legislator: n. legislador

legislature: n. legislatura; cuerpo legislativo

legitimacy: n. legitimidad

legitimate: a. legítimo; válido; auténtico

legitimization: n. legitimación

legitimize: v. legitimar

leniency or lenience: n. clemencia, indulgencia

lenient: a. clemente, indulgente

lesbian: a. & n. lesbiano, lesbio; lesbiana

lesbianism: n. lesbianismo

lesion: n. lesión

lessee: n. arrendatario, inquilino, locatario

lessor: n. arrendador, arrendante, locador

let: v. alquilar, arrendar; dejar, permitir

lethal: a. letal, fatal, mortal, mortífero

letter: n. carta; letra
letter of the law: letra de la ley
to the letter: al pie de la letra
letter of credit: carta de crédito

lever: n. palanca

levy: n. recaudación; impuesto; embargo
v. recaudar; imponer; embargar

lewd: a. lascivo, indecente, obsceno

lewdness: n. lascivia, obscenidad

liability: n. responsabilidad; inconveniente
liability insurance: seguro de responsabilidad civil

liable: a. responsable
liable to penalty: sujeto a multa

liaison: n. aventura o intriga (amorosa); coordinación, enlace

liar: n. mentiroso

libel: n. libelo, difamación, calumnia
v. difamar, calumniar
libel suit: pleito por difamación

libelous: a. difamante, difamatorio, calumnioso

liberal: a. liberal

liberalization: n. liberalización

liberalize: v. liberalizar

liberate: v. liberar, libertar; poner en libertad; librar (de obligaciones)

libertine: a. & n. libertino

libertinism: n. libertinaje

liberty: n. libertad; licencia, permiso
to set at liberty: poner en libertad
to take the liberty: tomarse la libertad de

license: n. licencia, permiso; matrícula; autorización
driver's license: licencia o carnet de conducción o de manejar
license plates: n. placas de licencia (del carro)
v. licenciar, conceder licencia o permiso; permitir

licentious: a. licencioso

licit: a. lícito

lie: n. mentira
pack of lies: una sarta de mentiras
v. mentir; decir mentiras
lie detector: detector de mentiras, polígrafo

lien: n. gravamen; derecho de retención

lieu, in, of: en vez de, en lugar de

lieutenant: n. lugarteniente; teniente

life: n. vida; duración
a. de vida, vitalicio
life imprisonment: cadena perpetua, prisión vitalicia
life insurance: seguro de vida
life or death: a. de vida o muerte
life sentence: sentencia de prisión vitalicia o cadena perpetua

lifejacket: n. chaleco salvavidas

lifeless: a. sin vida, muerto

life preserver: n. salvavidas

lifer: n. prisionero vitalicio, condenado a cadena perpetua

lifesaving: n. socorrismo, salvamento

lifetime: n. vida
a. de toda una vida

light sentence: sentencia leve o moderada

light-fingered: a. listo de manos, largo de manos

likeliness or likelihood: n. posibilidad; probabilidad

likely: a. probable, posible

limb: n. miembro (del cuerpo)

limit: n. límite
v. limitar

limitation: n. limitación; restricción, prescripción (límite de tiempo en que se puede llevar una causa a juicio)
statute of limitations: n. estatuto o ley de prescripción

limitative: a. limitativo; restrictivo

limited: a. limitado; escaso, reducido

limiting: a. restrictivo

lineup: n. fila o hilera de personas para inspección o identificación en la estación policial

link: n. vínculo, lazo, relación; eslabón (de una cadena)
v. unir, enlazar, vincular; acoplar

lip-read: v. interpretar por el movimiento de los labios (lo que se dice)

lipstick: n. lápiz labial, lápiz de labios

liquidate: v. liquidar

liquor: n. bebidas alcohólicas; licor

lisp: n. ceceo (defecto del habla)
v. cecear

list: n. lista
casualty list: lista de bajas o de fallecidos
v. hacer una lista, enumerar, poner en una lista; listar

listen: v. escuchar, oír

listing: n. lista; inscripción en una lista

literal: a. literal

literally: adv. literalmente, al pie de la letra

literate: a. letrado; que sabe leer y escribir

litigant or litigator: n. litigante, pleitador, pleiteante

litigate: v. litigar, pleitear

litigation: n. litigio, pleito, litigación

litter: n. basura; camilla
v. ensuciar, tirar basura en la calle

livable: a. habitable

live: v. vivir
to live down: conseguir que se olvide
to live on: vivir de
to live through: sobrevivir (algo)
to live up to: cumplir con; vivir de acuerdo con

livelihood: n. sustento

living: a. vivo, viviente; de vida
n. vida

load: v. cargar
n. carga
dead load: carga muerta
peak load: carga máxima

loaded: a. cargado
to be loaded: 1) ser muy rico; 2) estar borracho

loaf: v. holgazanear

loafer: n. holgazán

loan: n. préstamo, empréstito
v. prestar; pedir prestado

loathe: v. odiar, aborrecer

loathing: n. odio, aborrecimiento, aversión, asco, repugnancia

lobby: n. pasillo, lobby, sala de espera, vestíbulo; grupo de presión (política)
v. hacer aprobar usando presiones (un decreto o ley); ejercer presiones; cabildear

lobbying: n. cabildeo, presiones

lobbyist: n. cabildero, el que ejerce presiones

local: a. local; vecinal, del barrio, del pueblo

locality: n. localidad; sitio, lugar

localize: v. localizar

locate: v. localizar, encontrar, hallar; ubicar

location: n. localización; situación, sitio, ubicación

lock: v. cerrar con llave o candado; encerrar
to lock up: encarcelar
n. cerradura (de puerta); candado (de bicicleta, etc.); llave (de arma de fuego)

lodge: v. alojar, hospedar; meter, clavar (un cuchillo o flecha); entablar o interponer o presentar una queja o reclamo
lodged (a bullet): quedar metido o clavado

logical: a. lógico

loiter: v. callejear, holgazanear; merodear (con fines criminales)

loiterer: n. callejero, holgazán; merodeador, ra.

lone: a. solitario, solo

longhand: n. escritura o letra normal

loot: n. botín, presa
v. saquear

looter: n. saqueador

looting: n. saqueo

lose: v. perder

loser: n. perdedor

loss: n. pérdida; daños

lost: a. perdido
given up for lost: dar por perdido

lottery: n. lotería

loudspeaker: n. altoparlante, altavoz

louse: n. canalla, sinvergüenza

love affair: n. aventura o intriga amorosa

lover: n. amante

low: a. bajo; deprimido, desanimado
to lie low: permanecer escondido
low moan: quejido débil
low-down: a. vil, bajo

lowdown: n. información confidencial

loyalty: n. fidelidad, lealtad

lucid: a. lúcido

lull: n. calma

lump: n. chichón (en la cabeza)

lunacy: n. locura, insania

lunatic: n. loco, lunático

lure: v. engañar, atraer

lurk: v. estar escondido, esconderse; estar al acecho

lurking: n. oculto, escondido

lust: n. lujuria, lascivia
to lust for or to lust after: v. codiciar; desear

luxurious: a. lujoso, suntuoso

luxury: n. lujo

lying: a. mentiroso, falso
n. mentira(s)

lynch: v. linchar

lynching: n. linchamiento

macaber: a. macabro

machete: n. machete

machine gun: n. ametralladora
v. ametrallar

mad: a. loco; furioso; rabioso (perro)

madden: v. enloquecer; volver loco

madness: n. locura, furia

mafioso (pl. mafiosi): n. mafioso

magisterial: a. magisterial, de magistrado, magistral

magistracy: n. magistratura

magistrate: n. magistrado, juez de paz, juez municipal
magistrate's court: n. juzgado de paz, tribunal del magistrado
examining magistrate: juez de instrucción

magistrature: n. magistratura

magnitude: n. magnitud, envergadura

maid: n. criada, mucama, sirviente; camarera (en hotel)

maiden name: n. apellido de soltera

maim: v. mutilar, lisiar

majority: n. mayoría; mayoría de edad
a. mayoritario

make: n. marca, fabricación
v. hacer; fabricar; seducir
to make known: hacer saber, dar a conocer

makeup: n. maquillaje
makeup artist: maquillador experto

malice: n. malicia, maldad; intención delictuosa
malice aforethought: malicia premeditada
malice in fact: malicia expresa o de hecho
malice in law: malicia implícita

malicious: a. malicioso, maléfico, malévolo
malicious intent: intento delictuoso
malicious mischief: agravio malicioso
malicious prosecution: enjuiciamiento malicioso, demanda de mala fé

malign: v. difamar, calumniar, hablar mal de

malinger: v. fingirse enfermo, fingir enfermedad

malingerer: n. enfermo fingido, remolón

malingering: n. simulación de enfermedad, remolonería

malpractice: n. conducta ilegal o inmoral en el ejercicio de una profesión; negligencia; hechos delictivos; procedimientos ilegales; malpráctica

maltreat: v. maltratar

malversation: n. malversación, administración corrupta

manacle: n. esposas
v. esposar, poner esposas

mandate: n. mandato; mandamiento judicial; orden
v. poner bajo mandato

mandated: a. bajo mandato, bajo fideicomiso

mandatory: a. obligatorio
mandatory injunction: n. mandamiento afirmativo, interdicto mandatorio
mandatory statute: estatuto esencial (al procedimiento)
mandatory writ: mandamiento judicial

manhandle: v. maltratar

manhunt: n. caza del hombre

mania: n. manía

maniac: a. & n. maniaco; fanático

manifestation: n. manifestación

manslaughter: n. homicidio involuntario o sin premeditación
involuntary manslaughter: homicidio involuntario o sin premeditación
vehicular manslaughter: homicidio involuntario por operación gravemente negligente de un vehículo
voluntary or non-negligent manslaughter: homicidio intencional con provocación razonable

maraud: v. merodear

marauder: n. merodeador

marauding: a. merodeador
n. merodeo

marijuana: n. mariguana, marijuana (see more in drug-related terminology section)

marital: a. matrimonial, marital, conyugal
marital duties: obligaciones matrimoniales
marital infidelity: infidelidad matrimonial
marital rights: derechos conyugales
marital status: estado civil

marksman: n. tirador experto

marriage: n. boda, casamiento (ceremonia); matrimonio

married: a. casado; de casados, conyugal, matrimonial
married name: apellido de casada

marshal(l): n. márshal, oficial de justicia
fire marshal(l): jefe de bomberos

mascara: n. rimel (makeup for eyelashes)

mask: n. máscara, careta
v. enmascarar; ocultar, disfrazar, disimular
gas mask: mascarilla antigás
oxigen mask: mascarilla de oxígeno

massacre: n. masacre, matanza
v. masacrar, matar en cantidad, hacer una matanza

mass media: n. medios de comunicación de masa; medios informativos al público

mastermind: n. el cerebro o el líder (de un grupo de personas)
v. ser el cerebro de, ser el que tuvo la idea principal y el que manda; ser el líder (de un grupo)

match: n. fósforo, cerillo, mecha; partido (de futbol, etc.)

material: n. material; tela, tejido
 a. material; substancial, esencial, fundamental; pertinente
 material evidence: prueba o evidencia pertinente
 material facts: hechos pertinentes
 material witness: testigo esencial

materialize: v. materializar, realizar; concretarse

maternal: a. materno, maternal

matricide: n. matricida; matricidio

matrimonial: a. matrimonial, marital

matrimony: n. matrimonio; vida conyugal

matter: n. asunto, cuestión; materia
 v. importar
 matter in controversy: cuestión en disputa
 matter in issue: cuestión o asunto en disputa
 matter of course: cosa normal o natural
 matter of fact: cuestión de hecho
 matter of form: cuestión de forma
 matter of law: cuestión de derecho
 matter of record: materia de registro
 matter of substance: cuestión substancial

maximum: a. & n. máximo
 maximum penalty: pena o sentencia máxima

mayhem: n. mutilación criminal

mayor: n. alcalde (municipal)
 mayor's office: n. alcaldía, intendencia municipal

mayoralty: n. (office and term) alcaldía

mean: n. promedio; media; término medio
 n.pl. medios, recursos; adinerado
 a. medio, mediano; tacaño, mezquino; malo

meaning: n. significado, sentido

measure: n. medida
 v. medir

meddle: v. entrometerse en, entremeterse en, interferir en

meddler: n. entrometido, entrometido

media: n. medios (de información, de publicidad, etc.)

median: a. mediano, mediana
 n. faja o vereda central o divisoria (de una calle); medianera

mediate: v. mediar; servir de intermediario

mediation: n. mediación

mediator: n. mediador

medical: a. médico, de medicina
 medical attention: atención médica
 medical adviser: consejero médico
 medical evidence: testimonio por médico
 medical examiner: médico forense

medical jurisprudence: medicina forense o legal
medical kit: botiquín
medical school: facultad de medicina
medical treatment: tratamiento médico

medicate: v. medicinar; administrar medicamentos

medication: n. medicación, medicamentos

medicine: n. medicina; medicamento

meet: v. encontrar(se) con; conocer; satisfacer (una demanda o requisito); cumplir (con especificaciones)

meeting: n. reunión, entrevista, conferencia; asamblea; mítin, junta

megaphone: n. megáfono

melee: n. pelea confusa, conflicto; confusión

member: n. socio, miembro

memorandum, memo: n. memorándum, nota

memory: n. memoria; recuerdo

menace: n. amenaza; pesado (persona)
v. amenazar

menacing: a. amenazador

mental: a. mental
mental alienation: enajenación mental
mental anguish: angustia mental
mental cruelty: crueldad mental
mental deficiency: deficiencia mental
mental derangement: alienación mental
mental incompetency: incapacidad mental
mental retardation: retraso mental

mentality: n. mentalidad

mercenary: a. & n. mercenario

merchandise: n. mercaderías, mercancías
v. comercializar, mercadear

merciful: a. clemente, compasivo

merciless: a. despiadado, sin merced, sin compasión alguna

mercy: n. merced, clemencia, compasión
beg for mercy: pedir clemencia
at the mercy of: a merced de
to have mercy: tener compasión
without mercy: sin piedad, sin merced
mercy killing: eutanasia; matar por compasión

mere: a. mero, puro, simple

merely: adv. meramente, simplemente, sólo, solamente

merge: v. unir, fusionar

merit: n. mérito
merits of a case: el fondo de un caso, lo substancial de un caso

meritorious: a. meritorio, benemérito, que tiene mérito

message: n. recado, encargo; mensaje
to get the message: comprender

messenger: n. mensajero

method: n. método, manera, modo; modalidad

meticulous: a. meticuloso

midwife: n. partera

migrant: a. migratorio
n. trabajador que se traslada de un lado a otro (generalmente siguiendo las cosechas de frutas y legumbres)

migrate: v. emigrar

militant: a. belicoso, agresivo; militante

minimize: v. minimizar

minimum: a. & n. mínimo
minimum wage: salario mínimo

minor: n. & a. menor; menor de edad; sin o de poca importancia, insignificante

minority: n. minoría; minoridad

minutes: n.pl. actas (de una asamblea)

misadventure: n. desgracia, contratiempo, accidente
death by misadventure: muerte accidental

misadvise: v. aconsejar mal, dar malos consejos

misallege: v. alegar falsamente

misapplication: n. malversación (de fondos), mala aplicación; uso indebido

misapply: v. malversar, usar indebidamente; aplicar mal

misapprehension: n. malentendido, equivocación

misappropriation: n. malversación (de fondos); uso indebido

misappropriate: v. malversar; usar indebidamente

miscalculate: v. calcular mal

miscalculation: n. equivocación, cálculo errado o erróneo

miscarriage: n. aborto, malparto
miscarriage of justice: n. injusticia, error judicial, perjuicio de derechos

miscellaneous: a. misceláneo; diverso, vario, variado

mischarge: v. instruir erróneamente al jurado

mischief: n. travesura, daño, perjuicio; maldad
malicious mischief: agravio malicioso

misconception: n. concepto erróneo o falso; malentendido, equivocación

misconduct: n. mala conducto; adulterio

misconstruction: n. mala interpretación

misconstrue: v. interpretar mal, malinterpretar

misdate: v. fechar falsamente

misdeed: n. malhecho, delito, fechoría

misdemeanor: n. infracción o delito menor; fechoría

misdirect: v. instruir mal al jurado

misdirection: n. instrucciones erróneas al jurado

misfeasance: n. abuso de autoridad; acto legal hecho de manera ilegal

misfire: n. fallo de tiro (de una pistola)
v. fallar (una pistola)

misgiving: n. recelo, inquietud, aprensión, presentimiento

misguide: v. dirigir o guiar mal, aconsejar mal

mishap: n. accidente, contratiempo

misinform: v. malinformar, informar mal

misinformation: n. información errónea

misinterpret: v. malinterpretar, interpretar mal

misinterpretation: n. malinterpretación; interpretación mala; interpretación errónea

misjudge: v. juzgar mal

misjudgment: n. juicio equivocado

mislead: v. engañar; corromper

misleading: a. engañoso

misnomer: n. error en el nombre; nombre erróneo

misplace: v. extraviar, perder; colocar fuera de lugar

misprision: n. ocultación o encubrimiento de un crimen

misquote: v. citar incorrectamente

misrepresent: v. representar mal, mentir

misrepresentation: n. falsedad; representación falsa

miss: n. tiro errado, fallo
v. no dar en (el blanco); errar (el tiro); echar de menos; pasar rozando (una bala)

misshapen: a. deformado (cosa); deforme (persona)

missing: a. perdido, desaparecido

misspell: v. escribir mal, ortografiar mal

misspelling: n. falta de ortografía

misstatement: n. declaración o afirmación errónea

mistake: n. error, equivocación
by mistake: sin querer, por equivocación
v. equivocarse, entender mal

mistaken: a. equivocado, erróneo, mal comprendido o entendido
mistaken identity: identidad o identificación errónea

mistreat: v. maltratar, tratar mal

mistreatment: n. maltrato, trato malo

mistress: n. amante, querida, dueña de la casa

mistrial: n. juicio nulo, pleito viciado

mistrust: n. recelo, desconfianza
v. desconfiar de, no tener confianza, recelar de

misunderstanding: n. malentendido, equivocación, error; concepto erróneo

misunderstood: a. mal entendido; (persona) incomprendida

misuse: n. mal uso, uso incorrecto; maltrato; abuso (de autoridad); malversación (de fondos)
v. emplear mal; maltratar; abusar; malversar

mitigate: v. mitigar, aliviar, atenuar, temperar

mitigation: n. mitigación, alivio, atenuación

mitigator: n. mitigador

moan: n. gemido, quejido; queja
v. gemir; quejarse

mob: n. multitud, muchedumbre; pandilla, gáng, un grupo con intento criminal
v. asaltar, acosar, atropellar (en masa)

mobster: n. gángster

mockery: n. burla, parodia; imitación
to make a mockery of: ridiculizar, poner en ridículo

mock-up: n. maqueta, modelo

modest: a. modesto, recatado, decente

modesty: n. modestia, recato, decencia

modification: n. modificación

modify: v. modificar; atenuar

modus operandi: procedimiento, método de operación, modus operandi

modus vivendi: modo de vivir, modus vivendi

molest: v. molestar, importunar; hacer insinuaciones sexuales molestas

molestation: n. molestia; importunidad

Molotov cocktail: n. coctel molotov (bomba pequeña)

moment: n. momento

momentary: a. momentáneo, pasajero

money: n. dinero, fondos
counterfeit money: dinero falso
money order: giro postal
bank's money order: giro bancario

moneylender: n. prestamista

moneymaking: a. rentable, que produce ganancias

monies: n.pl. dinero, fondos

monition: n. citación, advertencia

monitor: v. controlar, monitorizar

monitoring: n. control, monitorización

moonshine: n. bebida alcohólica ilegalmente destilada

moonshiner: n. destilador de bebidas alcohólicas ilegales

moot: a. discutible, dudoso; debate
    moot court: tribunal o corte ficticia (para que los estudiantes de abogacía practiquen)
    moot point: cuestión solamente para debate

moral: a. moral, con moralidad

morale: n. moral, estado de ánimo

morbid: a. mórbido; morboso

morbidity or morbidness: n. morbosidad

morgue: n. morgue, depósito de cadáveres

moribund: a. moribundo

moron: n. imbécil; retrasado mental

morphine: n. morfina

mortal: a. mortal

mortally: adv. mortalmente

mortgage: n. hipoteca
    v. hipotecar

mortician: n. empresario de pompas fúnebres

mortuary: a. mortuorio
    n. morgue

motion: n. petición; moción; ponencia; movimiento
    v. hacer señas o señales; indicar con las manos
    motion for new trial: petición para juicio nuevo
    motion granted: petición admitida
    motion papers: documentos de la petición
    motion to dismiss: petición para declarar sin lugar, moción para desestimar
    motion to set aside: moción para dejar sin efecto
    motion to suppress: moción para suprimir

motionless: a. inmóvil

motivate: v. motivar

motivation: n. motivación, motivo

motive: n. motivo

motor: n. motor
    motor vehicle theft: robo de vehículo automotríz o a motor

motorist: n. motorista

mourn: v. lamentar; llevar luto por; estar de luto

mourner: n. doliente, el que está de luto

mourning, to be in: estar de luto; llevar luto por

mourning, to go into: ponerse de luto

moving van: n. camión de mudanza

muffle: v. tapar (algo); amortiguar (un sonido)

mug: v. asaltar, atacar

mugger: n. asaltante

multitude: n. multitud, muchedumbre

mumble: v. hablar entre dientes

municipal: a. municipal, del municipio
 municipal court: tribunal o corte municipal
 municipal ordinance: estatuto u ordenanza municipal

municipality: n. municipalidad, municipio

munitions: n.pl. municiones

murder: n. asesinato, homicidio
 v. asesinar, matar, cometer homicidio, cometer un asesinato
 first-degree murder: asesinato en primer grado, homicidio premeditado
 second-degree murder: asesinato en segundo grado, homicidio impremeditado
 murder victim: n. víctima de asesinato, occiso, occisa

murdered: a. asesinado, occiso

murderer: n. asesino, homicida; matón

murderess: n. asesina, homicida

murderous: a. asesino, homicida
 murderous weapon: n. arma mortífera

mute: a. mudo
 to stand mute: negarse a responder

mutilate: v. mutilar

mutilation: n. mutilación

mutilator: n. mutilador

mutineer: n. amotinador, amotinado, rebelde

mutiny: n. motín, rebelión, sedición

mutter: n. murmullo, refunfuño
 v. murmullar, refunfuñar; quejarse

mutual: a. mutuo, recíproco

muzzle: n. boca (de un arma); bozal (para animales)
 muzzle velocity: n. velocidad inicial (de una bala)

myopic: a. miope

mysterious: a. misterioso

mystery: n. misterio

mystify: v. engañar; dejar perplejo, confundir

myth: n. mito

nab: v. pescar, agarrar, coger

nag: v. regañar, reñir; fastidiar, molestar;remorder (la consciencia)
n. regañón

nail: v. agarrar, coger; clavar
n. clavo; uña

naked: a. desnudo (cuerpo); descalzo (pies); unilateral

name: n. nombre; reputación, fama
v. nombrar; dar el nombre de; fijar (fecha o precio)
by name: por/de nombre
in the name of: a nombre de

nameless: a. sin nombre; anónimo

namely: adv. a saber, es decir

namesake: n. tocayo

narcotic: a. narcótico (see more in drug-related terminology section)

nation: n. nación, país, estado

national: a. nacional; doméstico, de la nación; del interior

National Labor Relations Board (NLRB): Junta Nacional de Relaciones Laborales

nationality: n. nacionalidad

nationalization: n. nacionalización (de una industria); naturalización (de una persona)

nationalize: v. nacionalizar; naturalizar

native: a. nativo, natural de; por nacimiento; natal; oriundo

natural: a. natural; innato, de nacimiento; nato

naturalization: n. naturalización
naturalization papers: documentos de ciudadanía o de naturalización

naturalize: v. naturalizar

naturalized: a. nacionalizado, naturalizado

nature: n. naturaleza

nay: n. voto negativo; negativa

near-miss: n. tiro cercano; casi acertado; fallado por un pelo

nearsighted: a. corto de vista, miope

necessary: a. necesario, imprescindible, indispensable

necropsy: n. necropsia, examen post mortem

nefarious: a. infame

negate: v. negar; anular, invalidar; rechazar

negation: n. negación

negative: a. negativo
n. negativa

neglect: n. descuido, negligencia; inobservancia; desatención
v. descuidar, desatender; no cumplir; no observar

negligence: n. negligencia, descuido

negligent: a. negligente, descuidado
negligent homicide: homicidio por negligencia

negligible: a. insignificante

negotiable: a. negociable

negotiate: v. negociar, gestionar

negotiation: n. negociación, gestión

negotiator: n. negociador

nemesis: n. vengador; justo castigo

nepotism: n. nepotismo

nerve: n. nervio; valor; caradura, descaro

nervous: a. nervioso; preocupado; miedoso

net: n. red, trampa
a. neto
v. dar en la red

network: n. red de ...; canal (radio)

neutral: a. neutro; neutral

never: adv. nunca, jamás

nevertheless: adv. sin embargo, no obstante

news: n. noticia(s)
news bulletin: n. boletín informativo, noticiario, noticiero; noticias
newscaster: n. locutor (de televisión o radio)
newsman: n. periodista, reportero; locutor

nick: n. rasguño, herido pequeña
v. apenas cortado o tocado

nickname: n. apodo
v. apodar

niggling: a. insignificante; molesto

night club: n. club nocturno, naitclub

night life: n. vida nocturna

nightmare: n. pesadilla

night watchman: n. guarda nocturno; sereno

nimble: a. ágil

nocturnal: a. nocturno

nod: n. inclinación de la cabeza
v. asentir con la cabeza

no-good: n. inútil (persona)

noise: n. ruido

noiseless: a. silencioso, sin ruido

noisy: a. ruidoso

<u>nolle prosequi</u>: abandono de proceso, caso desestimado (case dismissed)

<u>nolo contendere</u>: "no contesta a las acusaciones" (NO es admisión de culpabilidad, pero tiene las mismas consecuencias legales -- admisión para el proceso actual)

nominal: a. nominal

nominate: v. designar, nombrar

nomination: n. nombramiento, designación; candidatura

nonaggression pact: n. pacto de no agresión

nonappearance: n. incomparecencia

noncommittal: a. reservado; que no compromete; evasivo

noncompliance: n. incumplimiento, falta de cumplimiento

<u>non compos mentis</u>: demente

nondescript: a. anodino, mediocre; indescriptible

nonentity: n. nulidad (persona)

nonexistence: n. inexistencia

nonexistent: a. inexistente, que no existe

nonfeasance: n. omisión, incumplimiento

nonnegotiable: a. no negociable

nonpayment: n. falta de pago

nonplus: v. asombrar, dejar perplejo

nonprofit: a. no lucrativo

nonresident: a. & n. no residente

nonresistance: n. falta de resistencia, que no resiste

nonreversible: a. irreversible

nonsuit: n. desestimación, denegación
v. desestimar, denegar

non-support: n. falta del pago de manutención

nontaxable: a. no gravable, exento de impuestos

nontransferable: a. intransferible

nonunion: a. no sindicado, que no pertenece a un sindicato

nonviolence: n. no violencia

nonviolent: a. no violento, pacífico

noose: n. nudo corredizo; soga, dogal (para ahorcar); trampa

norm: n. norma, estándard

normal: a. normal

normalize: v. normalizar

not guilty: inocente, no culpable

notarization: n. notarización, atestación por notario público notarize: v. notarizar, escriturar

notary (public): n. notario (público); escribano

notation: n. anotación

notice: n. aviso, notificación
v. notar; darse cuenta de, fijarse en
notice of appeal: notificación de la apelación
notice of/for appearance: aviso de comparecencia

notification: n. notificación, citación

notify: v. notificar, avisar, comunicar

notoriety: n. notoriedad, mala fama

notorious: a. notorio

notwithstanding: prep. a pesar de
adv. no obstante, sin embargo

noxious: a. nocivo, dañino, perjudicial

nude: a. desnudo

nuisance: n. fastidio, molestia; daño, perjuicio; acto perjudicial
public nuisance: estorbo o perjuicio público, molestia pública

null: n. nulo
null and void: nulo y sin valor; nulo y sin efecto

nullify: v. anular, invalidar, nulificar

nullity: n. nulidad

numb: a. entumecido, paralizado, sin sentido

numbers: n.pl. los números, lotería clandestina

numbness: n. entumecimiento, parálisis

nurse: n. enfermera, enfermero
v. cuidar o atender (a un enfermo)

nymphomaniac: n. ninfómana, ninfomaníaca

oath: n. juramento
under oath: bajo juramento
to take an oath: prestar juramento, jurar, juramentar

obey: v. obedecer; cumplir (con una orden); respetar (las leyes); observar (las reglas)

obituary: n. necrología, obituario

object: n. objeto; objetivo, meta; propósito, fin
v. oponerse, hacer objeciones, objetar; tomar excepción

objection: n. objeción, oposición; excepción

objectionable: a. objecionable; censurable (comportamiento); desagradable, molesto

objective: a. objetivo

objectivity: n. objetividad

obligate: v. obligar

obligation: n. obligación; compromiso

obligatory: a. obligatorio

oblige: v. obligar; hacer el favor de

obliging: a. complaciente; atento, amable

obliterate: v. eliminar; tachar, borrar; arrasar, destruir (un lugar)

oblivious: a. inconsciente (de peligro)

obscene: a. obsceno, indecente; grosero

obscenity: n. obscenidad, indecencia; grosería

obscure: a. oscuro; desconocido; aislado, retirado, escondido (un lugar)
v. ocultar, esconder, disimular

observance: n. observancia, cumplimiento

observant: a. observador; cumplidor; observante

observation: n. observación; observancia
to escape observation: pasar desapercibido o inadvertido

observe: v. observar; cumplir; hacer una observación

obsess: v. obsesionar

obsession: n. obsesión

obstacle: n. obstáculo

obstinate: a. obstinado, terco

obstruct: v. estorbar; impedir; obstruir; dificultar
obstruct justice: v. impedir el debido proceso de la ley o legal
obstructing an officer: resistencia a la autoridad, resistiendo a un oficial de la ley; rehusarse a ayudar a un oficial de la ley

obtain: v. obtener, conseguir, lograr; adquirir

obtainment: n. obtención

obviate: v. obviar, evitar

obvious: a. obvio, evidente

occasion: n. ocasión, oportunidad; circunstancia
v. ocasionar, causar, provocar

occasionally: adv. ocasionalmente, de vez en cuando

occupancy: n. ocupación, tenencia

occupant: n. ocupante, tenedor

occupation: n. ocupación, empleo; oficio, profesión, trabajo

occupational: a. profesional, ocupacional, relativo al oficio o a la profesión
occupational accident: accidente de trabajo
occupational disease: enfermedad ocupacional
occupational hazard: peligro o riesgo ocupacional o profesional
occupational injury: lesión de trabajo

occupy: v. ocupar

occur: v. ocurrir, tener lugar

occurence: n. acontecimiento, evento; ocurrencia

odds: n.pl. probabilidades, posibilidades, chanzas

offender: n. ofensor, criminal, ofendedor, infractor, delincuente; (MA) ofénder
alleged offender: ofensor alegado o supuesto
first-offender: ofensor sin antecedentes penales

offense: n. ofensa, delito
capital offense: crimen castigable por pena de muerte
minor offense: infracción, ofensa menor

offensive: a. ofensivo, chocante
to take the offensive: tomar la ofensiva

offer: n. oferta, propuesta
v. ofrecer, proponer, ofertar
offer in(to) evidence: presentar como prueba
offer a motion: proponer, plantear una moción

office: n. oficina, despacho, bufete (de abogado); oficio, cargo
public office: cargo público
in office: en poder

officer: n. funcionario; oficial; policía, agente, oficial de la ley

official: a. oficial
n. funcionario, oficial, ejecutivo

offset: v. contrarrestar; compensar

offshoot: n. ramificación

off-the-record: a. confidencial; extraoficial
adv. extraoficialmente

old-fashioned: a. anticuado, pasado de moda

old-timer: n. anciano, viejo

old wives' tales: n. cuentos de vieja o de bruja

oligarchy: n. oligarquía

omen: n. augurio, presagio

ominous: a. ominoso, siniestro

ominously: adv. de manera amenazadora

omission: n. omisión; olvido, descuido

omit: v. omitir; suprimir; olvidar

on or about the (date): de fecha .... aproximadamente, el o alrededor del ...

on or before: el día ... o antes; a más tardar el ....

onerous: a. oneroso, pesado

one-way: a. de dirección única

ongoing: a. en curso, actual; progresivo

onlooker: n. espectador, mirón

onset: n. principio, comienzo

onslaught: n. ataque violento

onus: n. peso de la prueba; carga, responsabilidad

open: v. abrir; entablar, iniciar (trámites, etc.); exponer (un caso); empezar, comenzar
a. abierto; público (juicio); expuesto (a ataques)
in open court: en audiencia pública, en pleno tribunal
to open court: iniciar la sesión
to open fire: romper fuego, empezar el tiroteo
to open the pleadings: resumir los alegatos
open verdict: veredicto inconcluso del jurado
open-and-shut case: caso evidente o claro o obvio

opening: n. abertura; apertura; principio, comienzo
a. inaugural
opening statement of counsel: declaración inaugural, exposición inicial del caso

openly: adv. abiertamente, públicamente

open-minded: a. liberal, imparcial

operable: a. operable; factible

operate: v. operar; manejar; efectuar; hacer funcionar; actuar, obrar; funcionar

operation: n. operación; funcionamiento; manejo; aplicación (de una ley); actividad

operational: a. operacional; en funcionamiento

operative: a. operativo, operante; en vigor (ley)
n. operario; detective privado

operator: n. operador; operario; estafador, ladrón

opiate: n. narcótico

opine: v. opinar

opinion: n. opinión; dictamen, resolución; sentencia

opium: n. opio (see more at drug-related terminology section)

opponent: n. adversario, oponente, contraparte; contrario; competidor

opportune: a. oportuno

opportunistic: a. oportunista

opportunity: n. oportunidad

oppose: v. oponerse a, oponer

opposed: a. opuesto
as opposed to: en comparación con; al contrario de

opposing: a. contrario, adversario; opuesto

opposition: n. oposición, disconformidad, desacuerdo
opposition party: partido de la oposición

opt: v. optar (por); escoger

option: n. opción

optional: a. opcional, optativo, a voluntad
optional appearance: comparecencia optativa

oral: a. oral, verbal
oral evidence: testimonio verbal

ordeal: n. sufrimiento; situación o prueba muy dura y difícil

order: n. orden; mandamiento, mandato; fallo, sentencia; ordenanza
v. ordenar, mandar, fallar
order for/of arrest: orden de arresto o detención
to call to order (a meeting): abrir la sesión
law and order: orden público
money order: giro
out of order (a remark): fuera de lugar
to restore order: restablecer el orden
to rule out of order: rechazar; declarar fuera de lugar

ordinance: n. ordenanza

ordinary: a. ordinario, regular, común, corriente, usual, mediocre
out of the ordinary: excepcional, fuera de lo común

organize: v. organizar; organizarse

organized: a. organizado
organized labor: sindicatos obreros

organizer: n. organizador

orgy: n. orgía

orientation: n. orientación

origin: n. origen

original: a. original
original jurisdiction: jurisdicción de primer orden o de primera instancia
original process: proceso inicial

originate: v. originar, causar, provocar; comenzar, empezar

orphan: n. huérfano
v. dejar huérfano

orphanage: n. orfanato, orfelinato

orphaned: a. huérfano

ostensible: a. aparente

ostensibly: adv. aparentemente

oust: v. desahuciar, desalojar (a un inquilino); expulsar, echar; derribar (un gobierno); desposeer

ouster: n. desposeimiento

out-and-out liar: mentiroso empedernido

outbreak: n. brote (de una epidemia); epidemia; motín, insurrección, sublevación
outbreak of violence: una ola de violencia

outburst: n. arrebato (de furia)

outcast: n. paria; rechazado de la sociedad

outcome: n. resultado; consecuencia

outcry: n. alboroto; protesta

outlaw: n. proscrito; bandido; persona fuera de la ley
v. proscribir; declarar fuera de la ley; prohibir, declarar ilegal

outpatient: n. paciente no internado o no hospitalizado; paciente externo o ambulatorio

outrage: n. ultraje, agravio; desafuero
v. ultrajar, agraviar

outrageous: a. ultrajante; escandaloso, flagrante

outright: a. categórico, rotundo
adv. categóricamente, rotundamente

outrun: v. correr más rápido que; dejar atrás

outset: n. principio, comienzo

outshoot: v. disparar mejor que

outspoken: a. franco, abierto

outvote: v. vencer en elección o en votación

outwit: v. burlar; ser más listo que

overbearing: a. autoritario; imperioso

overcome: v. vencer; superar

overdose: n. dosis excesiva

overdrawn, to be: v. tener saldo deudor (en el banco); tener la cuenta (de banco) en descubierto

overdue: a. vencido; en mora

overlook: v. pasar por alto, no ver

overlooked: a. desapercibido; no visto

override: v. anular; dominar; hacer caso omiso

overriding: a. principal, primordial
overriding clause: cláusula derogatoria
overriding principle: principio absoluto

overrule: v. denegar; declarar sin lugar; no aceptar, rechazar

oversight: n. descuido

overt act: acto abierto, acto manifiesto

overthrow: v. derrocar, derribar (un gobierno); derrotar
n. derrocamiento, derrumbamiento; derrota

overtime: n. horas extras

overture: n. proposición, propuesta

overturn: v. derrocar, derribar (un gobierno); volcar (un coche)

overwrought: a. sobreexcitado

owe: v. deber; tener deudas

owing: n. que se debe, debido; debiente

own: v. poseer, tener, ser dueño de; admitir, confesar
a. propio
at one's own cost and risk: a costo y riesgo propio

owner: n. dueño, propietario

ownership: n. propiedad, pertenencia, posesión

pact: n. pacto

padlock: n. candado
v. cerrar con candado

paid: a. pago, pagado
paid assassin: asesino pagado

pain: n. dolor
v. doler

painful: a. doloroso; dolorido

painkiller: n. calmante de dolor

painless: a. sin dolor, indoloro

painstaking: a. cuidadoso

pall: n. paño mortuorio; féretro, ataúd

pallbearer: n. portador del féretro o ataúd

pandemonium: n. pandemonio, pandemónium

pane: n. cristal, vidrio

panel: n. panel, lista o grupo de personas
jury panel: grupo de personas del cual se elige el jurado

panelist: n. panelista; miembro del grupo del cual se elige el jurado

panhandler: n. mendigo, pordiosero

panic: a. pánico; pavor
n. pánico
v. entrarle el pánico, sembrar pánico; asustarse

panicky: a. lleno de pánico
to get panicky: v. entrarle el pánico

panic-stricken: a. preso de pánico

pant: v. jadear, respirar rápidamente
to pant for breath: jadear, estar sin aliento

panting: n. jadeo
a. jadeante

paper: n. papel; periódico, diario
n.pl. documentos, documentación
a. de papel

par: n. igualdad; par, paridad
on a par: a la par

paradox: n. paradoja

paradoxical: a. paradójico

paralysis: n. parálisis

paralyze: v. paralizar

paramedic: n. paramédico

paramedical: a. paramédico

parcel: n. paquete, bulto; parcela (de tierra)
to parcel out: v. parcelar (tierras); repartir (cosas)
parcel-post: n. encomiento postal

pardon: v. perdonar, disculpar, amnistiar; dispensar, excusar
to grant a pardon: indultar
n. indulto, perdón amnistía

pardonable: a. perdonable, disculpable

parent: n. padre y/o madre;
n.pl. padres

parentage: n. de padres; ascendencia, extracción, familia

parental: a. paternal/maternal; de los padres

parish: n. parroquia
a. parroquial

park: n. parque
carpark: n. estacionamiento o parking o parqueo para coches
v. estacionar, parquear, aparcar

parking: n. estacionamiento, parqueamiento, aparcamiento
parking lot: igual a carpark
parking meter: n. parquímetro, contador de parqueamiento
parking space: n. lugar o sitio de estacionamiento, etc.

parochial: a. parroquial, de la parroquia

parody: n. parodia
v. parodiar, hacer parodia de

parole: n. liberación supervisada o condicional, libertad condicional o vigilada o bajo supervisión
v. liberar o librar bajo supervisión, poner en libertad condicional
parole board: junta de libertad supervisada, etc.
parole revocation: revocación o suspensión de la libertad supervisada
parole violation: infracción de la libertad supervisada

parolee: n. persona bajo libertad supervisada o condicional

parricide: n. parricida (persona);parricidio (crímen); asesinato de un pariente cercano

parry: v. eludir (preguntas); parar (un golpe); rechazar (un ataque)

part: n. parte
a. parcial
spare parts: n. repuestos, piezas de repuesto
the other part: la parte adversaria

partial: a. parcial
partial acceptance: aceptación condicionada
partial disability: incapacidad parcial
partial verdict: veredicto parcial

participant: n. & a. participante, partícipe

participate: v. participar, tomar parte en

particulars: n.pl. datos, detalles, pormenores; particularidades

partisan: a. partidario

partner: n. asociado, socio; pareja (en baile y en cartas)

partnership: n. asociación, consorcio, sociedad o compañía en comandita
to go into partnership: v. asociarse con

part-time: a. de tiempo parcial

party: n. parte; partido (político); grupo; fiesta; reunión
party of the first part: primera parte; de una parte
party of the second part: segunda parte; de la otra parte
third party: tercero(s)
to be a party to: participar en, tener algo que ver con
parties to the suit: partes titulares del pleito; litigantes

pass: v. pasar, transcurrir, ocurrir; adoptar, aprobar; cruzar, atravesar
n. pase, permiso
to pass counterfeit money: circular moneda falsa
to pass judgment: pronunciar sentencia
to pass a law: legislar una ley
to pass a resolution: acordar una resolución
to pass sentence: condenar, sentenciar
to pass upon: decidir sobre
to pass up: rechazar; dejar pasar

passable: a. transitable (camino); tolerable, aceptable, pasable

passage: n. pasaje, paso; callejón; corredor, pasillo; aprobación (de un decreto)

passenger: n. pasajero; viajero

passerby: n. transeúnte

passport: n. pasaporte

past: a. pasado; anterior, último

patent: n. patente
v. patentar
a. patente, manifiesto, óbvio; patentado, de patentes

patentee: n. poseedor de una patente

paternity: n. paternidad

patient: a. paciente

patricide: n. patricidio (crimen); patricida (persona); homicidio de padre o padres

patrol: n. patrulla; ronda
to be on patrol: estar de patrulla
v. patrullar, hacer ronda por, vigilar

patrol car: n. carro (coche) patrulla

patrolman/woman: n. policía, agente policial

patrol wagon: n. coche celular, (MA) julia

pauper: n. indigente, pobre; mendigo

pauperismo: n. pauperismo

pavement: n. acera, vereda; pavimento, calzada

paw: v. manosear, toquetear

pawn: v. empeñar, prendar
to put in pawn: empeñar; dejar en prenda

pawnbroker: n. prestamista

pawnbroker's shop: casa de empeños

pawn ticket: n. boleta de prenda

pay: v. pagar, remunerar, compensar
n. sueldo, salario; pago
pay back: restituir, devolver, reembolsar

payable: a. pagadero, pagable, por pagar

payment: n. pago, remuneración, recompensa

payoff: n. pago, recompensa; resultado final; mordida

peace: n. paz; orden público
to break the peace: alterar el orden público
peace officer: n. oficial de orden público; policía

peak (of a cap): n. visera (de la gorra)

peculiar: a. raro, extraño, peculiar

peddle: v. vender de puerta en puerta

peddler: n. vendedor ambulante

peddling: n. venta ambulante

pedestrian: a. pedestre
n. peatón
pedestrian crossing: n. paso o cruce de peatones

peek: n. ojeada, mirada
v. echar ojeada

peep: n. ojeada, mirada furtiva
v. echar ojeada, mirar furtivamente

peeping Tom: n. mirón

peer: v. mirar con atención; entornar los ojos

pellet gun: n. rifle o pistola a perdigón

pelt: v. arrojar, tirar, lanzar

pen: n. short for penitentiary; lapicera, pluma

penal: a. penal, castigable
penal code: código penal

penalize: v. penalizar, multar, castigar, penar

penalty: n. penalidad, pena; multa, castigo
death penalty: pena de muerte

pending: a. pendiente, en trámite, en proceso
pending appeal: en apelación

penetrate: v. penetrar

penitentiary: n. penitenciaría, presidio; reformatorio
a. penitenciario

penknife: n. navaja, filo, cortaplumas

penologist: n. penalista, criminilista, criminólogo

penology: n. criminología

pension: n. jubilación, pensión
v. jubilar(se), pensionar(se)

pension fund: n. fondo o caja de jubilaciones o de pensión o de previsión

pensioner: n. pensionista, pensionado

peradventure: adv. por casualidad

perceptible: a. perceptible

perceptive: a. perceptivo, perspicaz

perchance: adv. por casualidad

peremptory: a. perentorio; autoritario
peremptory plea: excepción perentoria

perfect: a. perfecto; absoluto (silencio)
v. perfeccionar

perfectly: adv. perfectamente

perforate: v. perforar(se)

perform: v. hacer, llevar a cabo, ejecutar, realizar, desempeñar, cumplir
perform an autopsy: hacer una autopsia o necropsia

performance: n. ejecución, realización, desempeño; cumplimiento

perfunctory: a. superficial, somero, indiferente; hecho a la ligera

peril: n. peligro; riesgo

period: n. período, plazo, época
period of grace or grace period: período de gracia

perish: v. perecer, morir, fallecer

perjure: v. perjurar(se)

perjured: a. perjuro

perjurer: n. perjuro, perjurador

perjury: n. perjurio, jurar en falso, juramento falso, prestar testimonio falso

permanent: a. permanente, definitivo
permanent injunction: n. interdicto permanente

permissible: a. permisible

permission: n. permiso

permit: v. permitir
n. permiso, licencia, pase

perpetrate: v. cometer, perpetrar

perpetration: n. perpetración

perpetrator: n. perpetrador, ra

perpetual: a. perpetuo, contínuo, eterno

perpetuate: v. perpetuar

perpetuity, in: n. en perpetuidad, para siempre

perplexed: a. perplejo, confuso

persecute: v. perseguir; acosar, agobiar, atormentar

persecution: n. persecución

persecutor: n. perseguidor

persevere: v. perseverar, persistir

persevering: a. perseverante

persist: v. persistir

persistence: n. persistencia, perseverancia

persistent: a. persistente, perseverante

person: n. persona
    artificial person: persona jurídica o social o civil
    in person: en persona
    natural person: persona natural

persona non grata: persona no(n) grata

personal: a. personal, privado, particular; íntimo
    personal injury: caños corporales

personality: n. personalidad; personaje, figura famosa

personify: v. personificar

personnel: n. personal

perspire: v. sudar, transpirar

persuade: v. persuadir, convencer

persuasion: n. persuasión; convicción, creencia: opinión

persuasive: a. persuasivo, convincente

pertain: v. pertenecer; ser propio de
    pertaining to: relacionado con, referente a, relativo a

pertinent: a. pertinente, oportuno
    pertinent to: relacionado con, referente a, relative, pertinente a

perturb: v. perturbar; preocupar, inquietar

peruse: v. examinar; leer atentamente

pervade: v. extenderse, difundirse

pervasive: a. penetrante

perverse: a. perverso

perversion: n. perversión

pervert: n. pervertido
    sexual pervert: n. pervertido sexual
        v. pervertir

petition: n. petición, demanda, solicitud, recurso, instancia
    v. presentar demanda o petición a, solicitar, rogar

petition (juvenile): petición para que la Corte asuma jurisdicción sobre un joven que se alega es delincuente

petitioner: n. demandante, peticionario, demandador, solicitante, peticionante, recurrente

petty: a. pequeño, insignificante
    petty larceny: hurto, ratería
    petty thief: ladroncillo, ladronzuelo, ratero

phallic: a. fálico

pharmacist: n. farmacéutico

pharmacy: n. farmacia

phony: a. falso
n. farsante

physical: a. físico; material
n. examen médico

pick: n. piqueta, pico
to pick a lock: forzar o abrir con ganzúa
to pick up: levantar, ligar con (una muchacha)

picket: n. piquete (de una huelga)
v. poner un piquete de huelguistas

picketer: n. miembro de un piquete de huelguistas

picklock: n. ganzúa

pickpocket: n. carterista, ratero
v. robar la cartera o bolsa

pickup: n. arresto, detención; camioneta, picap, picup

pierce: v. perforar, atravesar, traspasar, entrar en

pilfer: v. hurtar, robar, sisar, ratear

pilferage or pilfering: n. hurto, robo, sisa, ratería

pilferer: n. ratero, ladronzuelo, (Mex.) gallero

pill: n. píldora

pillage: n. pillaje, saqueo
v. pillar, saquear

pimp: n. alcahuete, proxeneta
v. alcahuetar, hacer de proxeneta

pipe: n. tubo, tubería, caño, (MA) paipa; pipa (de fumar)

pique: n. pique, resentimiento
v. estar resentido

piracy: n. piratería; plagio (de un libro)

pirate: v. piratear; plagiar
n. pirata; plagiario

pirating: n. piratería; plagio

pistol: n. pistola
pistol shot: n. pistoletazo, tiro de pistola; balazo
pistol whip: v. azotar con pistola

pitfall: n. peligro, trampa; dificultad

place: n. lugar, sitio, local
place of business: local; domicilio legal
to take place: tener lugar, acontecer; celebrar

plagiarism: n. plagio

plagiarist: n. plagiario

plagiarize: v. plagiar, robar, piratear

plain-clothes: a. sin uniforme, de ropa civil

plaintiff: n. demandante, demandador, querellante

plan: n. plano; plan, proyecto
v. planificar, planear

planning: n. planificación

plant: n. fábrica, planta
v. colocar a escondidas, plantar

plaster: n. yeso; emplasto, escayola

plea: n. alegato, alegación, instancia, petición; respuesta formal a un alegato
plea bargaining: n. negociación sobre alegatos, el hacer compromisos o arreglos entre los abogados con respecto a los alegatos
plea of guilty: declaración de culpabilidad
plea of not guilty: declaración de inocencia

plead: v. alegar; defender (un caso)
to plead guilty: declararse culpable
to plead not guilty: declararse inocente o no culpable
to plead self-defense: alegar legítima defensa

pleadings: n. alegatos, alegaciones; escritos; defensa

pledge: n. promesa solemne; compromiso
v. prometer solemnemente

plenary: a. plenario; completo
plenary admission: confesión o admisión completa o decisiva o concluyente

plight: n. apuro, aprieto; situación difícil

plot: v. tramar, conspirar, intrigar,
n. complot, conspiración, intriga

ploy: n. táctica; estratagema, truco

plunder or plundering: n. saqueo, pillaje; botín
v. saquear, pillar, robar

poach: v. cazar o pescar ilegalmente, cazar o pescar en vedado o furtivamente

poacher: n. cazador o pescador furtivo

poaching: n. caza o pesca ilegal o furtiva

pocketknife: n. navaja, cuchillo de bolsillo, cortaplumas

point-blank: adv. & a. con asestada, (un tiro) asestado, a quema ropa, directamente, directo

poison: n. veneno
a. venenoso
v. envenenar

poisoner: n. envenenador

poisoning: n. envenenamiento

poisonous: a. venenoso, tóxico

police: v. vigilar, mantener orden
n. policía
a. policial(es); policíaco, de la policía
police authorities: autoridades policiales
police car: carro de policía
police commissioner: comisario de policía
police court: juzgado municipal, corte de la policía
police dog: perro policía (K-9 force: cuerpo canino)
police force: cuerpo policial, cuerpo de policías
police headquarters: jefatura o intendencia o prefectura policial
police power: fuerza pública
police record: antecedentes criminales o de delincuencia o penales
police regulations: código o reglamentos policial(es)
police station: estación de policía, comisaría de policía

policeman/woman: n. policía, policial, agente de policía, guardia, guardián, polizonte

policy: n. política; práctica; póliza (de seguros)

poligamist: n. polígamo

poligamy: n. poligamia

political: a. político
political football: n. bandera política

politician: n. político, politiquero

politics: n. política

poll: n. votación; elecciones
n.pl. centro electoral
v. votar; escrutar (el público)

pool: n. fondos comunes, recursos comunes; alberca, piscina; billar
n.pl. quinielas (football pools)
v. combinar, unir; reunir

poolroom: n. sala de billar

pornographer: n. pornógrafo

pornographic: a. pornográfico

pornography: n. pornografía

port: n. puerto; babor (lado izquierdo)
a. portuario
port authorities: autoridades portuarias
port duties: derechos portuarios
port of departure: puerto de salida o de zarpado
port of entry: puerto de entrada o aduanero o fiscal
port of registration: puerto de registro

portable: a. portátil

position: n. posición; sitio; postura; opinión

positive: a. positivo; afirmativo; seguro

posse (sheriff's): pelotón del sherife

possess: v. poseer, tener

possession: n. posesión; tenencia
arms possession charge: cargo (acusación) de tenencia ilícita de armas

possessor: n. poseedor

posthumous: a. póstumo

postmortem: a. autopsia, necropia, postmortem
n. postmortem, después de la muerte, autopsia

postponable: a. postergable, prorrogable, aplazable

postpone: v. postergar, diferir, prorrogar, aplazar, postponer

postponement: n. prórroga, aplazamiento

postulate: v. postular, demandar, pedir

postulation: n. postulación, postulado; supuesto

potential: a. potencial, posible

pothole: n. bache (en la calle)

potshot: n. tiro al azar
to take potshots: v. tirar o disparar al azar

pounce: v. saltar; precipitarse sobre

powder: n. polvo; pólvora
v. reducir a polvo, pulverizar
powder marks: marcas de pólvora

power: n. poder, apoderamiento; autoridad, facultad; poderío
power of attorney: poder legal
by power of attorney: por poder legal

practice: v. practicar; ejercer (una profesión)
n. práctica, costumbre, uso; procedimiento, práctica; ejercicio
practice of law: ejercicio de abogacía
practice a profession: ejercer una profesión

prank: n. travesura, broma

precarious: a. precario

precaution: n. precaución

precautious: a. cauteloso, precavido

precede: v. preceder, anteceder

precedence: n. precedencia, prioridad

precedent: n. & a. precedente

precept: n. mandato judicial, orden; precepto

precinct: n. distrito electoral; distrito controlado por una comisaría policial; zona, distrito

preclude: v. prevenir, impedir, imposibilitar, evitar, excluir

preconceived: a. premeditado, preconcebido

predetermine: v. predeterminar, determinar de antemano

predicamente: n. apuro, situación difícil

predict: v. predecir, pronosticar

predictable: a. previsible

predisposition: n. predisposición, propensión
predisposition report: informe predisposición (de juveniles)

preference: n. preferencia, prioridad
a. preferencial, preferente

preferential: a. preferencial, preferente

pregnancy: n. embarazo

pregnant: a. embarazada, encinta

prejudge: v. prejuzgar; juzgar de antemano

prejudgment: n. prejuicio

prejudice: v. perjudicar, predisponer, dañar
n. prejuicio; en perjuicio de, daño; parcialidad
without prejudice: sin perjuicio de

prejudiced: a. parcial, predispuesto, en contra de o a favor de (algo), estar predispuesto en contra de o a favor de

prejudicial: a. perjudicial, dañoso, lesivo, dañino

preliminary: a. preliminar
preliminary examination: interrogatorio preliminar
preliminary hearing: vista o audiencia preliminar
preliminary injunction: mandamiento provisional, interdicto provisorio

premarital: a. prenupcial, premarital

premeditated: a. premeditado, intencional

premeditation: n. premeditación, intencionalidad

premises: n.pl. predios, establecimiento, local, sitio; premisas (lógica)

premiss: n. premisa

prepare: v. preparar(se)

prepared: a. listo, preparado; dispuesto

prepay: v. prepagar, pagar por anticipado

preponderance: n. preponderancia
preponderance of evidence: preponderancia de prueba

prerogative: n. & a. privilegio, prerrogativa; privilegiado

prescribe: v. prescribir, ordenar, mandar

prescription: n. prescripción; receta médica

presence: n. presencia

present: n. regalo, presente
a. presente; actual, corriente
to be present: v. estar presente
v. presentar; dar; exponer; obsequiar, regalar
to present evidence: presentar testimonio

presentence investigation: n. investigación presentencia o antes de la sentencia

presentence report: n. informe presentencia o antes de la sentencia

preside: v. presidir

presiding judge: juez presidente, el juez que preside

press: n. la prensa
    press clipping: n. recorte de periódico o diario
    press release: n. comunicado de prensa

presume: v. presumir, suponer

presumed: a. presunto, supuesto

presumption: n. presunción, conjetura

presumptive: n. presunto, presuntivo

pretense: n. pretensión; simulación; procedimiento fraudulento
    false pretenses: fraude, pretensiones falsas

pretend: v. pretender, fingir, aparentar

pretension: n. pretensión

pretext: n. pretexto

pretrial: a. antes del juicio
    pretrial conference: conferencia antes de iniciarse el juicio
    pretrial hearing: audiencia o vista antes de que se inicie un juicio
    pretrial release: libertad bajo fianza antes del juicio

prevail: v. prevalecer; triunfar, predominar
    to prevail upon: v. persuadir, convencer

prevalent: a. prevaleciente, predominante; común

prevaricate: v. prevaricar; andar con vueltas (para evitar una cuestión); mentir, ser evasivo

prevarication: n. prevaricación; evasivas, mentiras

prevent: v. prevenir, evitar, impedir

preventable: a. evitable, prevenible

prevention: n. prevención

preventive: a. preventivo

previous: a. previo, anterior, último

prey: n. presa, víctima
    v. atacar; aprovecharse de

pride: n. orgullo
    to pride oneself: v. enorgullecerse

priest: n. sacerdote, padre, cura, párroco

<u>prima facie</u>: n. prima facie, a primera vista
    primar facie evidence: suficiente prueba a primera vista

primary: a. primario; principal, básico, fundamental

principal: a. principal; mayor
    n. principal, cedente, mandante; causante, autor (de un crimen); director (de escuela)

principle: n. principio

print: n. huella; marca, impresión; copia (de una foto); letra de imprenta o de molde
    in print: impreso
    v. imprimir; publicar; escribir con letra de imprenta o de molde

prior: a. anterior, previo; preferente, más importante

priority: n. prioridad, anterioridad

prise, to, open: v. abrir o levantar a la fuerza o con palanca

prison: n. prisión, cárcel, penitenciaría, institución penal
a. carcelario, penitenciario, de prisión
prison camp/ranch/farm: instalaciones rurales de confinamiento y detención; penitenciaría, prisión
prison sentence: sentencia de encarcelamiento o de prisión
prison term: período o término de encarcelamiento

prisoner: n. prisionero, preso; detenido; (MA) marcho, sopa

private: a. privado, particular, personal, íntimo

privilege: n. privilegio

privileged: a. privilegiado, de confianza

privy: a. secreto, privado
to be privy to: estar al tanto de, estar enterado de

probability: n. probabilidad

probable: a. probable
probable cause: causa razonable o probable

probate: v. validar o legalizar un testamento
n. legalización o validación de un testamento
probate court: n. tribunal testamentario
probate proceeding: juicio testamentario

probation: n. libertad condicional o vigilada o supervisada; probación
to be on probation: v. estar en probación o bajo libertad condicional
probation department: departamento de probación o de libertad condicional, etc.
probation officer: n. oficial o agente de probación
probation violation: n. infracción o violación de probación

probationary period: n. período de probación o libertad condicional, etc.

probationer: n. persona en probación o en libertad condicional, etc.

probe: v. investigar, examinar

procedural: a. procesal, de procedimiento

procedure: n. procedimiento; trámite, tramitación

proceed: v. proceder
to proceed with: v. proseguir, seguir con

proceeding: n. proceso, procedimiento; trámite; acción

proceeds: n.pl. ganancias, beneficios, producto, ingresos

process: n. proceso, procedimiento
in process: en proceso, en curso
v. procesar; tratar

procure: v. procurar, adquirir, conseguir; dedicarse al proxenetismo, alcahuetear

procurement: n. adquisición, obtención

procurer: n. procurador, adquiriente; alcahuete, proxeneta

procuring: n. proxenetismo, procuración, alcahuatería

produce: v. producir, rendir, presentar, mostrar, fabricar

product: n. producto; resultado

profane: a. profano, malhablado
v. profanar

profanity: n. profanidad, palabrota, mala palabra

profess: v. pretender; declarar, manifestar

professed: a. declarado

profession: n. profesión; declaración

professional: a. profesional, de profesión
n. profesional
professional ethics: ética profesional
professional services: servicios profesionales

proffer: v. ofrecer, proponer
n. oferta, propuesta

proficient: a. capaz, competente; experto; hábil, diestro

profile: n. perfil; contorno

profit: n. ganancia, utilidad, lucro, beneficio; provecho
v. ganar, sacar utilidad o lucro, etc.
profit and loss: ganancias y pérdidas
profit-sharing: participación en las ganancias

profitable: a. provechoso, ganancioso, lucrativo, productivo, beneficioso

profiteeting: n. ganancias excesivas; mercantilismo

prognosis: n. pronóstico

prohibit: v. prohibir, impedir

prohibitive: a. prohibitivo

prohibitory: a. prohibitorio

promiscuity: n. promiscuidad

promiscuous: a. promiscuo, libertino

promise: n. promesa
v. prometer

prone: a. propenso
to lie prone: estar boca abajo

pronounce: v. pronunciar; declarar
to pronounce judgment: v. pronunciar sentencia, emitir o dictar fallo

pronouncement: n. pronunciamiento; declaración

proof: n. prueba, comprobación
a. resistente a, a prueba de

proper: a. debido, apropiado, adecuado; justo; oportuno
proper evidence: prueba admisible

property: n. propiedad; bienes raíces

proponent: n. proponente, proponedor; defensor (de una causa)

proposal: n. propuesta, proposición, oferta

propose: v. proponer

proposition: n. proposición; propuesta; proposición sexual
v. hacer una proposición (para contacto sexual)

prosecutable: v. que se puede encausar o enjuiciar

prosecute: v. procesar, encausar, enjuiciar; entablar (una acción); proseguir

prosecuting attorney: n. fiscal, abogado acusador

prosecuting witness: n. testigo principal en contra del criminal

prosecution: n. la parte acusadora; enjuiciamiento, procesamiento, proceso; acción judicial, juicio; prosecución
witness for the prosecution: n. testigo de cargo

prosecutor: n. fiscal, abogado acusador
public prosecutor: acusador público, fiscal

prostitute: n. prostituta, prostituto
v. prostituir(se)

prostitution: n. prostitución

protect: v. proteger, amparar

protection: n. protección, amparo

protective: a. protector, protectivo, de protección
protective custody: detención preventiva

protest: v. protestar, llevar a protesto
n. protesta, queja

protested: a. protestado

protester: n. protestador

protocol: n. protocolo

provable: a. demostrable, comprobable

prove: v. probar, demostrar; comprobar, verificar, justificar

proved or proven: a. probado, comprobado

provide: v. proveer, suministrar, proporcionar, dar; estipular, disponer

provided: conj. con tal que, siempre que, a condición de que
unless otherwise provided: salvo disposición contraria

province: n. provincia; jurisdicción

provision: n. disposición; provisión

provisional: a. provisional, provisorio, interino

proviso: n. condición; salvedad

provocation: n. provocación

provoke: v. provocar, incitar
provoke a riot: v. provocar disturbios

prowl: v. rondar, merodear
prowl car: n. coche patrulla

prowler: n. merodeador

proximity: n. proximidad; vecindad

proxy: n. poder; apoderado, mandatario
  by proxy: por poder

prurient: a. lascivo

pry: v. entrometerse en; entremeterse en
  to pry open: v. abrir con palaca y a la fuerza

pseudo: a. seudo, supuesto

psychiatrist: n. psiquiatra

psychiatry: n. psiquiatría

psychologist: n. psicólogo

psychology: n. psicología

psychopath: n. psicópata

psychopathic: a. psicopático

psychosis: n. psicosis

psychotic: a. psicopático

public: a. público
  n. público
  public defender: n. defensor público
  public document: n. acta o escritura pública
  public hearing: n. audiencia pública
  public official: n. funcionario público
  public prosecutor: n. acusador público, fiscal
  public utilities: n. empresas de servicio público
  public welfare: n. bienestar público

pull: v. tirar, jalar; tener palanca o enchufe
  to pull a knife: sacar un cuchillo o navaja
  to pull the trigger: apretar el gatillo
  to pull over: ceñir; hacer parar a un lado (de la calle o carretera)

punch: n. puñetazo, golpe con el puño
  v. dar puñetazos, golpear, pegar

punish: v. castigar, penar

punishable: a. castigable, penable, punible
  punishable by: punible por, castigable por

punishment: n. castigo, pena
  capital punishment: pena capital, pena de muerte

punitive: a. punitivo

purge (a record): remover totalmente el archivo criminal de alguien del sistema de archivos dado

purloin: v. robar, hurtar, ratear

purloiner: n. ladrón, hurtador, rateador

purport: n. significado, sentido, tenor; intención
  v. pretender, significar, implicar, dejar suponer, dar a entender, implicar

purpose: n. propósito, objetivo

purposely: adv. a propósito, intencionalmente, deliberadamente

pursuant to: adv. según, conforme a, de conformidad con

pursue: v. perseguir

pursuer: n. perseguidor

pursuit: n. persecución

push: n. empujón; empuje
v. empujar; dar empujones

pushover: n. algo fácil de hacer; alguien fácil de convencer

puzzle: v. dejar perplejo; desconcertar
n. perplejidad; enigma; rompecabezas

puzzling: a. misterioso, extraño

pyromaniac: n. piromaníaco, incendiario, pirómano

pyromania: n. piromanía

qualification: n. capacidad; aptitud, competencia
n.pl. capacidades; salvedades, reservas

qualified: a. capacitado; hábil, capaz, competente, calificado, cualificado; restringido, limitado, con salvedad o reserva

qualify: v. capacitar, habilitar, calificar; limitar, restringir; dar derecho

qualm: n. escrúpulo; duda, aprensión, incertidumbre, inquietud

quandry: n. dilema, apuro, aprieto

quarrel: n. discusión, disputa, pelea, riña, camorra, (MA) alegato
v. pelear(se), reñir, camorrear, discutir, (MA) alegar

quarry: n. presa; persona acorralada

quartering: n. descuartizamiento

quasi: adv. cuasi, casi

quell: v. calmar; sofocar (una rebelión); suprimir; dominar

query: n. pregunta; duda
v. dudar, poner en duda; preguntar, interrogar

quest: n. busca, búsqueda
v. buscar

question: n. pregunta; cuestión, asunto
v. interrogar, preguntar; dudar, disputar, poner en duda

questionable: a. dudoso; discutible

questioner: n. preguntador, interrogador

questioning: n. interrogatorio; preguntas

questionnaire: n. cuestionario

quitclaim: v. renunciar, ceder (título)
quitclaim deed: n. documento de renuncia o cesión de un título

quiz: v. interrogar

quorum: n. quórum

quota: n. cuota

quote: v. citar; cotizar

rabble: n. multitud, gentío; populacho, chusma

rabble-rouser: n. agitador, ra

rabble-rousing: n. agitación

rabid: a. rabioso; fanático, furioso

race: n. raza; carrera
v. correr una carrera; hacer correr; ir corriendo

racial: a. racial
racial riot: disturbio racial

racialist: n. racista

racing: a. de carreras

racism: n. racismo

racist: a. & n. racista

rack (for arms): n. armero, estante para armas

racket: n. extorsión sistematizada u organizada, estafa, chantaje; alboroto, barullo, jaleo
drug racket: tráfico de drogas

racketeer: n. raquetero, pandillero, extorsionador, extorsionista, estafador, chantajista, timador

racketeering: n. crimen organizado, chantaje; raqueta

radical: a. radical

raffle: n. rifa
v. rifar

rag: n. trapo, harapo
to be in rags: (MA) estar en garras

rage: n. furia, rabia, bronca, coraje
v. estar furioso, rabiar, traer coraje

raid: n. incursión, ataque repentino, asalto; redada, batida (por la policía)
v. atacar por sorpresa; hacer una redada

raise: v. levantar, alzar; aumentar, subir
to raise money: procurar dinero; conseguir dinero
to raise a point: hacer una observación
to raise an objection: formular, hacer una objeción

rake: v. rastrear (un área, buscando a alguien); buscar; barrer (con tiros)

rally: n. reunión, mítin (político)
v. reunir(se); recuperarse (de una enfermedad)

ram: v. chocar (un carro)

ramble: v. divagar (hablar sin propósito preciso)

rambling: a. incoherente (conversación)

ramification: n. ramificación

rampage, to be on a: v. andar destrozando todo lo que está en el camino

rampant: n. agresivo, violento, desenfrenado

ramrod: n. escobillon (para un arma)
to ramrod through: v. empujar vigorosamente (la aceptación de un decreto o ley)

rancor: n. rencor

random: a. al azar, fortuito
at random: n. al azar

ransack: v. saquear, robar; registrar, buscar cuidadosamente

ransom: v. rescatar, pagar rescate por; exigir rescate por
to demand ransom: exigir rescate por
n. rescate; dinero de rescate

rant: v. vociferar, echar pestes, divagar, desvariar

rap: n. golpecito seco; charlar platicar
to take the rap: pagar el pato
v. golpear ligeramente

rape: v. violar, estuprar; (MA) raptar
n. violación, estupro; (MA) rapto
forcible rape: violación por fuerza
statutory rape: violación estatuaria

rapid-fire or rapid-firing (weapon): a. (arma) de tiro rápido

rapist: n. violador, estuprador

rarely: adv. raramente, raras veces, muy de vez en cuando

rash: a. precipitado, impetuoso, imprudente

rat: n. rata; canalla, traidor
to smell a rate: v. sospechar
to rat on: v. denunciar

ratification: n. ratificación

ratify: v. ratificar

rational: a. racional; razonable, sensato; lógico

rationale: n. razón fundamental, base

rationalize: v. racionalizar, raciocinar, razonar

rattle: v. golpetear, sacudir, agitar; desconcertar, poner nervioso

ravage: v. destrozar, estragar; desfigurar (la cara)

rave: v. delirar, desvariar

raw: a. crudo
raw material: n. raw material
raw wound: n. herida en carne viva

raze: v. arrasar, destruir completamente

razor: (straight) n. navaja (de afeitar)
razor blade: n. hoja de afeitar
razor sharp: a. muy afilado, afiladísimo

reach: n. alcance
v. llegar, alcanzar

react: v. reaccionar

reaction: n. reacción

reactionary: a. & n. reaccionario

reactivate: v. reactivar

readjust: v. reajustar, readaptar

ready: a. listo, pronto, preparado; dispuesto
v. preparar

reaffirm: v. reafirmar

real: a. real, verdadero; auténtico, genuino
real-estate: n. bienes raíces o inmuebles, inmobiliaria

realization: n. realización; comprensión

realize: v. realizar(se); darse cuenta de

rearm: v. rearmar(se)

rearrest: v. volver a detener o arrestar

reason: n. razón, causa, motivo
v. razonar, raciocinar

reasonable: a. razonable, justo, sensato
reasonable doubt: duda razonable
beyond a reasonable doubt: más allá de o fuera de una duda razonable

reassess: v. reexaminar (una situación)

rebel: a. & n. rebelde
v. rebelarse, sublevarse

rebellion: n. rebelión, sublevación

rebound: v. rebotar

rebuke: n. reproche, reprimenda
v. reprochar, reprender

rebut: v. refutar, rebatir

rebuttal: n. refutación; contrarréplica

recall: v. recordar, acordarse de; revocar (una decisión); hacer volver, llamar, retirar (carros, libros)

recant: v. retractar(se)

recap: v. recapitular; resumir

recapitulate: v. recapitular; resumir

recapitulation: n. recapitulación

recapture: v. volver a capturar; recobrar

receipt: n. recibo; recepción
v. acusar recibo de

receiver: n. encubridor (de bienes robados)

receiving: n. encubrimiento (de bienes robados)

recess (of court): n. receso, interrupción, suspensión
v. recesar, interrumpir, suspender

recidivism: n. recidivismo, reincidencia

recidivist: n. reincidente, recidivista

recipient: n. receptor, recibidor

reckless: a. imprudente, peligroso, descuidado
reckless driver: conductor imprudente
reckless driving: conducción imprudente

recluse: n. recluso

recognizable: a. reconocible

recognizance: n. fianza; reconocimiento

recognize: v. reconocer; admitir, conceder

recoil: n. culatazo (de un arma); patada
v. dar culatazos (un arma); echarse atrás

reconcile: v. reconciliar; conciliar; resignarse a

reconstruct: v. reconstruir (un crimen)

reconvene: v. reanudar (una sesión); convocar de nuevo

recommend: v. recomendar; aconsejar

recommendation: n. recomendación; consejo

recompense: v. recompensar; compensar, indemnizar
n. recompensa; compensación, indemnización (por daños)

record: n. anotación, nota; registro; actas; expediente; récord; protocolo; antecedentes criminales o penales; historial médico; archivos, anales
v. tomar nota, apuntar, anotar; grabar; hacer constar
on record: registrado, constatado
matter of record: hecho establecido, protocolado
off the record: confidencialmente, sin que se anote o escriba
off-the-record statement: declaración extraoficial
record on appeal: expediente en apelación
police record: antecedentes criminales o penales, historia criminal

records: n.pl. registros; protocolo, expediente; archivos

recorder: n. registrador; archivero, archivista; grabadora

recount: n. recuento
v. hacer un recuento, volver a contar

recoup: v. recuperar, resarcir; deducir, descontar, retener

recoupment: n. deducción, retención

recourse: n. recurso, remedio
to have recourse to: v. recurrir a; poder recurrir a

recover: v. recuperar, recobrar, cobrar; obtener; rescatar
recover damages: cobrar daños y perjuicios

recoverable: a. recuperable, recobrable, cobrable

recovery: n. recuperación; recobro; rescate; cobranza, obtención (de daños)

recriminate: v. recriminar

recruit: n. recluta
v. reclutar

rectify: v. rectificar, corregir

recuperate: v. recuperar; recobrar (la salud)

recuperation: n. recuperación

recurrent: a. recurrente, periódico, que se repite, que vuelve

red-handed: a. en flagrante delito, con las manos en la masa

red herring: n. pretexto para distraer la atención

redraft: v. redactar nuevamente; volver a escribir

redress: n. reparación, desagravio
v. reparar, deshacer, corregir
beyond redress: irreparable
redress of grievances: reparación de agravios

red tape: n. papeleo, papelería; trámites

reelect: v. reelegir

reeligible: v. reelegible

reenact: v. reconstituir, reconstruir (un crimen)

reexamination: n. reexaminación, reinterrogatorio, interrogatorio nuevo

reexamine: v. reexaminar; reinterrogar, volver a interrogar

refer: v. remitir, referir, enviar; someter

referee: v. arbitrar
n. árbitro

reference: n. referencia; alusión mención
reference book: n. libro de consulta o referencia
to make reference to: v. hacer referencia a, referirse a
with reference to: en cuanto a, con referencia a, con respecto a, con relación a

referral: n. remisión
referral to intake (juvenile): remisión para acción apropiada

reflex: a. reflejo
reflex action: acción refleja

reform: (school) n. (escuela) reformatoria, reformatorio; reforma
v. reformar

reformatory: n. reformatorio, casa de corrección

refrain: v. abstenerse de

refuge: n. refugio
to seek refuge: v. buscar refugio
to take refuge in: v. refugiarse en

refugee: n. refugiado, da

refund: v. reembolsar, devolver, restituir
n. devolución, reembolso

refusal: n. negación, negativa, denegación, rechazo, rehusamiento

refuse: v. rehusar(se), negar(se), rechazar, denegar

refutable: a. refutable, rebatible

refute: v. refutar, rebatir, contradecir

regain: v. recobrar, recuperar; volver a

register: n. registro, matrícula; registrador
    cash register: n. caja registradora
    v. registrar(se), matricular(se), inscribir(se), protocolar
    register a complaint: entablar, presentar una queja o reclamo
    register a letter: certificar una carta

registered: a. registrado; matriculado (estudiante, carro, etc.)
    registered mail: correo certificado
    registered nurse: enfermera registrada o titulada

registrar: n. registrador; secretario del Registro Civil

registration: n. registro, inscripción; matrícula, matriculación; certificación

registry: n. registro; matrícula
    Registry Office: Oficina del Registro Civil

regret: n. pena, arrepentimiento
    v. sentir, lamentar, arrepentirse de

regular: a. normal, regular, corriente, ordinario, común

regulate: v. regular; reglamentar

regulation: n. reglamento, reglamentación, reglas, regulamiento
    a. reglamentario

regulatory: a. reglamentario, regulador

rehabilitate: v. rehabilitar, reeducar

rehabilitation: n. rehabilitación, reeducación

rehash: v. repetir, volver a repetir

rehearing: n. revisión de causa; revista, nueva audiencia

reimburse: v. reembolsar

reimbursement: n. reembolso

reinforce: v. reforzar, fortalecer

reinstate: v. restituir, reintegrar, reinstalar, restablecer (una ley)

resinstatement: n. restablecimiento, restitución, reinstalación, reintegración

reiterate: v. reiterar

reject: v. rechazar, denegar, negar, rehusar
    n. persona o cosa desechada o rechazada, desecho

rejection: n. rechazo, desecho, rechazamiento

rejoinder: n. contestación, contrarréplica; réplica, respuesta

relapse: n. recaída; reincidencia
    v. recaer; reincidir

relate: v. contar, relatar; relacionar

related: a. relacionado; emparentado

relation: n. relato, narración; pariente, parentesco; relación, conexión
public relations: relaciones públicas
sexual relations: relaciones sexuales

relationship: n. relación; relaciones; parentesco

relative: a. relativo
n. pariente

release: n. liberación, puesta en libertad; orden de puesta en libertad; acta de cesión, cesión (de un derecho)
v. liberar, librar, libertar, soltar, poner en libertad; ceder (un derecho)
to release on parole: v. poner en libertad condicional o supervisada (antes de expirar la sentencia)
conditional release: n. libertad condicional o supervisada
discretionary release: n. libertad a discreción de las autoridades
mandatory release: libertad obligatoria
temporary release: libertad temporaria o temporal
to release on bail: poner en libertad bajo fianza
to release on personal recognizance: poner en libertad sin fianza y bajo reconocimiento propio
pre-trial release: libertad antes del y durante el juicio bajo fianza
release to a third party: libertad bajo la supervisión de un tercero

relegate: v. relegar; remitir

relevance or relevancy: n. pertinencia

relevant: a. pertinente, relacionado con, referente a

reliability: n. confiabilidad; veracidad (de datos)

reliable: n. confiable, cumplidor; de confianza; seguro, serio
reliable source of information: información de fuente confiable o fidedigna

relief: n. alivio; socorro, ayuda, auxilio; beneficiencia, auxilio o asistencia social

relinquish: v. renunciar a (un derecho)

relinquishment: n. renuncia

relocate: v. cambiar de sitio, volver a situar

reluctance: n. desgana

reluctant: a. maldispuesto, de mala gana, poco dispuesto a, a disgusto

rely: v. depender; confiar, contar con, fiarse de

remain: v. quedarse, permanecer, quedar

remains: n.pl. restos

remand: v. remitir, detener
to remand in(to) custody: mantener bajo custodia, reencarcelar

remark: n. observación, comentario
v. observar, comentar, notar

remedy: n. remedio; recurso
v. remediar

remember: v. recordar, acordarse de

remind: v. recordar

remiss: a. remiso; negligente

remission: n. remisión (de un caso)

remonstrate: v. protestar

remorse: n. remordimiento

remove: v. quitar, sacar, remover

render: v. dar, rendir, administrar (justicia); pronunciar
    to render a judgment: pronunciar una sentencia o un fallo
    to render a service: prestar un servicio
    to render a verdict: rendir o pronunciar o dar un veredicto

renegade: a. & n. renegado
    v. renegar

renege: v. volverse atrás, fallar a una promesa

renounce: v. renunciar; repudiar

renouncement: n. renuncia

rent: v. alquilar, arrendar
    n. alquiler, arrendamiento

renunciation: n. renuncia, renunciación

reopen a case: volver a estudiar o rever un caso

repair: n. reparación
    v. reparar, arreglar, componer

reparation: n. reparación; indemnización; satisfacción

repatriate: v. repatriar(se)

repay: v. repagar, reembolsar, devolver

repeal: v. revocar; anular; abrogar
    n. revocación; anulación; abrogación

repealing: a. derogatorio

repent: v. arrepentirse de

repercussion: n. repercusión

rephrase: v. decir en otras palabras, decir de otra manera

replead: v. presentar alegatos nuevos

repleader: n. segundo alegato; el derecho de alegar nuevamente

replica: n. réplica, reproducción, copia

replication: n. réplica

reply: v. contestar, responder, replicar
    n. contestación, respuesta, réplica

report: v. informar; relatar; declarar; presentar informe; denunciar (un criminal)
    n. informe; relato, relación; declaración, ponencia; denuncia (de un criminal; reporte, reportaje

reporter: n. periodista, reportero; repórter
    court reporter: n. taquígrafo del tribunal

repossess: v. volver a tomar posesión de, recuperar

reprehensible: a. reprensible, censurable

represent: v. representar

representation: n. representación

representative: n. representante
a. representativo

repress: v. reprimir, contener

reprieve: n. indulto, suspensión, conmutación
v. indultar, conmutar o suspender (la sentencia)
to grant a reprieve: v. conceder una conmutación

reprimand: v. reprender
n. reprimenda, reprensión

reprisal: n. represalia

repudiate: v. repudiar; renunciar, rechazar; negarse a cumplir o a reconocer

repudiation: n. repudio, repudiación; rechazo, renuncia; desconocimiento

repugnance: n. repugnancia, repulsión

repugnant: a. repugnante, repulsivo, repelente

reputable: a. honorable, de buena reputación, reputado, acreditado

reputation: n. reputación, fama

repute: n. reputación, fama

reputed: a. supuesto, aparente; reputado

request: n. petición, solicitud
v. pedir, solicitar, rogar

requirement: n. requerimiento, requisito; exigencia; estipulación

rescind: v. rescindir

rescindible: a. rescindible

rescission: n. rescisión

rescue: n. rescate, salvamento
v. rescatar, salvar

rescuer: n. rescatador, salvador

research: n. investigación; búsqueda
v. investigar

resemblance: n. parecido; semejanza

resemble: v. parecerse a

resent: v. resentirse de; guardar rencor

resentment: n. resentimiento, rencor

reserve: n. reserva
v. reservar, guardar, retener
to reserve judgment: reservar juicio acerca de

reset: v. volver a fijar

reside: v. residir, vivir, radicar

residence: n. residencia, domicilio

resident: a. & n. residente

resist: v. resistir
to resist arrest: v. resistir arresto o detención

resistance: n. resistencia

resistant: a. & n. resistente

resolution: n. resolución

resolve: v. resolver; acordar, decidirse por
n. resolución
be it resolved: se resuelve o acuerda; resuélvase o acuérdese

resort: v. recurrir a, acudir a

resource: n. recurso, medio; n.pl. recursos, fondos

respect: n. respeto
v. respetar

respite: n. prórroga, suspensión (de condena)

respond: v. contestar, responder; reaccionar

respondent: n. demandado

response: n. respuesta, contestación; reacción

responsibility: n. responsabilidad; obligación

responsible: a. & n. responsable; garante; de responsabilidad
to hold responsible: hacer responsable
to be responsible for: responder por, ser responsable por/de

rest (a case): v. terminar de presentar (el caso), terminar el alegato

restate: v. volver a exponer (un caso)

restitute: v. restituir

restitution: n. restitución, indemnización

restore: v. devolver, restituir
to restore order: v. restablecer el orden

restrain: v. impedir; contener, detener; encerrar; limitar, restringir

restraint: n. restricción
to put under restraint: encerrar; contener
lack of restraint: falta de moderación

restraining order: n. interdicto, orden inhibitoria, juicio de amparo

restrict: v. restringir, limitar

restriction: n. restricción, limitación

retain: v. retener, conservar; contratar (servicios)

retainer: n. anticipo sobre honorarios del abogado; contrato con un abogado

retaining fee: n. adelanto, anticipo

retaliate: v. vengarse, desquitarse

retaliation: n. venganza, desquite, represalias

retarded: a. atrasado
mentally retarded: atrasado mental

reticence: n. reserva

retire: v. retirar(se), jubilar(se)

retired: a. retirado, jubilado

retirement: n. retiro, jubilación

retrace: v. repasar, reconstruir

retract: v. retractar, retirar

retraction: n. retractación, retracción

retrial: n. juicio nuevo, procedimiento nuevo; revisión (de un caso)

retribution: n. castigo merecido, pena merecida; recompensa

retrieve: v. recuperar, recobrar

retroactive: a. retroactivo

retrospect, in: n. retrospectivamente

retrospective: a. con efecto retroactivo

retry: v. volver a juzgar o procesar; rever o revisar (un caso)

return: v. devolver, regresar, retornar; pronunciar, dar, rendir, dictar
to return a verdict: v. dar o rendir o pronunciar un veredicto

revenge: n. venganza, desquite

reversal: n. revocación (de un fallo), (MA) reversar

reverse a judgment: v. revocar o anular o cancelar (un fallo); revertir

revert: v. revertir; volver a

revertible: a. reversible

review: n. revisión; revista, examen, repaso
v. revisar; rever; examinar, repasar

revindication: n. reivindicación

revise: v. revisar, modificar, corregir, enmendar, repasar

revised: a. modificado, corregido, enumerado, revisado

revision: n. revisión, modificación, corrección, enmienda; repaso

revocable: a. revocable

revocation: n. revocación, suspensión
revocation hearing: audiencia o vista de revocación

revoke: v. revocar, anular, suspender

revolt: n. rebelión, sublevación, revuelta; rebeldía
v. sublevarse, rebelarse, incitar a rebelión

revolution: n. revolución

revolutionary: n. & a. revolucionario

revolver: n. revolver

reward: n. premio, recompensa
v. premiar, recompensar

ricochet: n. rebote
v. rebotar

rid: v. librar, deshacerse de, librarse de

ride: n. paseo (en coche), dar una vuelta (en coche); (MA) un raid, aventón
v. andar (en coche); (MA) arrolear, carruchar, raitar, raitear

rider: n. cláusula adicional, anexo, adición (a una póliza de seguro)

rifle: n. rifle, fusil
automatic rifle: rifle automático
rifle shot: n. disparo o tiro de rifle o fusil
within rifle shot: a tiro de fusil o rifle

rig: v. arreglar, preparar, amañar (elecciones)

right: n. derecho; derecha
a. correcto, cierto, apropiado

rigor: n. rigidez; rigor, severidad
rigor mortis: rigidez cadavérica, rigor mortis

ringleader: n. el cabecilla (de un grupo)

riot: n. disturbio, motín, alboroto, tumulto, bochinche
v. alborotarse, amotinarse, causar alboroto o disturbio

Riot Act: Ley del Orden Público
riot police: policía de asalto
to run riot: desenfrenarse, enloquecerse

rioter: n. amotinador, alborotador, bochinchero, revoltoso

riotous: a. alborotado, amotinado, ruidoso, desenfrenado

risk: n. riesgo, peligro
v. arriesgar(se); empeligrar

risky: a. arriesgado, peligroso

rob: v. robar; asaltar, atracar (un banco); hurtar

robber: n. ladrón, atracador, asaltante (de banco); bandido; hurtador

robbery: n. robo, atraco, asalto, hurto
armed robbery: n. robo con arma; robo con mano armada
strongarm robbery: n. robo con fuerza pero sin arma

rod: n. (slang) pistola, arma

rogue: n. pícaro, pillo, granuja

Roman law: n. ley romana, derecho romano

rope: n. soga, cuerda
v. agarrar con soga o con lazo
to rope off: v. acordonar

roughhouse: v. armar jaleo; jugar a lo bruto

rout : n. fuga desordenada; alboroto
v. poner en fuga; descubrir

row: n. jaleo, alboroto, pelea, riña, bronca

ruckus: n. jaleo, alboroto

rue: v. arrepentirse de, lamentar

ruffian: n. rufián, canalla

rule: n. regla, reglamento, norma; fallo, decisión
v. fallar, dictaminar, decidir
rules of evidence: reglas de evidencia
rules of procedure: reglas de procedimiento, disposiciones procesales

ruling: n. fallo, decisión

rumble: n. pelea entre dos bandas (gen. juveniles)
v. pelear (dos grupos)

rumor: n. rumor
v. rumorear

runaway: n. & a. (juvenile) fugitivo

ruse: n. treta, trampa, astucia

rustle: v. robar ganado

rustler: n. ladrón de ganado

ruthless: a. cruel, despiadado

sabotage: n. sabotaje
v. sabotear

saboteur: n. saboteador

sacrifice: n. sacrificio; ofrenda
at a sacrifice: con pérdidas
v. sacrificar

sacrificial: a. sacrificatorio

sadism: n. sadismo

sadist: n. sádico

sadistic: a. sádico

safe: n. caja fuerte
a. seguro, sano y salvo

safe-conduct: n. salvoconducto

safecracker: n. ladrón de cajas fuertes

safecracking: n. robo de cajas fuertes

safeguard: n. salvaguard(i)a; protección; dispositivo de seguridad
v. salvaguardar, proteger

safekeeping: n. custodia
to put in safekeeping: v. poner en lugar seguro, poner a salvo

safety: n. seguridad
with the safety catch on: (arma) con el seguro puesto
safety deposit box: n. caja de seguridad

salaried: a. asalariado; a sueldo

salary: n. salario, sueldo

salient: a. sobresaliente, destacado

salvage: n. derecho de salvamento; objetos salvados; salvamento
v. salvar

sample: n. muestra
v. probar, tomar muestras

sanatarium or sanatorium: n. sanatorio

sanction: n. sanción (castigo o aprobación); autorización; decreto
v. sancionar; autorizar

sanctuary: n. derecho de asilo

sane: a. sano; sensato
to be sane: estar en su sano juicio

sangfroid: n. sangre fría

sanguinary: a. sanguinario, homicida

sanguine: a. sanguinario

sanitarium: n. sanatorio

sanity: n. juicio; sensatez
to lose/regain one's sanity: perder/recobrar el juicio

sarge: n. (slang) sargento

saturate: v. saturar

saturated: a. saturado; empapado

savage: a. salvaje; cruel; violento (un ataque)
n. salvaje

savageness or savagery: n. salvajismo; crueldad; violencia (de un ataque)

save: v. salvar; evitar; guardar; salvo

savings account: n. cuenta de ahorros

sawed-off shotgun: n. escopeta con cañones cortados

scaffold: n. andamio (alrededor de un edificio); tarima, tribuna; cadalso, patíbulo (para ejecutar a los condenados)

scaffolding: n. andamio

scald: v. escaldar(se)
n. escaldadura

scale: v. escalar (un cerco), trepar

scales: n.pl. balanza, báscula, romana

scalp: v. escalpar; revender boletos a precios exorbitantes

scalper: n. revendedor de boletos a precios exorbitantes

scapegoat: n. víctima propiciatoria; el que paga el pato por otro(s)

scar: n. cicatriz
v. cicatrizar(se)

scare: n. susto, miedo
v. asustar; dar miedo

scene: n. escena; panorama, vista; paisaje; escenario, lugar; escándalo, pelea, riña

scheme: n. idea, proyecto; intriga, complot; estratagema
v. tramar; proyectar; idear un complot

schemer: n. intrigante, maquinador

scheming: a. intrigante

schizophrenia: n. esquizofrenia

school: n. escuela; facultad

schooling: n. educación, enseñanza, estudios

scold: v. regañar

score: v. conseguir (victoria); conquistar(se)

scrape: n. arañazo, razguño; lío, apuro
v. raspar, rozar

scratch: n. arañazo, rasguño; rascadura
v. rayar; rascar(se); arañar

scrawl: n. garabato
v. garabatear

scream: n. grito, chillido
v. gritar, chillar

screech: v. chillar; chirriar (de frenos)

scruff of the neck: n. cogote, nuca

scruple: n. escrúpulo
 v. tener escrúpulos

scrutinize: v. escudriñar, examinar

scrutiny: n. escrutinio, examen

scuffle: n. pelea, riña
 v. pelear, reñir

scurrilous: a. injurioso, difamatorio, calumnioso

scuttlebutt: n. rumor, chisme

seal: v. sellar, lacrar; timbrar, cerrar
 to seal a record: (Juvenile) remover información a un archivo casi secreto
 to seal off: v. acordonar, cerrar
 n. sello, timbre

sealed: a. cerrado, sellado
 sealed verdict: veredicto cerrado o secreto

search: n. registro (de carro, casa, etc.); investigación, búsqueda
 v. registrar (casa, carro, etc.); buscar; indagar, investigar
 search and seizure: registro e incautación
 search warrant: orden o mandamiento de registro

secede: v. separarse de

seclude: v. aislar, recluir; retirar, esconder

second: a. segundo
 v. secundar, apoyar

secondary: a. secundario, indirecto

secondhand: a. de segunda mano, usado

secrecy: n. secreto, discreción

secret: a. secreto; escondido
 n. secreto
 secret police: policía secreta

secure: a. seguro; protegido
 to make secure: v. sujetar; asegurar; fijar
 v. asegurar, sujetar; conseguir, obtener; garantizar (un préstamo); detener, encarcelar; amarrar

security: n. seguridad; fianza, garantía
 maximum security: restricción o seguridad máxima
 medium security: restricción o seguridad mediana o intermedia
 minimum security: restricción o seguridad mínima

sedative: a. sedante, calmante

seduce: v. seducir

seducer: n. seductor

seduction: n. seducción

seductive: a. seductor, seductivo

segregate: v. segregar, aislar, separar

segregation: n. segregación

seizable: a. embargable

seize: v. confiscar, secuestrar (material impreso); embargar, incautarse de (una cosa, por la policía); detener, arrestar (a alguien)

seizure: n. detención (de persona); incautación, embargo (de algo, por la policía); secuestro (de material impreso)

select: v. seleccionar, elegir, escoger

selection: n. selección, elección; surtido

self: prefix auto....

self-accusation: n. autoacusación

self-confidence: n. seguridad en sí mismo

self-confident: a. seguro de sí mismo

self-conscious: a. cohibido, tímido

self-defense: n. defensa legítima; defensa propia; autodefensa

self-destruction: n. autodestrucción, suicidio

self-employed: a. que trabaja por sí mismo o por cuenta propia

self-evident: a. evidente, patente, óbvio

self-explanatory: a. que se explica por sí mismo

self-incrimination: n. autoincriminación

self-inflicted injury: n. autolesión

send: v. mandar, enviar
to send up: encarcelar

sender: n. remitente

sentence: n. sentencia, condena
v. sentenciar, condenar, dictar sentencia
death sentence: sentencia de muerte, pena de muerte
indeterminate sentence: sentencia indeterminada
mandatory sentence: sentencia obligatoria o forzosa
suspended sentence: sentencia suspendida, condena condicional
to serve a sentence: cumplir una sentencia

separate: a. separado; aparte; distinto
v. separar(se), apartar(se)

separation: n. separación

sequester or sequestrate: v. secuestrar (persona); embargar, confiscar (propiedad)

sequestration: n. secuestración, secuestro (de persona); embargo, confiscación (de propiedad)

sequestrator: n. secuestrador, secuestradora

sergeant: n. sargento; cabo (policía)

serve: v. servir; actuar; entregar; prestar servicio
to serve a sentence: cumplir una sentencia
to serve a subpoena: entregar un comparendo u orden de citación
to serve a summons: entregar una citación judicial
to serve time: estar encarcelado
to have served time: haber estado encarcelado

session: n. sesión; audiencia

set: n. conjunto, serie, juego
v. colocar, fijar, establecer, poner
to set a precedent: sentar o establecer un precedente
to set aside: anular (un fallo); rechazar (un reclamo)
to set down: poner por escrito; establecer (reglas)
to set for trial: fijar fecha para el juicio
to set out: afirmar, alegar
to set a trap: armar o preparar una trampa

settle: v. arreglar; resolver; decidir, determinar; saldar, liquidar; acordar
to settle out of court: arreglar amistosamente; llegar a un acuerdo amistoso, resolver extrajudicialmente
to settle a claim: satisfacer un reclamo
to settle for: contentarse con

settlement: n. pensión; asignación; arreglo; liquidación; resolución; acuerdo; solución

severance pay: n. sueldo de despedida, cesantía, indemnización por despido

severe: a. severo (castigo); grave, serio (enfermedad); agudo (dolor)
to be severe: ser severo, tratar con severidad

severity: n. severidad; gravedad, seriedad; agudeza

shackle: n. grilletes, grillos
v. poner grilletes

shadow: n. sombra
v. seguirle (la pista a)
to cast a shadow: proyectar o hacer sombra

shady: a. sospechoso, dudoso (persona o negocio)

shake: n. sacudida
v. sacudir
to shake down: v. registrar (a prisioneros)
to shake off: librarse de, deshacerse de
to shake up: conmover; dejar temblando

shakedown: n. extorsión
v. extorsionar

sham: a. fingido, simulado, falso
n. engaño, farsa; impostor (persona)
v. fingir, simular

shambles: n. ruinas; gran confusión

shatter: v. destrozar, romper, hacer añicos

shell: n. casquillo o cápsula (de una bala)

sheriff: n. oficial jefe de un condado; shérif, chérife
deputy sheriff: shérif asistente
sheriff's department: departamento del shérif

shield: n. placa (de un policía); escudo de protección; (MA) bacha
v. proteger(se)

shift gears, to: v. cambiar de velocidad

shiftwork: n. trabajo por turno

shock: n. choque (de emoción); conmoción
v. chocar; conmocionar, escandalizar

shoot: v. disparar, matar, tirar, pegar tiros; fusilar (ejecutar); (MA) balacear
to shoot down: matar a tiros; (MA) chutear

shooting: n. disparo, tiro; asesinato, homicidio; tiroteo; fusilamiento

shop: n. tienda, negocio; almacén; taller (mecánico)
v. hacer compras, ir de compras

shoplift: v. ratear, robar en tiendas o negocios; (MA) enchalecar

shoplifter: n. ratero, ladrón de tiendas

shoplifting: n. ratería, hurto, robo en tiendas

shopwindow: n. vidriera

shot: n. tiro, disparo; bala, balazo; perdigones (BB's), p.p. de shoot;
tirador (persona); inyección; (MA) balaceado

shotgun: n. escopeta
double-barrelled shotgun: escopeta de dos cañones; (MA) cuate

shove: n. empujón
v. empujar, dar empujones

show cause hearing: n. audiencia o vista para presentar motivos justificantes
o para mostrar causa justificante, audiencia para
hacer alegatos

showdown: n. confrontación; momento decisivo

shred of evidence, no: ni la menor prueba de

shriek: n. chillido, grito
v. chillar, gritar

sick: a. enfermo
to feel sick: v. sentirse mal o enfermo

sickly: a. enfermizo

sidekick: n. (slang) compañero, socio

sideline: n. negocio o trabajo suplementario o secundario

side-step: v. esquivar, evitar; (MA) sacatear

sidetrack: v. despistar (a alguien)

siege, state of: n. estado de sitio

sign: n. signo, señal, seña
v. firmar
signed and sealed: firmado y sellado

signatory: a. & n. signatario, firmante

signature: n. firma

signer: n. signatario, firmante

significance: n. significado, significación

significant: a. significativo, significante, importante

signify: v. significar; indicar; dar a entender

silence: n. silencio
v. hacer callar; matar

silencer: n. silenciador (de una pistola)

similar: a. similar, parecido, semejante

similarity: n. semejanza, similitud, parecido

simple: a. simple, sencillo; fácil

simulate: v. simular, fingir

simulated: a. simulado, falso, fabricado

simulation: n. simulación, fingimiento

sine qua non: condición imprescindible, sine qua non

single-handed: a. & adv. solo, sin ayuda

*sit-down strike: n. huelga de brazos cruzados o caídos, huelga sentada o pasiva

site: n. sitio, lugar; obra
on site: en el sitio

sit-in, to stage a: ocupar (un edificio o lugar) pasivamente

sitting duck: a. blanco fácil

sizable: a. considerable, importante

skeletal: a. esquelético

skeleton: n. esqueleto; armazón (de un edificio); estructura

skid: v. patinar (un carro)

skid row: n. barrio bajo, lugar donde se congregan los borrachos

skip: v. (slang) largarse, huir; saltar, saltear (un párrafo)

skirmish: n. pelea, agarrada; escaramuza
v. pelear; escaramuzar, escaramucear

skyjack: v. secuestrar en vuelo (un avión)

slain: see slay

slander: n. calumnia, difamación (oral)
v. calumniar, difamar (oralmente)

slanderer: n. calumniador, difamador

slanderous: a. calumnioso, difamatorio

slang: n. germanía, argot, jerga, caló

*siren: n. sirena; (MA) llorona

slash: v. acuchillar; dar cuchilladas

slaughter: n. matanza, masacre
v. masacrar, matar brutalmente

slay: v. matar, asesinar

slayer: n. asesino

sledgehammer: n. almádena, marra, combo, mandarria

sleepwalker: n. sonámbulo

sleuth: n. detective
v. hacer de detective

sling: n. cabestrillo (para brazo lastimado)

slot machine: n. máquina tragaperras

slug: n. posta, bala
v. dar un porrazo, pegar un porrazo

slur: n. calumnia, insulto, difamación, afrenta
v. calumniar, insultar, difamar, afrentar

slush fund: n. fondo para fines deshonestos, fondos para soborno

smash: v. romper, quebrar, destrozar, hacer pedazos o añicos
to smash into: v. chocar con, estrellarse contra

smashup: n. accidente, choque violento

smoke: n. humo
v. ahumar; fumar; echar humo

smother: v. sofocar(se); asfixiar(se)

smoulder: v. arder sin llamas

smuggle: v. contrabandear, hacer contrabando; pasar de contrabando

smuggled: a. de contrabando

smuggler: n. contrabandista, matutero

smuggling: n. contrabando, contrabandeo, matute

snatch: n. robo; secuestro
v. robar; secuestrar

sneak thief: n. ratero, ladronzuelo

sneaky: a. furtivo, solapado

sniff: v. inhalar
n. inhalación

sniper: n. tirador emboscado, francotirador

snitch: v. (slang) informar, chivar
n. confidente, informador, chivo, soplón

snoop: v. entrometerse; curiosear, husmear

sob: n. sollozo
v. sollozar

sober: a. sobrio

so-called: a. llamado; supuesto

social: a. social; sociable
social security: n. seguro social, previsión social; jubilación
social welfare: n. asistencia social

society: n. sociedad; asociación

sodomy: n. sodomía

sole: n. planta (del pie)
a. único, solo; exclusivo
sole legatee: legatario universal

solemn: n. solemne
solemn oath: juramento solemne

solemnity: n. solemnidad

solicit: v. solicitar, peticionar; abordar (una prostituta); (MA) putear

solicitation: n. solicitación; provocación (por prostituta)

solicitor: n. (British) abogado, procurador

solitary: a. solitario; único
solitary confinement: celda incomunicada (en la prisión); confinamiento solitario

solution: n. solución; resolución

solve: v. resolver, solucionar

soporific: a. soporífico, soporífero

sorcery: n. brujería, hechicería

sordid: a. sórdido

sore: a. dolorido, doloroso
n. llaga, úlcera

sound mind, of: a. de mente sana, de cabal juicio, en su sano juicio

source: n. fuente, origen
reliable source: fuente fidedigna o confiable

spark: n. chispa
v. chispear

special: a. especial, particular
special agent: agente especial; agente de poder limitado
special bail: fianza especial
special injunction: interdicto o requerimiento prohibitivo

specific: a. específico

specifications: n.pl. especificaciones (técnicas); pliego de condiciones (de una licitación)

specify: v. especificar, precisar
unless otherwise specified: salvo indicación contraria

spectator: n. espectador

speed: n. velocidad; rapidez; (see more in drug-related terminology section)
v. excederse del límite de velocidad
to speed up: v. acelerar (la marcha)
speed limit: n. límite de velocidad; velocidad máxima

speedy trial: n. juicio sin demora

spit: v. escupir

spite: n. rencor; despecho
in spite of: a pesar de

spiteful: a. rencoroso, malévolo

splint: n. tablilla
to put in a splint: v. entablillar

splinter: n. astilla; fragmento, trozo
v. astillar(se), rajar(se)
splinter group: n. grupo disidente

split sentence: n. sentencia de multa con suspensión de encarcelamiento

splurge: v. derrochar

spoils: n.pl. botín (de un ladrón)

sprain: n. torcedura, esguince
v. torcer(se)

sprawl: v. caer extendido, caer tendido; tumbar (a otro)

spree: n. parranda, juerga

spy: v. espiar
n. espía

spying: n. espionaje

squabble: n. disputa, riña, pelea

squad: n. brigada (de policías)
firing squad: pelotón de ejecución
squad car: coche o carro patrulla

squander: v. derrochar, malgastar

square: n. cuadrado (persona)
to square matters: v. arreglar las cosas o los asuntos; arreglar cuentas

squash: v. aplastar

squatter: n. colono usurpador; persona que ocupa un sitio o terreno ilegalmente

squint: n. bizquera, mirada bizca
squint-eyed: a. bizco

stab: n. puñalada, navajazo, herida; cuchillazo
v. apuñalar, dar una puñalada, dar un navajazo o cuchillazo
to stab to death: v. matar a puñaladas

stabbed: a. apuñalado

stabber: n. apuñalador, asesino

stabbing: n. puñaladas; asesinato a puñaladas

stagger: v. tambalear(se), casi caerse; escalonar (horas de trabajo, etc.)

stain: n. mancha
v. manchar(se)

stake: n. estaca; hoguera; apuesta, puesta
at stake: en juego; en peligro
to stake out: v. jalonar, tener bajo observación

stalemate: n. estancamiento, punto muerto (en negociaciones)

stall: v. parar(se) (un motor)

stammer: n. tartamudeo, tartamudez
v. tartamudear

stammering: a. tartamudo
n. tartamudeo

stamp: n. estampilla, timbre; sello
v. estampillar, timbrar; sellar; estampar; marcar

stamped paper: n. papel sellado o timbrado

stampede: n. desbandada, espantado

stand: n. banco, banquillo, estrada (para testigos); posición, postura
to take the stand: subir o pasar al estrado (el testigo)
to stand trial: v. someter a juicio
to stand guard: v. estar de guardia, montar guardia

standoff: n. empate

starvation: n. hambre; inanición

starve: v. (hacer) pasar hambre; privar; matar o (hacer) morir de hambre; morirse de hambre, estar muerto de hambre

starving: a. hambriento, muerto de hambre

stash: see drug-related terminology section

state: v. declarar, afirmar, decir, expresar, manifestar; exponer, formular
n. estado; condición
a. estatal, del estado; público
State Courts: tribunales del estado
state law: ley estatal
state prison: prisión o penitenciaría estatal
state tax: impuesto o contribución estatal
to state a case: exponer un caso, exponer los hechos
State Department: n. Secretaría o Ministerio de Relaciones Exteriores
State Highway Patrol: policía caminera del estado

statement: n. declaración (a las autoridades); comunicado (oficial); estado de cuentas

station: n. estación; puesto, lugar
v. estacionar(se), colocar, poner
station house: n. comisaría (de policía); cuartel (de bomberos)

status: n. estado, condición; estado civil
status offender: joven que ha cometido una ofensa estatuaria
status offense: ofensa estatuaria (juveniles)

statute: n. estatuto, ley, decreto
statute law: n. derecho escrito

statutory: a. estatuario; establecido por ley

stay: n. suspensión, aplazamiento, postergación; sobreseimiento (de un procedimiento)
v. suspender, aplazar, diferir, postergar
stay of execution: suspensión de ejecución
stay of proceedings: sobreseimiento; suspensión de los procedimientos

steal: v. robar, hurtar

stealing: n. robo, hurto; plagio

stem from: v. ser resultado de, derivar de

stench: n. hedor, olor horrible

stenographer: n. taquígrafo, estenógrafo

stenographic record: acta o transcripción taquigráfica o estenográfica

stenotypist: n. estenotipista

stereotype: n. estereotipo

stick: n. palo, garrote, porra; bastón
to stick up: v. asaltar, atracar

sticker: n. etiqueta adhesiva; letrero

stickup: n. robo con arma, atraco

stickup man/woman: n. bandolero, asaltador, asaltante

stillborn: a. nacido muerto, natimuerto, mortinato

stimulant: n. estimulante

stipend: n. estipendio, sueldo, remuneración

stipulate: v. estipular

stipulation: n. estipulación, condición

stitch: n. punto, puntada
v. suturar

stock market: n. bolsa o mercado de valores

stolen: a. robado, hurtado

stoplight: n. luz roja, semáforo

stop sign: n. señal de alto o de parada

straightjacket: n. camisa de fuerza

stranger: n. desconocido

strangle: v. estrangular(se)

strangler: n. estrangulador

strangling: n. estrangulación
a. estrangulador

strangulation: n. estrangulación

strategy: n. estrategia

straw bail: n. fianza sin valor, fianza falsa o ficticia

straw vote: n. votación de prueba

streak: n. lado (bueno o malo), racha (de suerte)
v. correr rápidamente (también el hacerlo desnudo como chiste)

streaker: n. persona que corre desnuda

street: n. calle
one-way street: calle de dirección única

streetlight: n. farol, poste de alumbrado, iluminación de la calle

streetwalker: n. prostituta

stress: n. estrés, tensión
v. recalcar, subrayar, enfatizar

stretch, to have done a: haber estado encarcelado

stretcher: n. camilla

stricken: a. eliminado, borrado (de la transcripción); afectado; herido

strike: v. pegar, golpear, herir; chocar, dar contra, atropellar; ir de huelga; eliminar, borrar (de la transcripción); (MA) estraiquear
n. huelga, paro; (MA) estraique
hunger strike: huelga de hambre
strike from the record: eliminar o borrar de la transcripción
sympathy strike: huelga por solidaridad

strikebreaker: n. rompehuelgas

striker: n. huelguista

strip: v. desnudar(se), quitar(se) la ropa; hacer "estrip tis"

stripper: n. persona que hace "estrip tis"

strip tease: n. "estrip tis"

stroke: n. lesión cerebral; ataque
v. acariciar

strong-arm tactics: n. fuerza

struck jury: jurado especial de 12 seleccionado de 48 candidatos

struggle: n. lucha, combate; esfuerzo
v. luchar, combatir; esforzarse; forcejear

stub: n. talón, resguardo (de boleto, cheque, etc.); colilla (de cigarrillo)
v. tropezar contra o con

stultification: n. incapacitación (mental)

stultify: v. alegar incapacidad mental

stumble: v. tropezar, topar con

stump: v. dejar perplejo o confuso o confundido

stun: v. aturdir, pasmar, atontar

stutter: v. tartamudear (see more at stammer)

style: n. estilo, manera; título

styled: a. titulado (un documento)

subcontract: n. subcontrato
v. subcontratar

subdue: v. dominar, subyugar, sojuzgar; contener

subject: a. sujeto a (subject to)
n. tema
v. sojuzgar, dominar; someter a

sub judice: a. por resolver (judicialmente); pendiente (ante un juez)

subjugate: v. sojuzgar, subyugar

sublet: v. subarrendar, subalquilar

submachine gun: n. pistola ametralladora

submission: n. sumisión, sometimiento (a un juez o tribunal); presentación (de documentos)

submit: v. someter(se); proponer; sugerir; indicar

suborn: v. sobornar, cohechar

subornation: n. soborno, corrupción, cohecho

suborner: n. sobornador, cohechador

subpoena: n. citación, comparendo
v. citar, hacer o mandar comparecer

subrogate: v. subrogar, substituir

subrogation: n. subrogación, substitución

sub rosa: adv. secretamente, confidencialmente

subscribed and sworn to: suscrito y declarado bajo juramento, suscrito y juramentado

subscriber: n. infrascrito; subscriptor, el que suscribe

subsidiary: a. subsidiario; secundario
n. sucursal, filial (de compañía)

subsidize: v. subvencionar

subsidy: n. subvención

subsist: v. subsidir, sustentarse

subsistence: n. subsistencia, sustento, mantenimiento
subsistence wage: sueldo mínimo para vivir

subsistent: a. subsistente

substance: n. su(b)stancia, esencia;

substantial: a. su(b)stancial, considerable, real, verdadero

substantially: adv. (su(b)stancialmente, esencialmente, considerablemente

substantiate: v. establecer; justificar

substantive: a. positivo; considerable, esencial; real
substantive law: derecho positivo (creando y definiendo deberos y derechos)

substitute: n. su(b)stituto; suplente; imitación; reemplazo
v. su(b)stituir, reemplazar

subterfuge: n. subterfugio

subversion: n. subversión

subversive: n. subversivo (persona)
a. subversivo

subvert: v. derribar, derrocar

succeeding: a. sucesivo, siguiente

succession: n. sucesión; descendencia, heredero

successive: a. sucesivo, seguido, consecutivo

successor: n. sucesor, sucesora

succinct: a. sucinto, conciso

succumb: v. sucumbir

sue: v. demandar, poner pleito, presentar demanda; hacerle juicio a alguien; entablar acción judicial; presentar demanda (de divorcio)

suffer: v. sufrir
suffer a loss: sufrir pérdida

suffice: v. ser suficiente, bastar

sufficient: a. suficiente, bastante
sufficient evidence: evidencia suficiente o satisfactoria

suffocate: v. asfixiar(se); ahogar(se)

suffocation: n. asfixia, ahoga

suggest: v. sugerir, proponer; insinuar; aconsejar

suggestion: n. sugerencia, sugestión; insinuación

suggestive: a. sugestivo, insinuante

suicidal: a. suicida

suicide: n. suicida (persona); suicidio (crimen)
to attempt suicide: atentar suicidio
to commit suicide: suicidarse, cometer suicidio

suit: n. juicio, pleito, litigio, acción judicial
libel suit: acción de defamación

suitable: a. conveniente, oportuno, apropiado, satisfactorio; apto

summarily: adv. sumariamente

summarization: n. resumen

summarize: v. resumir, recopilar

summary: n. resumen, sumario, compendio
a. sumario

summation: n. resumen, conclusiones

summing up: n. sumario, resumen

summon: v. llamar; citar, emplazar; convocar (una reunión o asamblea)

summons: n.pl. citación judicial, orden de comparición, auto de comparecencia, citatoria, emplazamiento, notificación; comparendo; convocatoria

superstition: n. superstición

supplement: n. suplemento, complemento
v. suplementar

supplemental: a. suplemental, suplementario

supplemantary: a. suplementario, suplemental, adicional

support: v. apoyar, sostener; soportar
n. apoyo, ayuda, sustento, mantenimiento; soporte
child support: sustento de menores

supporting: a. de apoyo
supporting documents: documentos comprobantes o justificativos

suppose: v. suponer, presuponer

supposed: a. supuesto, presunto

supposition: n. suposición, en el supuesto de que

suppress: v. suprimir; ocultar, no revelar; sofocar, reprimir (una rebelión)

suppression: n. supresión; ocultación; represión, sofocación

supreme: a. supremo
Supreme Court: n. Corte Suprema, Tribunal Supremo

surety: n. fiador, garante; fianza, garantía
surety bond: fianza

surgery: n. cirugía
plastic surgery: cirugía plástica o estética

surgical: a. quirúrgico

surmise: n. suposición, conjetura
v. suponer, conjeturar

surmount: v. superar

surname: n. apellido

surprise: n. sorpresa, asombro
a. inesperado, por sorpresa
v. sorprender, asombrar

surrender: v. ceder, renunciar a; rendir(se); entregar(se)
n. renuncia, cesión; rendición; entrega

surrogate: n. substituto, sucesor
surrogate's court: tribunal testamentario
surrogate judge: juez de tribunal testamentario

surround: v. rodear, cercar; sitiar

surveillance: n. vigilancia

survival: n. supervivencia, sobrevivencia

survive: v. sobrevivir, subsistir

surviving: a. superviviente, sobreviviente

survivor: n. superviviente, sobreviviente

survivorship: n. supervivencia, sobrevivencia

suspect: n. sospechoso, sospechado (el/la que se sospecha de un crimen, pero que aún no ha sido ni arrestado ni acusado)
v. sospechar, tener sospechas; recelar

suspend: v. suspender; interrumpir, descontinuar, cesar

suspended: a. suspendido
suspended sentence: sentencia suspendida

suspension: n. suspensión

suspicion: n. sospecha; desconfianza, recelo
to hold on suspicion: detener como sospechoso
under suspicion: bajo sospecha

suspicious: a. sospechoso; desconfiado, receloso

suspiciousness: n. suspicia, recelo; desconfianza

sustain: v. sostener, mantener; sustentar
sustain damages: sufrir daños
sustain the objection: admitir, aceptar la objeción

swap: n. cambio, canje
v. cambiar, canjear, hacer un intercambio

swear: v. jurar, juramentar; declarar bajo juramento; prestar juramento

swerve: v. desviar(se); dar viraje; apartarse
n. viraje

swindle: s. estafa, timo
v. estafar, timar

swindler: n. estafador, timador

swindling: n. estafa, timo

swipe: v. afanar, robar

switchblade (knife): n. navaja de muelle

swoop: n. redada (por la policía)
v. hacer una redada (la policía)

sworn: p.p. de swear
to be sworn: prestar juramento, jurar
a. jurado, juramentado, bajo juramento
sworn statement: declaración jurada

sympathize: v. compadecer; entender, comprender; tener simpatía por

sympathy strike: n. huelga por solidaridad

sympton: n. síntoma

syndicate: n. sindicato; asociación de raqueteros en control de crimen organizado
v. sindicar; formar una asociación de raqueteros ....

syringe: n. jeringa

system: n. sistema; régimen; red

table: v. postergar indefinidamente (una moción)

tailgate: v. seguir muy de cerca; andar en la cola de

take: n. ingresos
take-home pay: n. sueldo neto (después de deducciones)

taken, to get: v. (slang) haber sido engañado

talk: n. plática, conversación, charla
v. platicar, conversar, charlar; contar todo

tamper with: v. falsificar, estropear; intentar forzar (una cerradura); sobornar; hacer cambios fraudulentos

tangible: a. tangible, material

tantamount: a. equivalente a

tape: n. cinta
red tape: n. papelería, papeleo, trámites
v. grabar
to tape up: vendar con cinta adhesiva

tape-recorder: n. grabadora

tape-recording: n. grabación

target: n. blanco; objetivo; meta

task: n. tarea, labor, trabajo

taunt: v. burlar(se); provocar, insultar

tax: n. impuesto, contribución
v. gravar, imponer; tasar

team: n. equipo
to team up: v. unirse, asociarse, agruparse

teammate: n. compañero de equipo

teamster: n. camionero, (MA) troquero, operador

tear gas: n. gas lacrimógeno

technicality: n. tecnicidad; detalle técnico

teen-ager: n. adolescente, joven

teetotaler: n. abstemio; que no bebe alcohol

telecast: n. teledifusión, transmisión por televisión
v. televisar

teller: n. (de un banco) cajero, pagador

temporary: a. temporario, temporal, provisorio, provisional, transitorio
temporary injunction: interdicto temporario o provisional
temporary disability: incapacidad temporal

tenacious: a. tenaz

tenant: n. arrendatario, inquilino

tendency: n. tendencia

tenor: n. contenido, tenor; significado; tono; copia conforme

tentative: a. provisorio, provisional; tentativo
n. tentativa

tenure: n. posesion, tenencia

term: n. plazo, tiempo, período; término; vigencia
term of imprisonment: período de encarcelamiento
n.pl. condiciones, términos

terminate: v. concluir, terminar; finalizar

termination: n. terminación (de empleo)

terror: n. terror, pánico, espanto

terrorism: n. terrorismo

terrorist: n. terrorista

terrorize: n. aterrorizar, aterrar, espantar

terror-stricken: a. aterrorizado, muerto de miedo

test: n. prueba, ensayo; análisis; examen
v. probar, ensayar; analizar; examinar
test case: caso de prueba; acción constitutiva

testament, last will and: n. testamento

testate: a. testado, habiendo dejado testamento

testator: n. testador, el que dejó testamento válido

testatrix: n. testadora, la que dejó testamento válido

testifier: n. testigo

testify: v. atestiguar, atestar, dar testimonio, testificar, testimoniar

testimony: n. testimonio, declaración, atestación
in testimony whereof: en fé de lo cual
to bear testimony: atestiguar algo
to be called in testimony: ser llamado como testigo

Texas Department of Corrections (TDC): Departamento de Correcciones de Texas; Departamento de Prisiones de Texas

theft: n. robo, hurto, latrocinio
aggravated theft: robo con agravante

therapy: n. terapia, terapéutica

thief: n. ladrón, hurtador, ratero

thieve: v. robar, hurtar

thievery: n. robo, hurto, ratería

thieving: a. ladrón
n. robo, hurto

third degree: n. interrogatorio severo

third party: n. tercero; tercera persona

thrash: v. dar una paliza, azotar

thrashing: n. paliza, azotaina

threat: n. amenaza

threaten: n. amenazar

threatening: a. amenazador
n. amenazas

threshold: n. umbral (de la puerta)

throng: n. multitud, gentío, muchedumbre

throttle: v. estrangular(se), asfixiar(se), ahogar

throw: v. tirar, arrojar; (MA) aventar
  to throw down: deponer (armas)
  to throw in the towel: darse por vencido
  to throw out: (a case) rechazar, denegar

throwdown (weapon): n. arma plantada

tie: v. atar
  to tie down: atar, sujetar
  to tie in: concordar con, relacionarse con
  to tie up: atar, amarrar; bloquear, obstruit (tráfico)

tie-up, traffic: n. embotellamiento, atasco del tráfico

tiff: n. riña, pelea, discusión, pequeño argumento
  v. reñir

tight-fisted: a. tacaño, agarrado

tight-lipped: a. callado

time: n. tiempo; hora; momento; lapso; plazo; período; época
  flat time credit: crédito por el período realmente cumplido en la cárcel; (MA) crédito por tiempo servido
  good time: tiempo que se descuenta por buen comportamiento
  time served: tiempo cumplido en la prisión o cárcel
  a. a plazos (pago)
  v. calcular, regular

time bomb: n. bomba de tiempo; bomba con mecanismo de relojería, bomba de efecto retardado

time limit: n. límite de tiempo

timing: n. regulación; coordinación; el momento apropiado

tip: n. información (a la policía); propina
  v. dar información, informar; dar propina
  to tip off: dar información confidencial; informar; advertir

tip-off: n. información, informe; advertencia

title: n. título
  v. titular

T.N.T.: n. T.N.T. (trinitrolueno); explosivo

token: n. muestra; símbolo; señal
  a. simbólico

tolerate: v. tolerar, aguantar, permitir

tool: n. herramienta; instrumento; utensilio, útil; método

topless: a. con busto desnudo

top-secret: a. sumamente secreto

torment: v. atormentar, torturar

tormentor: n. atormentador

tort: n. agravio indemnizable en juicio civil; daño y perjuicio

torture: n. tortura, tormento
v. torturar, atormentar

torturer: n. torturador

tow: n. remolque
v. remolcar

toxic: a. tóxico

trace: n. rastro, huella; indicio, vestigio; pizca
v. seguir la pista de, rastrear; localizar, encontrar

tracer: n. solicitud para buscar algo perdido en tránsito

tracing: n. búsqueda

track: n. huella, pista, rastro; vía de ferrocarril
to leave the track: (tren) descarrilado
to keep track of: seguir, vigilar, chequear
to lose track of: perder de vista; perder la pista de
to throw off the track: despistar a
v. seguir la pista de, seguir las huellas de, rastrear
to track down: capturar; localizar

trade: n. oficio; comercio; tráfico (de drogas)
v. comerciar, negociar; cambiar
trade union: n. gremio, sindicato

traffic: n. tráfico, tránsito;
a. de tráfico
v. traficar, negociar
traffic accident: accidente de tráfico
traffic court: tribunal de tráfico
traffic jam: atasco, embotellamiento de tráfico
traffic regulations or rules: reglas o reglamentos de tránsito
traffic ticket: multa por infracción al tránsito
traffic light: semáforo
traffic sign: señal de tráfico

trafficker: n. traficante (en drogas); negociante

tragedy: n. tragedia

trail: v. perseguir, seguir la pista de, seguir; dejar rastro
to pick up/to lose the trail: encontrar/perder la huella o la pista
n. pista, rastro, huellas

trait: n. característica, rasgo

traitor: n. traidor, traicionero

tramp: n. vagabundo; prostituta

trample: v. pisotear

tranquilizer: n. tranquilizante

transact: v. negociar, tratar; llevar a cabo

transaction: n. negociación, transacción, tramitación

transcribe: v. transcribir; grabar

transcribed: a. transcrito; grabado

transcript: n. transcripción; copia

transcription: n. transcripción; grabación

transfer: n. traslado; transferencia; transmisión
v. trasladar(se); transferir; transmitir
transfer hearing (juvenile): audiencia preadjudicación para ver si un joven será transmitido al tribunal de adultos

transfusion: n. transfusión

transient: n. transeúnte
a. transitorio, pasajero

transit: n. tránsito; transporte
v. transitar

translate: v. traducir (para material escrito, solamente)

translation: n. traducción

translator: n. traductor, traductora

transmission: n. transmisión

transmitter: n. transmisor

transpire: v. ocurrir, suceder; transpirar

trap: n. trampa
to set a trap: tender una trampa
v. coger, agarrar en una trampa; atrapar; rodear, cercar

traverse: v. negar formalmente (un alegato); oponerse

treachery: n. traición

treason: n. traición
high treason: n. alta traición

Treasury Department: n. Secretaría o Ministerio de Hacienda

treat: v. tratar; curar, atender (a un paciente)

treatment: n. tratamiento, trato

treaty: n. tratado; acuerdo

trend: n. tendencia; orientación, dirección
v. tender; orientarse, dirigirse

trespass: n. translimitación; violación de propiedad; entrada ilegal; delito, infracción (contra la ley)
v. traspasar, invadir; violar, infringir; entrar ilegalmente; usurpar (un derecho)

trespasser: n. intruso; delincuente, violador, infractor
trespassers will be prosecuted: propiedad privada, no entrar; prohibido el paso; infractores serán encausados

trial: n. juicio, pleito, proceso judicial; prueba, ensayo, experimento
to commit to trial: citar ante los tribunales
trial by jury: juicio ante o por jurado
to put on trial: procesar, enjuiciar, someter a juicio
to stand trial: ser procesado
trial court: tribunal de primera instancia
trial docket: orden del día para juicios
on trial: enjuiciado, procesado, sometido a juicio

trial judge: juez del juicio
trial jury: jurado de juicio
trial lawyer: abogado litigante

tribunal: n. tribunal (militar)

trick: n. truco, triquiñuela, astucia, treta; estafa, timo; broma; (slang) denotación por prostitutas para sus clientes
v. engañar; estafar, timar

trickery: n. engaño; astucia

trickster: n. embustero; estafador, timador

trigger: n. gatillo, disparador (de una pistola)
v. accionar (una alarma); disparar, apretar el gatillo

trip: v. tropezar; confundirse; (see more in drug-related terminology section)

troublemaker: n. alborotador, perturbador; (MA) buscapleitos, balotero

troubleshooter: n. mediador

truancy: n. falta a clase, rabona

truant: n. joven que falta a clase; el/la que se hace la rabona

truce: n. tregua

true: a. verdadero; exacto; verídico, auténtico
true bill: acusación aprobada por el Jurado Mayor; acta de acusación
true copy: copia fiel
true heir: heredero legítimo
true verdict: veredicto sin compulsión

trumped-up: a. inventado, forjado

truncheon: n. porra (de policía); matraca, garrote

truss: v. atar

trust: v. confiar, tener confianza en, fiarse de
n. fideicomiso; confianza
in trust: en fideicomiso

trusty: n. preso con ciertos privilegios por buena conducta

truth: n. verdad, veracidad
momento of truth: hora de la verdad
to tell the truth: decir la verdad

truthful: a. veraz, verídico

try: v. juzgar, someter a juicio, procesar, ver una causa; intentar, probar

tuition: n. enseñanza, educación; matrícula

tunnel: n. túnel
v. cavar un túnel, construir o hacer un túnel

turmoil: n. desorden, confusión, alboroto, tumulto; trastorno (mental)

turpitude: n. infamia
moral turpitude: infamia moral

tussle: n. pelea, agarrada, lucha
v. pelear(se), agarrarse con, luchar

tutelage: n. tutela

tutor: n. tutor (as in guardian)

tutorage: n. tutela

tutorial: a. tutelar

twin: n. & a. gemelo, mellizo

twitch: n. tic (nervioso); tirón
v. moverse a tirones o a retorcijones

type: n. tipo, clase

typical: a. típico, característico de

typify: v. tipificar, simbolizar, caracterizar

tyrannical: a. tiránico

tyrannize: v. tiranizar; ser tirano

tyranny: n. tiranía

tyrant: n. tirano

ulterior: a. ulterior
ulterior motives: intenciones o motivos ocultos o secundarios

ultimate: a. último; final; definitivo

ultimately: adv. finalmente; básicamente

ultimatum: n. ultimátum

unable: a. incapaz

unacceptable: a. inaceptable

unaccountable: a. inexplicable; libre de responsabilidad

unaccounted for: a. inexplicado; (víctimas)de las que no se saba nada, de las que no se tiene noticias; (cantidades) que no figuran

unadjudicated probation: n. probación no declarada

unadoptable: a. inadoptable

unalterable: a. inalterable

unanimity: n. unanimidad

unanimous: a. unánime

unanimously: adv. por unanimidad, unánimamente, de acuerdo común

unappealable: a. inapelable

unarm: v. desarmar

unarmed: a. desarmado

unashamed: a. desvergonzado, descarado; que no tiene vergüenza

unauthorized: a. no autorizado, desautorizado; ilícito

unavailable: a. que no está disponible

unavoidable: a. inevitable, ineludible

unaware: a. inconsciente, ignorante de

unawares: adv. desprevenido; sin darse cuenta

unbearable: a. inaguantable, intolerable

unbelievable: a. increíble

unbiased: a. imparcial, sin prejuicios

unbroken: a. inviolado; intacto

uncalled for: a. innecesario; impertinente, inapropiado, fuera de lugar; injustificado

uncared for: a. descuidado; abandonado, desamparado

unceasing: a. incesante, continuo

uncensored: a. no censurado

uncertain: a. incierto; poco seguro, dudoso; indeciso

unchallengeable: a. indiscutible, incontrovertible

unchallenged: a. indiscutido, incontrovertido; no recusado

uncharged: a. no acusado

unclad: a. desnudo

unclaimed: a. sin reclamar, no reclamado

unclear: a. poco claro; confuso, confundido

uncommon: a. poco común, raro, extraño; fuera de lo común

unconditional: a. incondicional, terminante

unconscious: a. inconsciente
  to be unconscious: v. estar inconsciente; perder el conocimiento

unconstitutional: a. anticonstitucional; inconstitucional

uncontested: a. no disputado, incontestado; sin oposición

uncorroborated: a. no confirmado, sin corroborar

uncover: v. descubrir; revelar; destapar

uncovered: a. descubierto; desnudo; destapado

uncut: a. sin cortar, no cortado

undamaged: a. ileso, indemne (persona); en buen estado, intacto (cosa)

undated: a. sin fecha

undecided: a. indeciso, irresoluto; no resuelto

undefined: a. indefinido, indeterminado

undeniable: a. innegable, irrefutable

under: prep. bajo, debajo de, por debajo de
  under oath: bajo juramento
  under penalty of: bajo pena de
  under protest: bajo protesta
  under seal: bajo sello

undercover agent: agente secreto

undercover work: trabajo policial secreto

underemployment: n. subempleo

underestimate: v. subestimar, menospreciar

underground: a. secreto; clandestino; de resistencia

underhanded: a. clandestino, secreto; furtivo, engañoso

undermine: v. socavar, minar

undersigned: a. infrascrito, suscrito, abajo firmante

understanding: n. arreglo, acuerdo; entendimiento, comprensión

undertaker: n. empresario de pompa fúnebre

under-the-counter: a. furtivo, secreto, clandestino; a escondidas

underworld: n. el mundo criminal, el mundo de los maleantes

undetected: a. no detectado; desapercibido, sin ser visto

undetermined: a. indeterminado, no determinado

undoing: n. ruina, perdición

undue: a. indebido, impropio, ilegal, ilegítimo; excesivo (fuerza)

unemployment: n. desocupación, desempleo

unenforceable: a. que no se puede hacer cumplir

unequivocal: a. inequívoco

unethical: a. no ético, poco ético, inmoral

unexpected: a. inesperado; imprevisto

unfair: a. injusto; no equitativo

unfaithful: a. infiel; desleal

unfinished: a. incompleto, no terminado, inacabado

unfit: a. incapaz; incompetente; impropio

unforced: a. no forzado u obligado

unforseen: a. imprevisto

unfounded: a. sin fundamento, infundado

ungrateful: a. ingrato

unharmed: a. ileso, indemne; sano y salvo, no lastimado

unhurt: a. ileso, no lastimado

unidentified: a. no identificado

uninjured: a. ileso, no lastimado

uninsured: a. no asegurado, sin seguro

unintelligible: a. incomprensible, ininteligible

unintentional: a. no intencionado, involuntario

union: n. sindicato, gremio obrero; (MA) unión
a. sindical, del sindicato, gremial
union membership: afiliación sindical

unionize: v. sindicalizar, agremiar, sindicar

unique: a. singular, único; extraño

unjust: a. injusto

unjustifiable: a. injustificable

unjustified: a. injustificado

unknowingly: adv. sin darse cuenta, inconscientemente

unknown: a. desconocido; incógnito
n. desconocido

unlawful: a. ilegal, ilegítimo, contra la ley

unlimited: a. ilimitado, sin límites

unlock: v. abrir con llave

unlucky: a. desafortunado, desdichado

unmarked: a. sin marcar, no marcado

unmarried: a. soltero

unmask: v. desenmascarar; descubrir (un complot)

unmerited: a. inmerecido, no merecido

unmistakable: a. inconfundible, inequívoco

unmistakably: adv. sin duda, sin lugar a duda

unmoved: a. impasible, insensible, impávido

unnamed: a. innominado, sin nombre, anónimo, no nombrado

unnatural: a. antinatural, anormal, no natural

unnecessary: a. innecesario, inútil

unnoticed: a. desapercibido, inadvertido

unobtainable: a. inalcanzable; inobtenible, que no se puede obtener

unobservant: a. poco observador

unoccupied: a. desocupado, no ocupado; libre; vacante

unofficial: a. extraoficial, no oficial

unopposed: a. sin oposición

unpaid: a. impagado, sin pagar, no pagado

unpardonable: a. imperdonable

unpatriotic: a. antipatriótico

unplanned: a. imprevisto, no planeado

unpleasant: a. desagradable; antipático; molesto

unprecedented: a. inaudito, sin precedentes

unpredictable: a. imprevisible, que no se puede prever

unprejudiced: a. imparcial, sin prejuicios

unpremeditated: a. impremeditado

unprepared: a. improvisado; desprevenido; no preparado

unprincipled: a. sin principios, falto de principios

unprofessional: a. antiprofesional; impropio

unprotected: a. indefenso, sin protección

unprovable: a. indemostrable, que no se puede comprobar o probar

unproved or unproven: a. no probado, no comprobado, no demostrado, sin probar

unprovoked: a. no provocado

unpunished: a. impune, sin castigar, no castigado
unpunished crimes: n. delitos impunes

unquestionable: a. indiscutible, incuestionable

unravel: v. desenredar

unreasonable: a. irrazonable, irracional; desrazonable; exagerado, exorbitante

unrecognizable: a. irreconocible, desconocido, que no se puede reconocer

unrecorded: a. no registrado; no transcripto; no grabado

unrelated: a. inconexo; no relacionado; no emparentado

unrelenting: a. implacable

unreliable: a. de poca confianza; poco seguro; que es de fiar unremitting: a. incesante, continuo

unrepealed: a. no revocado

unrepentant: a. impenitente, que no se arrepiente

unresisting: a. que no ofrece resistencia

unresolved: a. no resuelto, sin resolver

unrest: n. inquietud; malestar, agitación; disturbios

unrestrainable: a. incontenible

unrestricted: a. sin restricción

unruly: a. indisciplinado, revoltoso

unsafe: a. peligroso; inseguro, poco seguro

unsatisfactory: a. poco satisfactorio, no satisfactorio

unscrupulous: a. inescrupuloso, sin escrúpulos

unsearched: a. no registrado, sin registrar (barco, carro, etc.)

unsecured: a. no respaldado (préstamo)

unserved: a. no notificado; no cumplido

unskilled: a. no especializado, inexperto; no cualificado

unsociable: a. insociable, poco sociable

unsolicited: a. no solicitado; espontáneo

unsolved: a. no resuelto, sin resolver

unsound: a. enfermizo; demente; defectuoso; poco sólido

unstable: a. inestable

unsuccessful: a. sin éxito, fracasado

unsurmountable: a. insuperable

unsuspected: a. insospechado

unsuspecting: a. confiado, no sospechar

unsworn: a. sin juramentar

unsympathetic: a. indiferente; incomprensivo, sin compasión

untenable: a. insostenible, indefendible

untie: v. desatar; soltar; desatarse

untimely: a. inoportuno
adv. inoportunamente

untraceable: a. que no se puede encontrar; del cual no hay ni rastro

untried: a. no juzgado

untrue: a. falso, erróneo, inexacto, no verídico

untruth: n. mentira, falsedad

unusual: a. extraño, raro; desacostumbrado, poco común

unvarnished truth: n. la pura verdad

unverifiable: a. incomprobable, que no se puede comprobar

unwarranted: a. injustificable, injustificado

unwary: a. incauto, imprudente

unwell: a. enfermo, enfermizo, que se siente mal

unwilling: a. no dispuesto a, de mala gana

unwise: a. poco aconsejable, imprudente, desaconsejado

unwittingly: adv. involuntariamente, sin querer, sin intención

update: v. actualizar, poner al día; modernizar

uphold: v. apoyar, sostener, defender, mantener; hacer respetar (la ley)

uprising: n. sublevación, levantamiento

upshot: n. resultado; en total que; al fin y al cabo

up-to-date: a. al día, al tanto

urge: v. exhortar, incitar, recomendar
n. impulso, deseo

urgency: n. urgencia

urgent: a. urgente

usable or useable: a. utilizable

usage: n. uso, costumbre, usanza

useless: a. inútil

user: n. usuario

usurious: a. usurero (persona); usurario, de usurero (tasa de interés)

usurp: v. usurpar

usurpation: n. usurpación

usurper: v. usurpador

usury: n. usura

utility: n. utilidad
public utility company: compañía de servicios públicos

utilize: v. utilizar, usar

vacate: v. desocupar (un lugar); dejar vacante

vagabond: n. & a. vagabundo
v. vagabundear

vagrancy: n. vagancia, vagabundeo

vagrant: n. & a. vagabundo

vague: a. vago

valid: a. válido, valedero; vigente (una ley)

validate: v. validar

validity: n. validez; vigencia (de una ley)

valuables: n.pl. objetos de valor

valuation: n. evaluación, valorización, valuación, apreciación, avalúo

value: n. valor
v. valorar, estimar, apreciar, valuar, valorizar

vandal: n. vándalo

vandalism: n. vandalismo

vandalize: v. destrozar, destruir

vanish: v. desaparecer

vanishing: n. desaparición

variance: n. variación; discrepancia; desacuerdo; contradicción

variation: n. variación

vary: v. variar, diferir, ser diferente

vault: n. cámara acorazada (de un banco)

vehemence: n. vehemencia, violencia

vehement: a. vehemente, violento

vehicle: n. vehículo

velocity: n. velocidad

vendetta: n. vendeta

vending machine: n. máquina vendedora de ...; distribuidora automática de ..

vengeance: n. venganza

vengeful: a. vengativo

venom: n. veneno

venemous: a. venenoso; malévolo

venture: n. aventura
v. arriesgar, aventurar

venue: n. lugar de jurisdicción o competencia
change of venue: cambio a otro tribunal en otra jurisdicción

verbal: a. verbal, oral

verbatim: a. literalmente, al pie de la letra, palabra por palabra

verdict: n. veredicto, fallo, decisión; opinión
to return a verdict: pronunciar un veredicto
verdict of guilty/guilty verdict: veredicto de culpabilidad o de condenación
verdict of not guilty: veredicto de inocencia o de no culpable

verge, on the .. of: al borde de; a punto de

verifiable: a. comprobable

verification: n. verificación, comprobación, constatación; confirmación

verify: v. verificar, comprobar, constatar; confirmar

version: n. versión

versus: prep. contra

vest: v. conferir, conceder (autoridad)

vested interest: a. derecho adquirido; interés personal

vestige: n. vestigio, rastro

veto: v. vetar; vedar, prohibir; poner el veto
n. veto

viable: a. viable

vice: n. vicio
vice squad: n. brigada contra el vicio

vicinity: n. vecindad, proximidad

vicious: a. vicioso; atroz; malintencionado; violento (ataque)

victim: n. víctima

victimization: n. persecución; represalias; engaño

victimize: v. tomar como víctima, perseguir, tomar represalias en contra de; engañar

vigilance: n. vigilancia

vigilante: n. vigilante

villain: n. villano, canalla, maleante

vindicate: v. justificar; reivindicar; defender, mantener

vindication: n. reivindicación; justificación

vindictive: a. vindicativo, vengativo

violate: v. violar; infringir

violation: n. violación; infracción

violator: n. violador; infractor

violence: n. violencia
to resort to violence: recurrir a la violencia
to use violence: emplear o usar violencia

violent: a. violento
to become violent: ponerse violento

violently: adv. violentamente; terriblemente (enfermo)

visa: n. visa

visor: n. visera (de gorra)

vital: a. vital; esencial; suma (importancia)
vital statistics: estadísticas demográficas
Bureau of Vital Statistics: Registro Civil

vivid: a. intenso, vivo (color); gráfica (descripción)

vocation: n. vocación; carrera, profesión

voice: v. expresar

void: a. vacío; nulo, inválido
v. anular, invalidar
null and void: nulo y sin valor

voidable: a. rescindible, anulable, cancelable

voidance: n. anulación, invalidación

voiding: a. anulativo

volition: n. volición, voluntad

voluble: a. locuaz (persona)

voluntary: a. voluntario

volunteer: n. & a. voluntario
v. ofrecer(se)

vote: n. voto, votación; derecho de voto, derecho de votar
v. votar, elegir

voter: n. votante, votador

voting: n. votación

vouch: v. atestiguar, confirmar; citar
to vouch for: responder por, garantizar a, ser fiador de

voucher: n. comprobante; documento justificativo

vow: v. jurar; prometer

vulnerable: a. vulnerable

wad: n. fajo (de billetes)

wage: n. salario, jornal, sueldo; (MA) raya
wage dispute: disputa o controversia sobre salarios
wage scale: escala de salarios
v. emprender (una campaña); hacer (guerra)

wager: n. apuesta
v. apostar

waif: n. niño abandonado

waive: v. renunciar; desistir de; suspender; dejar de lado

waiver: n. renuncia (de un derecho); desistimiento (de una queja)

walking cane or stick: n. bastón

walkout: n. huelga, paro

wallop: v. dar un golpe fuerte

want-ad: n. anuncio (en el períodico)

war: n. guerra
a. de guerra, guerrero
v. luchar, guerrear

ward: n. custodia, tutela; sala, cuadra (de prisión u hospital)
to make a ward of: colocar o poner bajo la protección de
to ward off: prevenir, evitar; desviar (un golpe); rechazar (un ataque)

walkie-talkie: n. radioteléfono portátil, transmisor/receptor portátil

warden: n. director de una prisión o penitenciaría, carcelero, alcaide
game warden: n. guardamonte, guardabosque

warehouse: n. almacén, depósito

warfare: n. guerra

warn: v. advertir, avisar de, prevenir de

warning: n. advertencia; aviso, notificación
without warning: sin aviso, sin preaviso, de repente
a. de advertencia, de aviso, de alarma

warrant: n. autorización legal; orden o mandamiento judicial
arrest warrant: orden o mandamiento de detención
bench warrant: mandamiento u orden de comparecencia (ante un juez y emitido por un juez)
search warrant: orden o mandamiento de registro
v. justificar; garantizar

warranted: a. justificado; garantizado

warranty: n. garantía

wary: a. cauteloso, cuidadoso

washed up: a. (slang) acabado, terminado

washout: n. desastre

watch: n. reloj (de pulsera o de bolsillo); vigilancia
to be on watch/to keep watch: estar de guardia; vigilar
v. observar, ver, mirar; vigilar
to watch out for: estar atento; esperar, tener cuidado de

watchdog: n. perro guardián

watchman, night: n. guardia, vigilante, sereno

waterfront: n. área del puerto o de los muelles

wave: n. ola (de crímenes); racha (de suerte); seña (con la mano)
v. saludar con la mano

waylay: v. aguardar emboscado, esperar escondido (para robar o atacar)

weak: a. débil; flojo

weakness: n. debilidad; punto flojo o débil

weapon: n. arma

weaponless: a. desarmado, sin arma

wedding: n. boda, casamiento
a. de boda, nupcial

wedlock, out of: fuera del matrimonio

weigh: v. pesar, determinar (la importancia de algo)

weight: n. peso; pesa; influencia
weight of evidence: preponderancia de prueba

weird: a. raro, extraño, misterioso

welfare: n. bienestar; asistencia social; previsión social

welsh: v. (slang) no cumplir con una obligación; no pagar una apuesta

welsher: n. estafador

wheelchair: n. silla o sillón de ruedas

whereas: conj. considerando que, visto que, por cuanto

whimper: v. lloriquear, quejarse, gimotear

whine: v. lloriquear, quejarse, gimotear; zumbar (de bala)

whip: n. látigo, azote
v. dar latigazos, azotar; dar una paliza
to whip out: v. sacar de repente (una pistola)

whiplash: n. latigazo (al cuello)

whisper: n. susurro, murmullo, cuchicheo; rumor
v. susurrar, cuchichear, murmullar; decir o hablar en voz baja

whistle: n. pito, silbato; silbido, pitazo
v. silbar, tocar el pito
to whistle past: v. pasar silbando (una bala)

whitewash: v. encubrir; ocultar (fallas o errores)

wholesale: a. al por mayor
v. vender al por mayor

whom it may concern, to: a quien corresponda; a quien pueda interesar

whore: n. puta, prostituta, ramera; (MA) huila, huilacha, huiza

whorehouse: n. casa de putas o prostitutas; congal

widespread: a. difundido, extendido, general

widowed: a. viudo, viuda
to be widowed: v. quedar viudo o viuda

wield: v. blandir (un arma); ejercer (control, etc.)

wig: n. peluca

wild-goose chase: n. búsqueda inútil; fracaso

wile: n. astucia, artimaña
v. seducir, atraer

willful or wilfull: a. intencionado, premeditado, deliberado, intencional

willfully or wilfully: adv. intencionalmente, con premeditación, deliberadamente, a propósito

will: n. testamento; voluntad
v. legar

willing: a. de buena voluntad; dispuesto; de buena gana

wily: a. astuto

winded: a. sin aliento, jadeante

windfall: n. ganancia inesperada; suerte; ganga

wino: n. borracho; (MA) guainero

wire: n. alambre, cable, hilo; telegrama
v. alambrar, poner alambrado; telegrafiar

wiretap: v. interceptar las líneas telefónicas, instalar estación de escucha

wiretapper: n. el/la que intercepta líneas telefónicas o que instala estación de escucha

wiretapping: n. intercepción de líneas telefónicas, instalación de estación de escucha

witch: n. bruja, hechicera

withdraw: v. retirar(se), rescindir, sacar; quitar
withdraw a motion: rescindir la moción

withdrawal: n. retirada; retractación; renuncia
withdrawal symptoms: síntomas de abandono del uso de drogas

withhold: v. retener; ocultar
withholding tax: impuestos deducidos o retenidos del salario

witness: v. presenciar, ser testigo a; firmar como testigo; atestiguar
n. testigo, declarante
to bear witness: v. atestiguar
in witness whereof: en testimonio de lo cual, en fé de lo cual
witness stand: estrada de testigos, barra de testigos, banquillo o silla de testigos

wittingly: adv. a sabiendas

workmen's compensation: compensación o indemnización por accidentes de trabajo
workmen's comp. insurance: seguro contra accidentes de trabajo

worry: n. preocupación, inquietud
v. preocupar(se)

wound: n. herida, lesión
v. herir, lesionar

wounded: a. herido, lesionado

wreck: n. accidente, colisión (de vehículos); ruina; (MA) reque
v. destrozar, estropear, arruinar; (MA) recar, requear

wreckage: n. restos (de vehículos); escombros (de edificios)

wrecked: a. destrozado, arruinado, destruído

wrecking: n. destrucción; demolición (de edificios)

wrench: v. torcer, retorcer (tobillo, muñeca)
to wrench out or off: arrancar
n. tirón; llave inglesa (herramienta)

wring: v. retorcer

writ: n. auto, mandamiento, decreto, orden, escrito, mandato
to draw up a writ: extender un mandato judicial
writ of execution: n. ejecutoria, auto de ejecución
writ of mandamus: n. auto de mandamus, mandamiento
writ of summons: emplazamiento

write-up: n. relato (en un periódico)

wrong: a. mal, malo; incorrecto, equivocado, erróneo
n. daño, perjuicio, agravio
v. perjudicar, agraviar, ser injusto con

wrongdoer: n. malhechor, delincuente

wrongdoing: n. maldad; infracción, delito

wrongful: a. injusto; ilegal
wrongful death: muerte por negligencia de otro

X

X-ray: n. radiografía; pl. rayos X

Y

yell: n. grito
v. gritar
to yell for help: pedir auxilio

youngster: n. joven, jovencito

youth: n. juventud; joven

youthful: a. joven, juvenil
youthful offender: ofensor joven o juvenil

Z

zeal: n. ardor, celo

zip code: n. código postal, zona postal

zone: n. zona; distrito

SPECIALIZED VOCABULARIES

THE FAMILY - LA FAMILIA

Aunt	Tía
Bride	Novia
Bridegroom	Novio
Brother	Hermano
Brother-in-law	Cuñado
Brothers & sisters-in-law	Cuñados
Cousin	Prima, primo
Cousins	Primos
Daughter	Hija
Daughter-in-law	Nuera
Daughters and sons	Hijos
Father	Padre
Father-in-law	Suegro
Father and Mother-in-law	Suegros
Fiance (man)	Novio
Fiancee (woman)	Novia
Grandchildren	Nietos
Granddaughter	Nieta
Grandfather	Abuelo
Grandfather and Grandmother	Abuelos
Grandmother	Abuela
Grandnephew	Sobrino nieto
Grandniece	Sobrina nieta
Grandson	Nieto
Grandparents	Abuelos
Great-grandchildren	Biznietos
Great-granddaughter	Biznieta
Great-grandfather	Bisabuelo
Great-grandmother	Bisabuela
Great-grandparents	Bisabuelos
Great-grandson	Biznieto
Husband	Esposo, marido
Mother	Madre
Mother and father	Padres
Mother-in-law	Suegra
Nephew	Sobrino
Niece	Sobrina
Relatives	Parientes
Sister	Hermana
Sister-in-law	Cuñada
Son	Hijo
Son-in-law	Yerno
Spouse	Esposo, Cónyuge
Stepdaughter	Hijastra
Stepfather	Padrastro
Stepmother	Madrastra
Stepson	Hijastro
Uncle	Tío
Wife	Esposa, mujer
Widow	Viuda
Widower	Viudo

CLOTHING - ROPA

Cap	Gorra, cachucha
Hat	Sombrero
Kerchief	Pañuelo para la cabeza
Scarf	Bufanda, pañuelo, pañoleta
Underwear	Ropa interior
Brassier, bra	Sostén, portabustos, brasiere, chichero
Underpants, undies, panties	Calzones, bragas
Shorts (men's)	Calzoncillos
Undershirt	Camiseta
Hose, stockings	Medias de nylon
Girdle	Faja
Pantyhose	Pantimedias
Petticoat	Enagua
Slip	Combinación, fondo
Nightgown	Camisón
Pyjamas	Piyamas
Dressing gown	Bata, batón
Suit	Traje
Jacket	Chaqueta, saco
Vest, waistcoat	Chaleco
Pants	Pantalones
Skirt	Falda
Pockets	Bolsillos
Dress	Vestido
Coat, overcoat	Abrigo, tapado, chaqueta, sobretodo
Cape	Capa
Shawl	Chal, echarpe
Shirt	Camisa
Blouse	Blusa
Raincoat	Impermeable, capa de agua
Sweater	Suéter, chaleco
Pullover	Pulóver
Gloves	Guantes
Handkerchief	Pañuelo
Socks	Medias, calcetines, calcetas, soquetes, escarpines
Tie	Corbata
Shoes	Zapatos
Boots	Botas
Sandals	Sandalias
Slippers	Zapatillas, pantuflas, chancletas
Tennis shoes	Zapatillas (de hule), ténis
High-heeled shoes	Zapatos de taco o tacón alto
Purse, pocketbook	Bolsa, cartera, portamonedas
Wallet	Billetera, cartera
Uniform	Uniforme
Bikini	Bikini
Bathing suit	Traje de baño
Apron	Delantal
Fur coat or stole	Tapado o estola de pieles
Trousseau	Ajuar

ANATOMY - ANATOMIA

THE SKELETON - EL ESQUELETO

Bones of Head and Face (Skull)	**Huesos de Cabeza y Cara (Cráneo)**
Frontal	Frontal
Temporal	Temporal
Nasal (cavities)	(Fosas) Nasales
Malar (cheek bone)	Pómulo
Parietal	Parietal
Occipital	Occipital
Jawbones	Huesos maxilares
Maxilla (upper jaw)	Maxilar superior
Mandible (lower jaw)	Mandíbula
Sinuses	Senos
Orbit (of the eye)	Orbita (del ojo)
Backbone, Spine, Vertebral or Spinal Column	**Columna Vertebral, Espina Dorsal, Espinazo**
Cervical Vertebrae	Vértebras cervicales
Thoracic Vertebrae	Vértebras torácicas
Lumbar Vertebrae	Vértebras lumbares
Sacrum	Sacro
Coccyx	Cóccix
Vertebra	Vértebra
Disc	Disco
Trunk or Body	**Tronco o Cuerpo**
Collar bone, clavicle	Clavícula
Shoulder blade, scapula	Omóplato, escápula
Breastbone, sternum	Esternón
Ribs	Costillas
Hip bone, pelvis	Pelvis, hueso de la cadera
Ilium	Hueso ilíaco
Ischium	Isquión
Limbs	**Miembros**
Humerus	Húmero
Ulna	Ulna
Radius	Radio
Carpus	Carpo
Metacarpus	Metacarpo
Phalanges	Falanges
Femur, thigh bone	Fémur
Knee cap, patella	Rótula
Tibia, shin bone	Tibia, hueso de la canilla
Fibula, calf bone	Peroné, hueso de la pantorrilla
Calcaneus, heel bone	Calcáneo, hueso del talón
Tarsus	Tarso
Metatarsus	Metatarso
Joints	Articulaciones
Cartilage	Cartílago

PARTS OF THE BODY	PARTES DEL CUERPO
Head and Neck	**Cabeza y Cuello**
Hair	Cabello, pelo
Cheek	Mejilla, cachete, carrillo
Chin	Mentón, barbilla
Ear (outer)	Oreja
Ear (inner)	Oído
Eardrum	Tímpano
Earlobe	Lóbulo de la oreja
Eye	Ojo
Eyebrow	Ceja
Eyelashes	Pestañas
Eyelid	Párpado
Face	Cara
Forehead	Frente
Gum	Encía
Jaw	Quijada, mandíbula
Lip	Labio
Mouth	Boca
Moustache	Bigote
Beard	Barba
Nape (of neck)	Nuca (del cuello)
Neck	Cuello, pescuezo
Nose	Nariz
Throat	Garganta
Tongue	Lengua
Tooth - teeth	Diente(s)
Trachea, windpipe	Tráquea
Jugular vein	Vena yugular
Larynx	Laringe
Pharynx	Faringe
Brain(s)	Cerebro - sesos
Cerebellum	Cerebelo
Palate	Paladar
Tonsil	Amígdala, angina
Vocal cords	Cuerdas vocales
Esophagus	Esófago
Trunk	**Tronco**
Chest	Pecho
Breast	Pecho, seno
Heart	Corazón
Lung	Pulmón
Gall bladder	Vesícula biliar
Kidney	Riñón
Liver	Hígado
Stomach	Estómago
Small intestine	Intestino delgado
Large intestine - colon	Intestino grueso, cólon
Bladder	Vejiga
Spleen	Bazo
Pancreas	Páncreas
Diaphragm	Diafragma

Lower back	Cintura (en la parte de atrás)
Rectum	Recto
Urinary tract	Vía urinaria
Urine	Orina
Feces	Heces
Anus	Ano
Womb	Matriz
Uterus	Utero
Shoulder	Hombro
Back	Espalda, dorso
Waist	Cintura
Hip	Cadera

<u>Limbs</u> — <u>Miembros</u>

Upper arm	Brazo
Forearm	Antebrazo
Elbow	Codo
Wrist	Muñeca
Hand	Mano
Finger	Dedo
Armpit	Axila
Thumb	Pulgar
Index finger	Indice
Middle finger	Dedo del corazón o del medio
Ring finger	Dedo anular
Little finger	Meñique o dedo pequeño
Nail	Uña
Palm (of hand)	Palma (de la mano)
Thigh	Muslo
Knee	Rodilla
Leg	Pierna
Shin	Canilla, espinilla
Calf - calves	Pantorrilla(s)
Ankle	Tobillo
Foot - feet	Pie(s)
Heel	Talón
Sole (of foot)	Planta (del pie)
Instep	Empeine
Toe	Dedo del pie

GENERAL — GENERALIDADES

Cell(s)	Célula(s)
Corpuscles, red & white	Corpúsculos, rojos y blancos
Tissue	Tejido
Organs	Organos
Artery - arteries	Arteria(s)
Vein(s)	Vena(s)
Aorta	Aorta
Muscle	Músculo
Ligament	Ligamento
Blood	Sangre
Skin	Piel

GLANDS	GLANDULAS
Adrenal gland	Glándula suprarrenal o adrenal
Endocrine gland	Glándula endocrina
Parathyroid gland	Glándula paratiroides
Pineal gland	Glándula pineal
Pituitary gland	Glándula pituitaria
Salivary gland	Glándula salivar
Sebaceous gland	Glándula cebácea
Sweat gland	Glándula sudorípara
Thyroid gland	Glándula tiroides
THE FIVE SENSES	LOS CINCO SENTIDOS
Hearing	Oído
Sight	Vista
Smell	Olfato
Taste	Gusto
Touch	Tacto
THE RESPIRATORY SYSTEM	EL SISTEMA RESPIRATORIO
Inhale	Inhalar
Exhale	Exhalar
Respiration	Respiración
Bronchus	Bronquio
THE NERVOUS SYSTEM	EL SISTEMA NERVIOSO
Central nervous system	Sistema central nervioso
Peripheral nervous system	Sistema periférico nervioso
Autonomic or visceral nervous system	Sistema autonómico o visceral nervioso
Nerves	Nervios
THE REPRODUCTIVE SYSTEM	EL SISTEMA REPRODUCTIVO
Ovaries	Ovarios
Uterus	Utero
Testes or testicles	Testículos
Penis	Pene
Sperm	Espermatozoides, esperma
Ovum	Ovulo
Embryo	Embrión
Fallopian tubes	Trompa de Falopio

MOTOR VEHICLES - VEHICULOS A MOTOR

(and related terminology)

accelerator: n. acelerador
  accelerator pedal: n. pedal del acelerador

accessories: n. accesorios

air brake: n. freno de aire, freno neumático

air clutch: n. embrague neumático

air conditioning: n. aire acondicionado

air filter: n. filtro de aire

air pump: bomba de aire o de vacío; bomba para neumáticos

alternator: n. alternador

ambulance: n. ambulancia

ammeter: n. amperímetro

amphibian: n. & a. anfibio

antenna: n. antena

antifreeze: n. anticongelante

armored car/van: coche/camioneta blindada, acorazado

ashtray: n. cenicero

automatic gearshift: cambio automático

automobile: n. automóvil

automotive: a. automotor, automotriz

axle: n. eje
  axle casing or housing: envoltura de eje
  axle load: carga sobre un eje

back (of vehicle): n. parte trasera o posterior
  back seat: n. asiento trasero

back up: v. dar marcha atrás, dar contramarcha,
  back-up lights: n. luces de marcha atrás

backfire: v. petardear
  n. petardeo

ball bearing: n. cojinete o rodamiento de bolas

battery: n. batería
  battery cell: pila

bay (in a garage): compartimiento; crujía

beam: n. rayo

bearing: n. cojinete

bed (of truck): lecho, caja, cajón

belt: n. correa, cinta

biaxial: a. biaxial

blinding: n. cegador, deslumbrante, encandilante

blinker: n. luz intermitente, luz indicadora de viraje, luz indicadora de cambio de dirección

block (of engine): n. bloque (del motor)

blowout (of tire): n. reventón, estalladura; (MA) ponchadura

body: carrocería, carroza, caja

bodywork: n. trabajo de carrocería

bolt: n. bulón, perno
v. bulonar, apernar

brake: n. freno, (MA) breque, breca
v. frenar, (MA) brequear
brake drum: tambor del freno
disc brake: freno de discos
brake hose: manguera del freno
brake lining: revestimiento o forro o guarnición del freno
brake pedal: pedal de frenos
power brakes: frenos de potencia
brake shoe: zapata o patín del freno

breakdown: n. avería
v. averiarse, descomponerse

bucket seats: asientos delanteros individuales, asientos tipo deportivo

bumper: n. paragolpes, parachoques, amortiguador de choque, (MA) defensa,
bumper guard: n. tope de paragolpes

bus: n. omnibus, autobus, bus, (MA) camión

cab: n. taxi, taxímetro; cabina (de camión)

cable: n. cable

camper: n. caravana, cámper

camshaft: n. árbol de levas

canopy: n. toldo; lona

cap (of gas tank): tapa (del tanque de gasolina)

car: n. coche, carro, auto, automóvil, (MA) mueble

carbon monoxide: n. monóxido de carbono

carburetor: n. carburador

cargo: n. carga, cargamento

carpet: n. alfombra, tapete

carport: n. cobertizo para coches

cast iron: n. hierro fundido

CB (citizens' band) radio: n. radio CB

chain: n. cadena

chassis: n. chásis, armazón

choke: n. regulador o estrangulador de aire, obturador, (MA) choc

chrome: n. cromo

circuits: n. circuitos

clock: n. reloj

clog: v. obstruir(se), atorar(se), atascar(se)

clutch: n. embrague, (MA) cloche
v. embragar
clutch pedal: pedal del embrague, pedal de desembrague

coast, to: v. rodar por gravedad, marchar por inercia

cog: n. rueda dentada; diente

coil: n. serpentina, serpentín
coil spring: n. resorte espiral

column, steering: n. columna de la dirección

combustion: n. combustión
combustion engine: n. motor a combustión

compact car: n. coche compacto, coche no muy grande

compass: n. brújula, compás

compressor: n. compresor

condensation: n. condensación

connecting rod: n. biela, biela motriz

contact: n. contacto

contraption: n. artefacto, aparato

coolant: n. enfriador, líquido refrigerante

corrosive: a. corrosivo

coupe: n. cupé

crank: n. manivela
to crank up: v. arrancar, (MA) crenquear

crankcase: n. cárter, caja del cigüeñal
crankcase oil: n. aceite del cárter

crankshaft: n. cigüeñal

custom built: a. hecho por encargo, hecho a medida

cylinder: n. cilindro

dashboard: n. tablero de instrumentos; salpicadero

dead load: n. carga fija o muerta, peso propio

decelerate: v. decelerar, desacelerar

defective: a. defectuoso

deflate: v. desinflar

defroster: n. descongelador, desescarchador

de luxe: a. de lujo

demurrage: n. sobrestadía, demora

dent: n. abolladura
v. abollar(se)

design: n. diseño
v. diseñar

device: n. dispositivo, aparato

diesel oil or fuel: n. diesel, combustible diesel, gasoil

differential: n. diferencial

dim: v. bajar los faros
dim lights: luces o faros bajos, luces de cruce o pasada

dip rod or stick: n. varilla indicadora de aceite

directional signal: n. señal de sentido o de dirección

disengage the clutch or declutch: v. desembragar, desengranar

disk brake: n. freno de disco

distributor: n. distribuidor
distributor cap: tapa del distribuidor

dock, loading: n. embarcadero

door: n. puerta
two-door: a. de dos puertas
four-door: a. de cuatro puertas
back door: n. puerta trasera
front door: n. puerta delantera

doorframe: n. marco de la puerta

door handle: n. manija o manivela de la puerta, manilla

downhill: adv. cuesta abajo
n. bajada, pendiente

drag: v. arrastrar; rozar, tocar (frenos); correr una carrera de velocidad
drag race: n. carrera de velocidad

drip: n. goteo, gotera
v. gotear

drive: n. tracción; conducción; transmisión
v. conducir, manejar, (MA) arrear, draivear
front wheel drive: tracción delantera
four wheel drive: tracción o impulsión por cuatro ruedas

drive belt: n. correa transmisora

drive gear: n. engranaje transmisor

driveshaft: n. eje transmisor, eje motor

driver: n. conductor, operario, operador; camionero, troquero; chofer

driveway: n. camino de entrada (de calle a edificio)

dump truck: n. camión de volteo, camión de maroma, volquete; (MA) troca de dompe

electrical wiring: n. alambraje o alambrado eléctrico

emergency brake: n. freno de emergencia o de seguridad

emission control: control de emisión

engine: n. motor
engine block: n. bloque del motor
engine oil: n. aceite de motor

equip: v. equipar

erode: v. corroer, erosionar, desgastar(se)

exhaust pipe: n. tubo de escape; escape
exhaust pipe silencer: n. silenciador del escape

extinguisher, fire: n. extintor, extinguidor de incendios

extras: n. accesorios, extras

fabric: n. tejido, tela, género

fan: n. ventilador
    fan pulley: n. polea del ventilador

fastback: a. "fasbac", de forma aerodinámica

fender: n. guardabarro; parachoques; (MA) fénder, fenda

fiberglass: n. fibra de vidrio, vidrio fibroso

filling station: n. estación de servicio, gasolinera

filter: n. filtro
    air filter: n. filtro de aire
    oil filter: n. filtro de aceite

finish: n. acabado; terminación

fire engine: n. coche o carro de bomberos

fire extinguisher: n. extintor, extinguidor de incendios

fire foam: n. espuma apagadora o extinguidora

fire hydrant: n. hidrante, boca de incendio

firing: n. encendido

fireproof: a. a prueba de incendio

first gear: n. primera velocidad, primera
    to be in first gear: estar en primera

fishtail: v. colear

fittings or fixtures: n. accesorios

five-speed transmission: n. transmisión de cinco velocidades

flashing lights: n. luces intermitentes o destellantes

flat: a. plano, chato, achatado
    flat tire: n. llanta desinflada, neumático desinflado
    flat-bed truck: n. camión o troca de plataforma, chata
    flat-bed trailer: n. remolque o acoplado de plataforma

fleet (of trucks or cars): n. flota, brigada, batería (de camiones o carros)

floodlight: n. lámpara inundante o proyectante

floorboard: n. tabla de piso, piso

fluid: n. flúido
    transmission fluid: n. flúido de la transmisión
    brake fluid: n. flúido de los frenos

flush: v. limpiar por inundación

fog lights: n. luces o faros contra niebla, faros antiniebla

footboard: n. tabla de los pedales; estribo

footbrake: n. freno de pedal

footrest (on motorcycles): n. estribo; reposapiés

foot switch: n. interruptor de pie o de pedal

forklift: n. tractor con horquilla; (MA) forclif

four-cylinder engine: n. motor de cuatro cilindros

four-door: a. de cuatro puertas

four-speed transmission: n. transmisión de cuatro velocidades

four-wheel brakes: n. frenos en las cuatro ruedas

frame: n. chásis; armazón, bastidor

front end: n. tren delantero, parte delantera

front-wheel drive: n. tracción delantera, impulsión o conducción delantera

fuel: n. combustible
    fuel filter: n. filtro para combustible
    fuel gage: n. indicador o medidor de gasolina
    fuel pump: n. gasolinera, bomba de gasolina, surtidor de gasolina

fumes: n. vapores, gases

gage or gauge: n. indicador, marcador; manómetro; calibre

garage: n. garaje

garbage truck: n. camión basurero, camión de basura

gas o gasoline: n. gasolina, (Arg.) nafta, (MA) gasofa
    gas tank: n. tanque de gasolina
    gas gage: n. indicador de gasolina
    gas pump: n. gasolinera, bomba de gasolina, surtidor de gasolina

gear: n. engranaje; cambio, velocidad, marcha; embrague (clutch)
    v. engranar
    first/second/third/fourth gear: primera / segunda / tercera / cuarta velocidad
    bottom gear: primera velocidad
    low gear: primera velocidad
    neutral gear: neutro, punto muerto
    reverse gear: marcha atrás
    to change gear: v. cambiar de velocidad
    top gear: cuarta velocidad
    to put in gear: engranar, cambiar de velocidad, meter en velocidad
    to throw into/out of gear: embragar / desembragar

gear box: n. caja de cambios o de engranajes

gear-change lever: palanca de cambio de velocidades

gearshift: n. cambio de velocidades

gearshift lever: palanca de velocidades

generator: n. generador

glare: n. encandilamiento, deslumbramiento

glass: n. vidrio, cristal

glove compartment: n. guantera, portaguantes, gaveta para guantes

gooseneck trailer: n. remolque tipo cuello de cisne

grease: n. grasa
v. engrasar

grill(e): n. enrejado, grilla

grips (of motorcycle): n. puños, mangos

grounding: n. (electrical) conexión a tierra

handle (of door): n. manija, manivela

handlebars: n. manubrio, manillar

hardware: n. ferretería

headlight: n. faro, farol delantero, farola, reflector

heater: n. calentador

heating: n. calefacción

high lights: n. faros, etc. de brillantez máxima, luces altas o fuertes

high octane: a. de alto octanaje

hinge: n. bisagra, charnela

honk: n. bocinazo, (Mex.) claxonazo; (Ven.) pitada
v. tocar bocina, claxonar, pitar

hood: n. capó, capote, capota

hoot the horn: v. tocar bocina, claxonar, pitar

horn: n. bocina, claxón

horsepower (HP): HP; caballo de fuerza

hose: n. manguera
hose clamp: n. grampa o abrazadera de manguera

hub (of wheel): n. cubo de la rueda

hubcap: n. tapacubos; taza de rueda, sombrero de rueda

hydraulic: a. hidráulico
hydraulic jack: n. gato o crique hidráulico

idle: v. funcionar o marchar en vacío
    idle gear: engranaje intermedio o loco

ignition: n. encendido
    ignition key: n. llave de contacto, llave de encendido
    ignition lock: n. cerradura del encendido

impact: n. impacto, choque

inflate: v. inflar

instrument: n. instrumento
    instrument board: n. tablero de instrumentos o de mandos

insulation: n. aislamiento

intake manifold: n. múltiple de admisión

intake muffler: n. silenciador de admisión o de toma

intake silencer: n. silenciador de admisión o de toma

internal-combustion engine: n. motor a combustión interna

intersection: n. intersección, cruce, bocacalle

jack: n. gato, crique, cric
    to jack up: v. levantar con gato o crique o cric; (MA) yequiar

jalopy: n. carcacha, carrucha, cacharro

jeep: n. jeep; (MA) yip

jumper cables: n. cables de empalme o de conexión

jump seat: n. traspontín

junk dealer: n. chatarrero

junk metal: n. chatarra

junkyard: n. chatarrería

kickstand (of motorcycle): n. soporte (de motocicleta)

kick starter: n. arranque, pedal de arranque (de motocicleta)

knock (of motor): n. golpeteo
    v. golpetear

lane: n. vía, carril, trocha (de la calle)

lead: n. plomo

leak: n. escape, fuga, gotera, pérdida

lever: n. palanca, alzaprima
v. apalancar, levantar con palanca o alzaprima
lever jack: n. gato de palanca

lighter: n. encendedor, mechero

lining: n. forro, revestimiento, guarnición

load: n. carga
v. cargar

lock: n. cerradura

loose: a. suelto, flojo

low gear: n. primera, primera velocidad, baja velocidad

lubricating oil: n. aceite lubricante o de engrase

lubrication: n. lubricación, lubrificación, engrase

lug nut: n. tuerca de aleta o de oreja

luggage rack: n. portaequipajes

magnet: n. imán, magneto

magnetic: a. magnético

manifold: n. múltiple, distribuidor

manometer: n. manómetro

mechanic: n. mecánico

mechanism: n. mecanismo

median: n. medianera, refugio (en la calle)

mirror: n. espejo
rear-view mirror: n. espejo retrovisor o de retrovista
side mirror: n. espejo lateral

misfire: v. fallar (el motor)

model: n. modelo

moisture: n. humedad

motor: n. motor

motorcycle: n. motocicleta, moto

motorscooter: n. motoneta

motor transport: n. transporte automotor, transporte motorizado, autotransporte

motor vehicle: n. vehículo automotor o automotriz, vehículo motorizado

moving van: n. camión de mudanza

mudguard: n. guardabarros, salpicaderos

muffler: n. silenciador del escape; (MA) mofla, mofle

needle (on instrument): aguja, indicador

neutral: a. neutro, neutral
    neutral position: punto muerto o neutral, posición neutra

nonshattering glass: n. vidrio irrompible o inastillable

nonskid: a. antideslizante, antiderrapante

nozzle: n. boquilla, pico, pitón

octane: n. octano
    octane rating: n. octanaje, grado de octano o de octanaje

odometer: n. odómetro

ohm: n. ohmio

oil: n. aceite
    v. aceitar, lubricar
    oil filter: n. filtro de aceite
    oil gage: n. indicador de presión de aceite; indicador del nivel de aceite
    oil pan: n. colector o batea de aceite
    oil pressure gage: n. indicador de presión de aceite

omnibus: n. omnibus, autobus, bus; (Mex. & MA) camión

out of gear: desengranado

out of order: n. descompuesto

overdrive: n. sobremarcha, sobremando

overhaul: v. componer, arreglar

overheat: v. sobrecalentar

overload: v. sobrecargar

overweight: n. sobrepeso

oxidize: v. oxidar(se)

paint: n. pintura
v. pintar

panel: n. panel, cuadro, tablero
panel lights: n. luces del tablero
panel truck: camion o camioneta de reparto; troca de reparto: (MA) pánel

park: v. estacionar, parquear

parking: n. estacionamiento, parqueo
parking brake: n. freno de estacionamiento
parking lights: n. luces de estacionamiento

parts: n. repuestos, partes, (Mex.) refecciones

passing lane: n. vía, carril o trocha de pasada

patch: n. parche

paving: n. pavimento, pavimentación

pedal: n. pedal

pickup truck: n. camioneta, (MA) picup, picap

piston: n. pistón, émbolo
piston ring: n. aro o anillo de pistón
piston stroke: n. embolada, carrera del pistón, pistonada

plug: n. tapón
v. taponar

pneumatic: a. neumático

pole (electrical): n. polo

polish: v. pulir

pollute: v. contaminar

pollution: v. contaminación, polución

power: n. potencia, fuerza motriz
power brakes: n. frenos de potencia, frenos asistidos
power steering: n. dirección de potencia, dirección asistida, dirección mecánica
power drive: transmisión mecánica, manejo con auxiliares de potencia

pressure: n. presión
    pressure gage: n. manómetro, indicador de presión
    pressure regulator: n. regulador de presión

primer: n. (coat of paint) imprimador, tapaporos, aprestador, primera mano (de pintura)

pulley: n. polea

pump: n. bomba, (MA) pompa
    v. bombear, (MA) pompear

pumper truck: n. camión bombero

puncture: n. pinchazo, ponchadura, pinchadura
    v. ponchar, pinchar

rack: n. cremallera; portaequipajes
    rack and pinion: n. cremallera y piñón

radar: n. radar

radiator: n. radiador
    radiator cap: tapa del radiador
    radiator grille: n. rejilla del radiador
    radiator guard: n. guardarradiador

radio: n. radio

rate: n. tasa
    rate of speed: velocidad; tasa de velocidad

reading (on instrument): n. lectura (del instrumento)

rear: a. trasero, posterior, de atrás
    rear axle: n. eje trasero
    rear end: n. tren posterior, parte trasera o de atrás

rearview mirror: n. espejo retrovisor

recap (a tire): v. recauchutar, recubrir

recharge: v. recargar, volver a cargar

red-hot: a. calentado al rojo

reflector: n. reflector

refrigeration coil: n. serpentín o serpentina de refrigeración o enfriamiento

regulator: n. regulador

relay: n. relé, relai

release the clutch, to: v. desembragar, soltar el embrague

repair: v. reparar, componer

retread (a tire): v. recauchutar, recubrir

reverse: n. marcha atrás, reversa

rim (of wheel): n. llanta, pestaña, aro (de la rueda)

rod: n. varilla, vara; barra; vástago

roof: n. techo

rotary: a. rotatorio, rotativo, giratorio

rotor: n. rotor

rubber: n. caucho, goma, hule

rumble seat: n. asiento de cola

run: v. correr; marchar; funcionar; andar
    to run idle: v. marchar en vacío

running board: n. estribo

rust: n. herrumbre

rustproof: a. a prueba de herrumbre

saddle (of motorcycle): n. sillín; montura

safety belt: n. cinturón de seguridad

safety device: n. dispositivo de seguridad

scrap iron: n. chatarra

seat: n. asiento
    back seat: n. asiento trasero o de atrás
    front seat: n. asiento delantero o de adelante
    driver's seat: n. asiento del conductor o manejador
    seat belt: n. cinturón de seguridad

second speed: n. segunda, segunda velocidad

seepage: n. filtración, percolación

semi-trailer truck: n. camión o troca semiremolque; (Arg.) semiacoplado

separator: n. separador

series: n. serie
    series number: número de serie

shaft: n. eje, árbol

sheet metal: n. chapa, hoja o chapa metálica

shift gears, to: v. cambiar de velocidad

shock absorber: n. amortiguador

shoe, brake: n. calzo, zapata del freno

shop (mechanical): n. taller, taller mecánico

short-circuit: n. corto circuito
v. poner en corto circuito

shoulder (of road): n. banquina, acotamiento

side: n. costado, lado
a. lateral, de costado

signal: n. señal
signal light: n. luz de señal, luz avisadora

silencer: n. silenciador

skid: v. patinar, resbalar
n. patinada, resbalada

snow tires: n. llantas o neumáticos para nieve

solder: n. soldadura
v. soldar

spare parts: n. repuestos, refacciones, refecciones

spare tire: n. neumático o llanta de reserva o de repuesto

spare wheel rack: n. portarruedas

spark plug: n. bujía, bujía de encendido

speed: n. velocidad
v. exceder la velocidad máxima permitida
speed gage: n. tacómetro; indicador de velocidad
speed regulator: n. regulador de velocidad

speeding: n. exceso de velocidad

speedometer: n. velocímetro, indicador de velocidad, cuentakilómetros, cuentamillas

spokes (of wheels): n. rayos, radios

spray: n. rociado, rocío
v. rociar, pulverizar

sprayer: n. rociador, pulverizador

spring: n. resorte, elástico

stabilizer: n. estabilizador; amortiguador

stall (an engine): v. parar(se), ahogar(se), atascar(se)

stand (for motorcycle): n. soporte de motocicleta

standard: n. norma, patrón, estándard
a. normal, corriente, estándard
standard equipment: equipo normal; accesorios de norma

starter: n. arranque, arrancador; (MA) estárer
    starter pedal: n. pedal de arranque

station wagon: n. coche de estación, "station wagon"

steer: v. conducir, dirijir, manejar

steering: n. dirección, conducción, manejo
    steering column: n. columna de la dirección
    steering wheel: n. volante (de dirección)

stick shift: n. palanca de cambios

stoplights: n. luces de alto o de frenado, luces de parada

strip (a car): v. despojar

stripe: n. franja, raya

suspension: n. suspensión

switch: n. interruptor, suich

tachometer: n. tacómetro, indicador o contador de velocidad

tailgate (of truck): n. compuerta trasera o posterior

taillight: n. luz trasera, faro o luz de cola

tailpipe: n. tubo de escape, escape

tank trailer: n. tanque de remolque o remolcado, tanque acoplado

tank truck: n. camión tanque

tare: n. tara (peso del vehículo vacío o del contenedor vacío)
    tare weight: n. taraje

tarpaulin: n. lona impermeable, cubierta de lona

taxi: n. taxi, taxímetro
    taxi driver: n. taxista
    taxi stand: n. parada de taxis

telescopic forks (of motorcycle): n. horquilla telescópica

temperature: n. temperatura

test: n. prueba
    test drive: n. recorrido de prueba

thermometer: n. termómetro

third gear: n. tercera, tercera velocidad

thoroughfare: n. vía pública

throttle: n. válvula de estrangulación, obturador de gasolina, mariposa, (Mex.) papelote

tire: n. llanta, neumático, (Arg.) goma, cubierta
tire carrier or holder or rack: n. portaneumático, portallanta
tire chains: n. cadenas antideslizantes, cadenas para rueda
tire cover: n. cubreneumático, funda para llanta
tire gage: n. manómetro para neumáticos o llantas
tire iron or tire remover: herramienta para llantas; llantera
tire pump: n. inflador, bomba de inflar
tire tread: n. banda de rodamiento, rodadura
tire tube: n. cámara, tubo de neumático o llanta
tire valve: n. válvula de llanta o neumático

ton: n. tonelada

tonnage: n. tonelaje

tool: n. herramienta

top (of car): n. capota, toldo

tow-truck: n. grúa remolque, camión remolcador

towing: n. remolque

traction: n. tracción

tractor: n. tractor
tractor trailer: n. tractor con remolque; (MA) treilón

trade-in: n. vehículo entregado como anticipo sobre uno nuevo

traffic: n. tráfico, tránsito
traffic island: n. refugio, isla de seguridad
traffic signs: señales de tráfico o tránsito
traffic signal lights: n. luces de tráfico, semáforos

trailer: n. remolque; trailer, (Arg.) acoplado, (MA) traila, treila

transfer case: n. caja de transferencia

transformer: n. transformador

transmission: n. transmisión, caja de cambios, caja de engranajes

tread (of tire): n. rodadura

truck: n. camión, (MA) troque, troca, treilona, trocona
truck body: n. caja de camión o troca; (Arg.) carrocería
crane truck: n. camión de grúa
truck driver or trucker: n. camionero, operador, troquero, chofer
cement mixer truck: n. camión mezclador o agitador de cemento, automezclador de cemento

trucking: n. transporte por camión o troca, acarreo, camionaje

truckload: n. carga de un camión; camionada

trunk: n. baúl, maletero, portaequipajes, (MA) petaca

tube (of tire): n. cámara, tubo

tune-up: n. afinación del motor

turn indicador: n. indicador de viraje, luz intermitente de viraje

two-lane: a. biviario, de dos trochas o carriles o vías

unbalanced: a. desequilibrado, fuera de equilibrio
universal joint: n. junta o unión universal
upholstery: n. tapicería, tapizado
upkeep: n. conservación, mantenimiento

vacuum: n. vacío
valve: n. válvula
van: n. furgoneta, van, camión o troca de reparto
vehicle: n. vehículo, rodado
velocity: n. velocidad
vent: n. venteo, respiradero, orificio de ventilación
ventilation: n. ventilación
vibrate: v. vibrar
vibration: n. vibración
visibility: n. visibilidad
volatile: a. volátil
volt: n. voltio
voltage: n. voltaje
voltmeter: n. voltímetro

warning lights: n. luces de aviso o de advertencia o de caución

warning signs: n. señales de advertencia o de aviso o de caución

watt: n. vatio, wat

wattage: n. vatiaje, wattaje

wear and tear: desgaste

wedge: n. cuña, calce, calza

weld: v. soldar
      n. soldadura

wheel: n. rueda
    steering wheel: n. volante
    wheel alignment: n. alineación, alineamiento de ruedas
    wheel base: n. base de ruedas, distancia entre ejes

window: n. ventanilla, ventana
    window frame: n. marco de la ventana o ventanilla; montante

windshield: n. guardabrisa, parabrisas, contraviento (MA) vidriera, güinchil
    windshield wiper: n. limpia parabrisas o guardabrisa, (MA) guaiper

wipers: n. limpia parabrisas o guardabrisa, (MA) guaiper

wire: n. alambre

wiring: n. alambraje, alambrado, instalación alámbrica

workbench: n. banco de taller o de trabajo

wrecker: n. camión de auxilio, grúa remolque, camión grúa; (MA) reca, réquer
    wrecker service: n. servicio de auxilio para vehículos automotrizes

yard: n. (for trucks) patio, playa, yarda

DRUG RELATED TERMINOLOGY AND OTHER STREET SLANG

ENGLISH	SPANISH
acid: LSD, LSD-25	ácido, LSD, viajes, topi
acidhead: frequent user of acid	
addict: n.	adicto, tecato, tecate, yesco, píldoro
addict looking for a fix	buscatoques
addicted: a.	adicto, prendido, adictivo
amphetamines: uppers, pep pills, bennies, wake-ups, eye-openers, lid poppers, co-pilots, peaches, roses, hearts, cart-wheels, whites, coast to coast, LA turnabouts, browns, footballs, greenies, A's, dexies, jolly-beans, jellie babies, sweets, beans	anfetaminas: bombido, píldoras de fuerza, cacahuates, carceleras, morenas, blancas, verdosas, copilotas, saltos mortales, corazones, duraznos, camioneros, velocidad, met, acelerante, cristales, pa'arribas, negrillos
angel dust: PCP, peace pill	polvo de ángel, PCP, píldora de paz
ape shit: gone crazy, gone wild	loco, jalado, estar volado o tronado, volarse la tapa, irse la onda
aspirin: n.	aspirina
person who turns on with aspirin	aspirino
bad, to feel: v. from drugs	andar gacho
to feel real bad: v.	andar bien gacho
back, to have a monkey on one's:	traerse el chango

bag: n. packet of drugs	paquete, bolsa
balloon: (used for storing narcotics)	globo, vejiga
bang: n. injection of drugs	jaipo, tirando
bartiburates: barbs, reds	barbitúricos, diablos rojos, pájaro azul, maní, cacahuates, avispas, rojas, amarillas, cardenales, alocados, azulillos, pa'abajos
beat: v. to cheat	chingar, ganar, hacer chapuza, chapuzar, chiriar, fregar
benzedrine, bennies:	bencedrina, blancas
bindle: n. packet of narcotics	paquete, deque
black: opium	opio, chicle
black mollies: amphetamines	(see more at amphetamines)
blank: extremely low-grade narcotics	mugre, mugrero, bonque
blast: v. strong effect from a drug	tronar, volar
blue angels: Amytal	Amital
blue velvet: Paregoric and Pyribenzamine, mixed and injected	paregórico, pájaro azul
blow: v. to smoke a joint to blow a job: v.	tocar, darse las tres, estar sonando cachuquear
bombita: amphetamine injection, sometimes mixed with heroin or cocaine	bombita, bala de oro
boss: the best quality heroin	la chiva bruta, la bruta
bread: n. money	moneda, feria, lana, papiro, pan, plata, mula, marmaja, sangrita
brick: n. one kilogram in brick form, of marihuana	ladrillo, kilo
broad: n. a female	ruca, chava, vieja, huerca, movida, morra, mina
broke, to be: v.	andar ficha o ficha lisa, andar quebrado, andar recortado, andar flet
bum trip: bad experience with drugs	mal viaje, loco
bummer: n. (same as bum trip)	
burn: v. cheat someone out of narcotics after having received the money	quemar, chingar, pelar, ganar, hacer chapurza, chapuzar, chiriar, fregar
burned out: the bad condition of the veins in most heroin addicts	podrido, quemado
busted: a. arrested	busteado, quemado, torcido, encanado, encana, arrestado
buttons: n. sections of peyote cactus	botones de peyote
buy: v. to purchase narcotics	comprar, apañar, conectar

cache: n. a dose of a narcotic left for someone to pick up	planta, clavo, estache
cache: v.	plantar, clavar, estachar
cap, capsule: of heroin, a single dose, also cap, cap'd, capped	deque, bolsita, cachucha, gorra, cápsula, timba
cap: v. to prepare a cap of heroin	capear, capiar
carry: v. to carry drugs	andar cargando, taer carga
chipping, chippy: occasional heroin user, not an addict	un escante
Christmas trees (barbiturates)	árboles
clean: v. remove stems and seeds from marihuana	curar, limpiar
to be clean: no visible injection marks	estar limpio
coasting: n. to be under the influence of drugs (see also high)	volado, jalado, tronado, sonado, loco, bombo, cotorreando
cocaine: coke, leaf, snow, C, cecil, dynamite, flake, speedball (when mixed with heroin), girl, happy dust, joy powder, white girl, gold dust, Corine, Bernies, Burese, gin, Bernice, star dust, Carrie, Cholly, heaven dust, paradise	cocaina, perico, material, cristal, coca, Coca Cola, talco, nieve, polvito
cocaine addict, cokie, cocaine user	coco, cocoinómano, cocaimorfi
cocaine addiction: n.	cocainomanía
cold turkey: withdraw suddenly	quebrar
coming down: recovering from a trip	bajando, aterrizando
connect: v. to make a connection to buy drugs	comprar, hacer conexiones, hacer compras
connection: n. the drug supplier	la conexión
cop: v. to obtain heroin	ir a conectar
n. police officer (see also "fuzz")	el hombre, la chota, poli, polís, tecol, zopilote, papayón, tecolote, cachuchón, la jura, el azul
v. to steal	jambar, robar, arañar, clavar, hacer jale, jalar, mañanear, mañaniar
cop out: v. quit, confess; inform,	chaquetear, chivar, chivatear, relajar; acuitar, cantar
cottons: n. cotton balls saturated with narcotics solution to strain syringe or eyedropper. Saved for emergencies as there is residue in the cottons.	algodas; exprimir los algodas
crash: v. the effect when use of amphetamines is stopped	quebrar
crash pad: n. place where a user can withdraw	cantón, chante

cube: of mescaline, & hallucinogens	cubo
cut: v. to dilute drugs by adding milk sugar, etc.	cortar
deal: v. (in drugs)	dilear, diliar
dealer: n. supplier or peddler of drugs	perla, díler
deck: n. small packet of narcotics	deque, paquete
depressants: downers, candy, goof-balls, sleeping pills, peanuts	calmantes, sedantes, cacahuates
dexies: Dexedrine	dexadrina
diethyltyptamine (DMT): 45-minute psychosis, businessman's special	DMT
dime bag: $10 package of heroin	bolsita
dirty: having drugs on one's person, and liable to arrest if searched	estar caliente o sucio o mugroso
dollies: Dolophine, methadone	la medicina
dope: any drug or narcotic	la chiva, mugre, mugrero
doper, dopey: a drug addict	drogadicto, tecato, tecate, yesco
doublecross: v.	cachuquear, chaquetear, chapuzar, chirirar, hacer chapuza, quemar
downers: sedatives, alcohol, tran-quilizers, depressants	calmantes, sedantes, pa'abajos, (see more at <u>barbiturates</u>)
drop: v. to make a drop, hide a drug for someone to pick up	clavar
n.	clavo
drunk, to be: v.	estar alumbrado, andar bombo, andar caballón, andar catarrín, andar dia-tiro, andar en las nubes, andar pando, andar loco o locote, andar cuete
drunk, to become or to make: v.	encuetear; enguaynar (with wine)
dynamite: high-grade heroin	dinamita, bruta

feds, the: n.	federicos, federales
fine stuff: very high-grade narcotics	la pura
fit: equipment or kit used for injecting narcotics	fierros, hierros
fix: an injection of narcotics	un plomazo, te compones, cura, gallazo, abuja, abujazo
fix up, to: to inject a narcotic	curar, tirar, componerse
flash: initial feeling after injecttion, see also rush	cargado, subido, a mil
flatfoot: (see also cop)	patón
flip: v. to become psychotic	se le voló la tapa, loco, tonto
floating: v. to be under the influence of drugs (see also high)	estar en las nubes, soñar, tronar, volar
football: Dilaudid	pelota de futbol
frame, to: v.	freimear, freimiar
frantic: v. nervous, jittery state of an addict	andar encalmado
freak out, to: v. bad trip	se fregó, mal viaje
frisk: v.	friscar, dar báscula
furnish: provide narcotics	cargar; alivianar
fuzz: n. the police	los juras, la chota, los perros, la justicia, la poli, la polís

G: Paregoric	paregórico
gage: marihuana	(see marihuana)
get straight: to get high or loaded	estar cargado o subido, estar volado o tronado, querer alivianar
geeze: (see also fix)	plomazo
gigolo: n.	cócono
glue: n.	glu, glufa
good big H: high-quality heroin	heroína bruta
good trip	viaje de aquellos, buen viaje
gram: one gram of heroin (about 10 capsules)	gramo
grass: (see more at marihuana)	

gringo: a white American	gringo, bolillo, gabacho, gavacho, gabardina, gaba, güero
gun: equipment for injecting drugs	herre, fierro, pistola, coete
H: heroin	heroina, azufre
habit: n. drug addiction	prendido, hábito, vicio
hallucinogens: n.	alucinógenos
hand to hand: person-to-person delivery of drugs	conexión mano a mano
hangover: n.	crudo, andar crudo
hard stuff: heroin	chiva, heroina
hashish, hash: the resin of marihuana	hachís
hay: (see more at marihuana)	
head: n. a drug addict, short for <u>weedhead</u>	yesco, mariguanero, loco (see more at "weedhead")
hearts: Dexedrine tablets	corazones
heat: the law, the police	los chotas, los perros, la ley
heroin: snow, stuff, H, junk, big Harry, caballo, Doojee, boy, horse, white stuff, Harry, hairy, joy powder, salt, dope, Duige, hard stuff, schmeek, shit, skag, thing, smack	heroina, tecata, estofa, material, chiva, gorra, caballo, azúcar, polvo carga, H, golpe, blanco, gato, manteca, stufa, la cosa, la duna
high: a. under the influence of drugs	alto, subido, a mil, cargado, tronado, volado, sonado, andar loco, andar motiado o moteado, ponerse caballón; glufo (if from glue)
to get high: v.	ponerse alto o subido, etc.; motear o motiar, andar grifo
hog: an addict that uses anything he can get his hands on	marrano
holding: possessing drugs	estar caliente, estar mugroso, estar cargado

homosexual: lesbian, dyke, faggot	jotingo, jotinga, volteado, volteada, joto, jota, pípilo, puto, jotito (males only), cócono (males only)
hooked: a. addicted	adicto, prendido, enfermo, tecato
horning: sniffing narcotics up the nostrils	hacer un toque, estufear, estufiar, sesonar, tiniar
hustle: activities when trying to obtain money so as to buy drugs	taloneando, hacer la movida, corromper, josear, jalosear, putear
hustler: prostitute; con-man	puta; talón
hydromorphone: Dilaudid, Lords, football	hidromorfona; pelota de futbol
hype: a con job also a narcotics addict; also the kit for fixing	abajar
hype kit:	hierros, fierros, jaipos, pistola
hypo: an addict who injects	jaipo, tecato

immigration officer:	correa, migra
inform: v.	capear, capiar, apuntar el dedo
informer: n.	chaquetero, malinche
inhalants: n. - such as gasoline, paint, glue, aerosoles, thinner, volatile substances	inhalar la cola

jail: n. also joint	pinta, jaula, cana, bote (city jail), tabique (county jail), sombra, congal
v.	entabicar, enjaular, torcer
to get out of jail: v.	desafanar
jailed: a.	enjaulado, torcido, entabicado, encanado
joint: n. a marihuana cigarette	leño, pinta, grifa, caña, abuja
jolly beans: pep pills	píldoras
jolt: an injection of narcotics	plomazo
joy-popper: (same as chippy)	escante
junk: any drug in use, mostly heroin	mugrero, mugre, basura
junkie: a heroin addict	tecato, tecate, enfermo, yesco

K: kilo(gram)	kilo
kick: v. the habit, to stop using narcotics without medication	quebrar vicio
knife: n.	fila, filero, naifa, navaja, filera
v.	navajiar, navajear, filetear, filetiar, filorear, filoriar, afilerear, afilorear, belduquear
knife-wound: n.	navajazo, filorazo
kit: n. equipment used for fixing	hierros, fierros, pistola, coete, cuete

law, the:	la autoridad, la ley
layout: n. equipment used for fixing	hierros, fierros, cuetes, herres
lemonade: poor-grade heroin	heroina mala
lid: 1 oz. of marihuana in plastic bag	bote, bolsa, paquete
loaded: under the influence of heroin	alto, cargado, subido, a mil, volado, tronado (see more at high)
LSD (lysergic acid diethylamide): acid, cubes, pearly gates, heavenly blue, royal blue, wedding bells, sugar, Big D, Blue Acid, the Chief, the Hawk, instant Zen, 25, sugar lump	LSD, ácido, viajes, topi
M: morphine	morfina
mainline: v. to inject a drug into a vein	inyectar en la vena estrótica
mainliner: n. person who mainlines	jaipo, jaipa
make it: v. to purchase, to buy, to score (obtaining narcotics)	conectar
man, the: the law, the police	el hombre, los cuicos, los chotas, los perros
manicure: v. to remove stems, seeds and dirt from marihuana	limpiar, curar
marihuana: marijuana, smoke, straw, Texas tea, jive, pod, mutah, splim, Acapulco gold, Bhang, boo, bush, butter flower, Ganja, weed, grass, pot, muggles, tea, hemp, griffo, Indian hay, loco weed, hay, herb, J, love weed, giggles smoke, Mary Warner, Mohasky, Mary Jane, joint sticks, reefers, sativa, roach, Maui	mariguana, marijuana, yerba, grifo, grifa, colombia, té, colombiana, Pe, zacate, Juana, Juanita, mota, azteca, maui, doñajuanita, yedo, frajo, frajo de seda, leñito, maría juanita, mariola, podo, cosa, cochornis, pasto, pito, polillo, ganga, ganja, meserole, chicharra, panetela, monte, cáñamo, índico, charas, churus, chira, loco
v. to smoke marihuana	engrifar, enmariguanar,
marks: n. needle marks on skin, from injections, see also tracks	marcas, traques
meperidine: Demerol, Isonipecaine, Dolantol, Pethidine	meperidina
mescaline, mesc: the alkaloid in peyote	mescalina, mesca, mesc

methadone: Dolophine, Dollies, dolls, amidone	metadona, la medicina
methamphetamines: meth, uppers, speed, splash, crystal, bombita, methedrine, Doe	metamfetaminas, cristal, bombita, pa'arribas (see more at ampheta-mines)
methhead: habitual user of methamphetamines	píldoro
mikes: micrograms	microgramos
miss: v. failure to hit the vein	te tiraste afuera
morphine: M, dreamer, white stuff, hard stuff, morpho, unkie, Miss Emma, monkey, cube, morf, tab, hocus, morphie, melter	morfina
mule: n. carrier, runner for a peddler	mula, corredor
narc: n. narcotics detective, under-cover vice squad member	narco, perro, hombre
narco: abbreviation for narcotics -- can be an addict or an officer	narco
narcotics: n.	narcóticos
nickel bag: $5 packet of heroin	bolsa de nicle, bolsita

O: opium — opio, chicle

O.D.: to overdose on narcotics — se dió un doble

ofay: caucasian, white man, honkey — bolillo, gringo, gavacho, gabacho, güero, gabardina, gaba

on the nod: sleepy from narcotics — estar debajo de la sombra

opium: n. — opio, goma, material negro, chicle

opium addiction: n. — opiomanía

outfit: n. equipment for injection of narcotics — hierros, fierros, pistola, jaipos

pad: home, abode, see also crash-pad — cantón, chante, hogar

paddy: n. used with broad or stud -- a white person — (see ofay or gringo)

panic: n. a scarcity of drugs, market suddenly dry — pánico, seco

paper: n. a small packet of heroin or cocaine — papel

peyote: mescal button, mescal beans, cactus, the button, tops, a moon, half moon, the bad seed, Big Chief, mesc, peyotl — peyote

phencyclidine (PCP): angel dust, peace pill — fenciclidina, PCP, polvo de ángel, ciclón de cristal, elefante, puerco

piece: n. one ounce of heroin — una onza
n. a gun — pedazo, pistola, coete, escupe, escupidera, escuadra

pig: n. (same as a <u>hog</u>) — marrano
n. a cop — chota, cachucha, cachuchón

pillhead: n. a heavy user of pills, uppers, downers, or both -- also pill freak or pilly — píldoro, prendido de píldoras

pills: n. — píldoras, pinguas, cacahuates

pimp: n. — ahuichote

plant: n. a supply or stash of drugs in a secure place — clavo, planta, jale
v. — clavar, plantar, jalear

English	Spanish
pop: v. to skin-pop, to inject narcotics subcutaneously	picar
pot: n. marihuana	yerba
pothead: n. see also <u>weedhead</u>	
psilocybin: sacred mushroom, magic mushroom	hongos (halucinantes)
pure, the: n. pure heroin, uncut	la pura, la bruta
purify: v. see <u>manicure</u>	
purple hearts: Dexamyl, combination of Dexedrine and Amytal	pïldoras, corazones
pusher: n. a drug peddler	el perla
prison: jail	prisión, corre, tabique, tabiro, tambo, taris, pinta, jaula

English	Spanish
quades: qualudes	cualudes
queer: n. homosexual, etc. n. counterfeit money	marica, maricón (see more at homosexual) moneda falsa
quit cold turkey: abrupt withdrawal from drugs	quebrar vicio

rainbows: Tuinal (Amytal and Seconal) (a blue and red capsule) — arcoiris

red devils: Seconal - a barbiturate — diablitos, diablos rojos, coloradas

reefer: a joint — grifa, leño

reentry: return from a drug trip, coming down — llegar de viaje

roach: n. butt of a marihuana cigarette — bacha, cabo, colilla, bachicha

roach clip: holder for a roach — clip para bacha, cabo, etc.

roll: v. to roll marihuana into joints — rolar

rush: v. feeling after taking or injecting a narcotic (see also flash) — tronar, volar, subir, estar a mil

satch cotton: (see cottons)

scag: heroin — (see heroin)

score: v. to make a purchase of drugs — conectar, hacer conexión, comprar

sedatives: n. — sedantes, calmantes

shady deals, to be involved in: v. — andar chueco, andar locote, hacer una movida chueca

shit: n. heroin — mierda (see more at heroin)

shoot: v. to inject narcotics — inyectar, picar, tirar, plomar
v. with a gun — tirar, cuetear, cuetiar, chutear, chutiar, guetear, tronar

shoot-out: n. — chuteo, tiroteo

shooting: injecting narcotics — inyección, piquete, plomazo

shooting gallery: place for injecting narcotics — galería, cantón de herres

short: n. car, wheels — role, rolante, carrucha, ranfla, carcacha

shot: n. a narcotics injection — plomazo, chat
n. of a gun — cuetazo, escupida, tronadera, tiro

shot out: a. condition of veins in most heroin addicts — podrido, quemado

sick: a. having withdrawal symptoms	enfermo, anda malo, tiene malía
skag: heroin	heroina
skin-popping: n. injecting drugs subcutaneously	piquete de cuero, pica
smack: heroin	heroina
sniff: v. to inhale drugs through the nose; also glue-sniffing	subir al aeroplano, andar tiniado, estufear, estufiar, sesonar, hacer(se) a la glufa
snitch: n. an informer v. to inform	un relaje, ratón, estule, canario, rajón, aviente; estulear
snorting: inhaling drugs through the nose (see horning, sniff)	
snow: cocaine	cocaina
snowbird: n. cocaine user	cocaimorfo
source: n. place or person from which (whom) narcotics are obtainable	fuente
spade: a black person	mayate, mayuga, mayo, tinto, tiracho, morelianos, chanate
speed: methamphetamines	bombita
speed ball: n. powerful combination of heroin and cocaine, sometimes also with morphine	bola de oro
speed freak: n. habitual speed user	el/la que anda prendido(a)
spike: a hypodermic needle	aguja, piquete, pico; herre (aguja) y gotero (eye dropper)
spoon: n. a quantity of heroin measured in a teaspoon, 1 or 2 grams, part of the kit	cuchara
square: n. a law-abiding citizen; a non-user of drugs, one who is not "in"	escuadra, derecho, culero
stash: (see also cache) n. v.	clavo, planta, estache clavar, plantar
steal: v.	arañar, clavar, hacer jale, jalar, mañanear, robar
stick: joint,	grifo, leña
stolen money, to be in possession of: v.	andar clavado, andar rayado, estar armado
stoned: a. under the influence of narcotics or alcohol (see also high)	volado, tronado, fregado, sonado; borracho, cuete, alumbrado (see more at drunk)
stoolie, stool-pigeon: (see also snitch)	estule
STP: Serenity, tranquility, peace, DOM, syndicate acid	STP

straight: n. a square	alineado, aliniado, escuadra, derecho, culero, arreglado,
to go straight: v. to give up crime	andar derecho, aliniar, alinear, alivianar, componer, arreglar, enderezar
straighten out, to: v. to get high or loaded; to demand a fix	alivianar,
strain: v. (see also <u>manicure</u>)	limpiar, curar
strung out: a. heavily addicted	volado, prendido
stud: n. male, macho	cabrón, puto
stuff: n. heroin	chiva
surrender: v.	amachimbrar

tail, to: v.	colear, coliar
taste: v. to sample before buying	aprobar
tea: marihuana	té
teahead: n. marihuana user	mariguanero
thief: n.	clavel, clavelito (men only); clavete, jambo, jambón
toke up, to: v. to light up a joint	jalar, toquear; tomar las tres
tracks: n. scars from needle marks along the veins	traques, marcas
trap, to :	caer la res, candilar, maronear, agarrar bien agarradito
trip out, to: v. get high	viajar
trouble, to be in: v.	estar apurado, mitotear, caer tierra
n.	mitote, apurado
troublemaker: n.	balotero, buscamoscas, buscapleitos, buscón
turn on, to: v. to use narcotics for the first time	querer un aliviane
turned on: under the influence of drugs	estar alivianado

English	Spanish
turps: elixir of Terpin Hydrate with codeine, a cough syrup	la toronja
twenty-five, 25: LSD-25	LSD, ácido
uppers: stimulants, cocaine and psychedelics	estimulantes, pa'arribas (see more at amphetamines)
user: heroin addict	prendido, tecato
weed: marihuana	hierba
weedhead: n. a marihuana user	yesco, yesca, maricocaimorfi, mariguanero, mariguano, moto
wetback: n. illegal alien	espalda mojada, mojado, mojarra
what's happening?: implying "who's holding?"; looking for a score	¿qué está pasando? ¿qué pasó? ¿quién tiene el clavo? ¿dónde está la conexión?
wheels: n. car, frequently stolen or "hot"	ranfla, rolante caliente, carcacha
whore: n.	huila, huilacha, huiza, puta
whorehouse: n.	congal
withdrawal: sudden stopping of drugs, seldom voluntary	estar quebrando
works: equipment for fixing	fierros, hierros
wino: n. usually a derelict drunk on cheap wine	guainero
yellow jacket: Nembutal, a barbiturate	amarillas, chaqueta amarilla, avispa
yen sleep: drowsy, restless state during withdrawal period	estar quebrando

SUGGESTED SUPPLEMENTARY BIBLIOGRAPHY - ENGLISH/SPANISH - SPANISH/ENGLISH DICTIONARIES

Ediciones LAROUSSE, Diccionario Moderno Español-Inglés. Ramón García-Pelayo y Gross (Ed.), 1976

Cuyás, Arturo, Nuevo Diccionario Cuyás de Appleton/Appleton's New Cuyás Dictionary. Appleton-Century-Crofts, New York, 1972 (5th edition revised).

Robb, Louis A., Dictionary of Legal Terms/Diccionario de Términos Legales. John Wiley & Sons, Inc., New York, 1955.

Robb, Louis A., Dictionary of Modern Business/Diccionario de los Negocios Modernos. Anderson Kramer Associates, Washington, D.C., 1960.

Robb, Louis A., Engineers' Dictionary/Diccionario para Ingenieros. John Wiley & Sons, Inc., New York, 1944, 1949.

Galván, Roberto A., & Teschner, Richard V., El Diccionario del Español Chicano. Institute of Modern Languages, Silver Springs, Md., 1975.

Galván, Roberto A., & Teschner, Richard V., El Diccionario del Español de Tejas. Institute of Modern Languages, Silver Springs, Md., 1975.

OTHER SOURCES

Specialized glossaries in two or more languages, are available from:

American Elsevier Publishing Company, Inc.
52 Vanderbilt Ave., New York, N.Y. 10017

Associated Technical Services, Inc.
855 Bloomfield Ave., Glen Ridge, N.J. 07028

U.S. Department of Justice, Dictionary of Criminal Justice Data Terminology, L.E.A.A., Washington, D.C. Stock No. 027-000-00508-0

INTERPRETATION EXERCISES

Have you ever seen this man before?

¿Jamás ha visto Ud. a este hombre?

Yes, sir.

Sí, señor.

When?

¿Cuándo?

The night of August 10th, at the filling station on Gessner.

La noche del 10 de agosto, en la estación de gasolina (la gasolinera) en Gessner.

Tell us what happened.

Díganos lo que pasó.

He drove into the station and asked me to fill the tank. Then when I was finished, he gave me a $100 bill, and asked me for change.

El entró a la estación de gasolina y me pidió que le llenara el tanque. Luego cuando terminé, me dió un billete de $100, y me pidió cambio.

I went to the cash register to get the change, and suddenly he was standing behind me with a gun in my back.

Fui a la caja (registradora) para conseguir el cambio, y de repente él estaba parado detrás de mí con una pistola en mi espalda.

Then what?

¿Entonces qué?

He made me walk to the restroom, he said he was going to lock me up in there.

Me hizo caminar al cuarto de baño, dijo que me iba a encerrar ahí.

Did you go into the restroom?

¿Ud. entró al cuarto de baño?

Yes, but I had the key. I slammed the door in his face and locked the door from the inside.

Sí, pero yo tenía la llave. Cerré con fuerza la puerta en su cara, y la tranqué por dentro.

Then I waited until I heard him drive away.

Después esperé hasta que lo oí alejarse con el carro.

When I came back out, I saw that he had taken all the money from the cash register, so I called the police.

Cuando volví a salir, ví que él había sacado todo el dinero de la caja registradora, entonces llamé a la policía.

Do you remember what kind of car he was driving or his license plate numbers or anything?

¿Ud. recuerda qué tipo de carro estaba manejando él, o los números de la placa de licencia, o cualquier otra cosa?

I only remember that it was an old car that needed paint badly, I don't know what kind of car it was.

Sólo recuerdo que era un carro viejo, al que le faltaba mucha pintura, pero no sé qué tipo de carro era.

State your name for the record, please.

Dé su nombre para las actas (el récord), por favor.

My name is Pedro Martín.

Me llamo Pedro Martín.

Where do you live?

¿Dónde vive?

At 5511 Jensen Drive.

En la calle Jensen número 5511.

How long have you lived there?

¿Cuánto hace que vive allí (ahí)?

About two weeks.

Desde hace unas dos semanas.

Do you work?

¿Ud. trabaja?

Yes, I'm a welder for the AB Steel Company.

Sí, soy soldador para la compañía AB Steel (Sí, soy güelder para ...)

On the night of November 10, the Sheriff's deputies arrested you, is that correct?

La noche del 10 de noviembre, los oficiale del Shérif lo arrestaron ¿es verdad eso?

Yes, sir.

Sí, señor.

What where you doing?

¿Qué estaba haciendo Ud.?

Just standing on the street corner, waiting for a friend.

Estaba parado en la esquina (de la calle), esperando a un amigo.

They arrested you for standing on the street corner?

¿Lo arrestaron por estar parado en la esquina?

I guess so.

Supongo que sí.

Isn't it true that you ran away when the patrol car drove up?

¿No es verdad que Ud. salió corriendo cuan se acercó el carro patrulla?

Well, yes, I did run.

Pues sí, sí corrí.

Why did you run?

¿Por qué corrió?

I was scared.

Estaba asustado. (Estaba con miedo.)

Why were you scared?

¿Por qué estaba asustado (con miedo)?

Because they shouted at me and I didn't understand what they were saying.

Porque me gritaron y yo no les entendía lo que estaban diciendo.

Where did you run to?

¿A dónde fue Ud. cuando salió corriendo?

I ran into an alley between two buildings and hid.

Corrí a un callejón entre dos edificios y me escondí.

When you went into the room ... you did go in didn't you?	¿Cuándo Ud. entró al cuarto ... Ud. sí entró, verdad?
Yes.	Sí.
Did you touch anything?	¿Ud. tocó algo?
Nothing in the room, just the door handle when I went in.	Nada en el cuarto, solo la manija (el tirador, el picaporte) de la puerta cuando entré.
Where was the body of the deceased?	¿Dónde estaba el cuerpo del difunto?
It was next to the desk, on the floor.	Estaba al lado del escritorio, en el suelo (piso).
Could you immediately see that he was dead?	¿Ud. inmediatamente pudo determinar (ver) que él estaba muerto?
Oh, yes, there was blood everywhere, and he was very white. His eyes were open and staring.	Oh sí, había sangre por todos lados y él estaba muy blanco. Sus ojos estaban abiertos y tenía mirada fija.
Did you see a weapon?	¿Vió un arma?
There was a blood-covered knife a few feet away from him.	Había un cuchillo (una navaja) cubierto de sangre a unos pocos pies de donde él estaba.
Did you notice anything else?	¿Notó alguna otra cosa?
I can't remember anything else.	No recuerdo nada más.
What did you do then?	¿Qué hizo Ud. entonces?
I ran out of the room and called the police.	Salí corriendo del cuarto y llamé a la policia.
What time, approximately, did you find the body?	¿A qué hora, aproximadamente, encontró Ud. el cuerpo?
This morning when I came in to work, it must have been around 8:15 or so.	Esta mañana cuando vine a trabajar, debe haber sido alrededor de las 8:15 o por ahí.
When did the police arrive?	¿Cuándo llegó la policía?
About 10 minutes later.	Unos 10 minutos más tarde.
Thank you, that will be all, you may step down.	Gracias, eso es todo, puede bajarse.

Will you state your name for the jury please?

¿Puede dar su nombre para el jurado, por fa

Angel Rodríguez.

Angel Rodríguez.

Do you reside at 1564 Heather St.?

¿Reside Ud. en la calle Heather, número 15

No, sir, not any more.

No, señor, ya no.

Where do you live now?

¿Dónde vive ahora?

At 1132 B Cavalcade.

En la Cavalcade número 1132 B.

But you did live at 1564 Heather St. last December, didn't you?

Pero Ud. sí vivió en la calle Heather, núme 1564, el diciembre pasado, verdad?

Yes, sir, I did.

Sí, señor, viví ahí (allí).

Why did you move?

¿Por qué se mudó?

I don't know. I really didn't like it, the people, you know. Besides, I couldn't really afford it.

No sé. Realmente no me gustó, la gente, sa Además, no me lo podía costear.

Isn't it true that you didn't pay any rent during the two months that you lived there?

No es verdad que Ud. no pagó renta alguna, durante los dos meses que vivió ahí?

No, that's not true, I paid two months rent in advance.

No, eso no es verdad, pagué dos meses de renta por adelantado.

To whom did you give the rent payment?

¿A quién le dió el pago para la renta?

To Mrs. Salas, the landlady.

A la Sra. Salas, la dueña (propietaria).

Did she give you a receipt?

¿Ella le dió un recibo?

No, she didn't. When I asked her for one, she told me not to bother her, and she would give me one later.

No, ella no me dió uno. Cuando se lo pedí, me dijo que no la molestara y que ella me daría uno más tarde.

Then what happened?

¿Después que pasó?

A few days later she came and told me that I owed her for the rent, and that I had better pay, or she would have me thrown out.

Unos pocos días más tarde, ella vino y me d que yo le debía la renta, y que mejor que l pagara, o ella me iba a hacer echar.

Did she believe you when you told her you had already paid the rent?

¿Ella le creyó cuando Ud. le dijo que ya hab pagado la renta?

No, she called me a liar and got very angry.

No, me dijo que era un mentiroso y se enojó mucho.

When did you buy the washing machine?

¿Cuándo compró Ud. la lavadora?

Four months ago.

Hace cuatro meses.

How did you pay for it?

¿Cómo pagó por ella?

I paid half when I bought it, and I was going to pay the other half when they delivered it.

Pagué la mitad cuando la compré e iba a pagar la otra mitad cuando la entregaban.

Did you give the store a check or cash?

¿Le dió un cheque o efectivo a la tienda?

A check.

Un cheque.

Isn't it true that the check was no good -- that it bounced?

¿No es cierto que el cheque no era bueno -- que fue rechazado?

No, it didn't bounce.

No, no fue rechazado.

Didn't that check come back from the bank because of lack of funds in your account?

¿No es que el cheque fue devuelto por el banco debido a falta de fondos en su cuenta?

Well, yes, it did. But that was the bank's fault. I had made a deposit at the bank that very morning.

Bueno, sí, fue devuelto. Pero eso fue culpa del banco. Yo había hecho un depósito en el banco esa misma mañana.

So actually, you didn't have enough money in the bank at the time you bought the washing machine?

Así que en realidad, Ud. no tenía suficiente dinero en el banco, al momento en que Ud. compró la lavadora?

Well, I would have had, if the bank had credited the deposit I made.

Pues yo lo hubiera tenido, si el banco hubiera acreditado el depósito que yo hize.

But you heard the bank's testimony, they did not have a deposit from you that day. Do you have a receipt for that deposit?

Pero Ud. oyó el testimonio del banco, ellos no tenían un depósito suyo ese día. ¿Ud. tiene un recibo para ese depósito?

No, I don't bother with all those pieces of paper. But it was the bank's fault, banks are not supposed to make mistakes.

No, no me preocupo con todos esos pedazos de papel. Pero fue culpa del banco, los bancos no deberían hacer errores.

So you cannot prove that you made a deposit that day -- it is your word against the bank's.

Así que Ud. no puede comprobar que hizo un depósito en ese día -- es su palabra contra la del banco.

Is this your first trip to Houston?

¿Este es su primer viaje a Houston?

No, I come regularly about every 3 months.

No, yo vengo regularmente, más o menos cada 3 meses.

On February 7th, was that the first time you had been in Sakowitz'?

El 7 de febrero ¿fue esa la primera vez que Ud. había entrado a Sakowitz?

Yes, it was the first time.

Sí, fue la primera vez.

Tell us what happened.

Díganos lo que pasó.

Well, I took two sweaters and a pair of pants to the dressing room to try on.

Bueno, tomé dos sweaters y un par de pantal al cuarto de vestir para probármelos.

And?

Y?

When I got in there, I saw a paper bag on the floor in the corner -- you know, like a grocery sack.

Cuando entré ahí, ví una bolsa de papel en el piso en el rincón -- sabe, como una bols para abarrotes.

Did you open it?

¿La abrió?

Yes, I thought maybe someone had forgotten something.

Sí, creí que a lo mejor alguien se había olvidado algo.

And what did you find inside?

¿Y que es lo que encontró adentro?

Some clothes. A blouse and a skirt.

Ropa. Una blusa y una falda.

And then what did you do?

¿Y después que hizo?

Well, they looked like my size, so I tried them on, too.

Bueno, parecían ser de mi tamaño, así que también me los probé.

Go on.

Siga.

Well, they looked real good on me, and so when I left the dressing room I put them back in the paper bag and took them to the cash register.

Pues, me quedaban muy bien, entonces cuando salí del cuarto de vestir, los puse devuelt en la bolsa de papel y los llevé a la caja.

Did you intend to buy them?

¿Ud. tuvo la intención de comprarlos?

Well, they didn't have a price on them, and I was going to ask how much they were.

Bueno, la ropa no tenía precio, y yo iba a preguntar cuánto costaban.

It didn't occur to you that they might be stolen?

¿No se le ocurrió que pudieran haber sido robados?

No, I never though of that.

No, nunca pensé en eso.

Do you own a Ford car?

¿Ud. es dueño de un carro Ford?

Yes, sir.

Sí, señor.

Would you please describe it to the jury.

Por favor, se lo puede describir al jurado.

Yes. It is a black Mustang, 2-door, with red interior and red stripes on the outside.

Sí, es un Mustang negro, de dos puertas, con un interior rojo y con franjas rojas en el exterior.

Oh, and the license plate is No. XKY-345.

Ah, y la placa de licencia es número XKY-345.

Where was the car parked on the night of April 10, at about 9:00 p.m.?

¿Dónde estaba estacionado el carro la noche del 10 de abril, a eso de las 9:00 de la noche?

It was parked in front of my place of business.

Estaba estacionado al frente de mi negocio.

Do you usually park it there?

¿Ud. generalmente lo estaciona ahí?

No, I usually park it in back of the building.

No, generalmente lo estaciono detrás del edificio.

Why was it parked in front on that particular night?

¿Por qué estaba estacionado al frente esa noche en particular?

Because I was only going to be in my office for a short while and I didn't feel like walking from the back parking lot.

Porque sólo iba a estar en mi oficina por un ratito y no tenía ganas de caminar desde el lote de estacionamiento de atrás.

Isn't it true that someone was waiting for you in the back parking lot, and you didn't want to see them?

¿No es verdad que alguien lo estaba esperando en el lote de estacionamiento de atrás y Ud. no lo quería ver?

No, I didn't know anyone was there.

No, yo no sabía que había alguien ahí.

Hadn't you made an appointment with this man here, to sell him some heroin?

¿No es que Ud. había hecho una cita con este hombre aquí, para venderle heroina?

No, I'm not in the heroin selling business. I'm in the typewriter business.

No, mi negocio no es vender heroina. Mi negocio es máquinas de escribir.

You testified earlier that you had sold the land described in the complaint. Is that correct?

Ud. testificó (atestiguó) anteriormente que Ud. había vendido la tierra (el terreno) descrito en la demanda. ¿Es correcto eso?

No. I testified that I had tried to sell the lot, but couldn't find a buyer.

No. Atestigüé (testifiqué) que había trata de vender el lote, pero que no podía encon trar un comprador.

Who did you try to sell the lot to?

¿A quién le trató de vender el lote?

Among others, to Mr. Black, president of the Transam Realty Co.

Entre otros, al Sr. Black, presidente de la Compañía Inmobiliaria Transam.

Did he eventually buy the property?

¿El llegó a comprar la propiedad?

No, he said he could buy the land if he could persuade his partners to raise the money for the down payment.

No, él dijo que podía comprar el terreno s conseguía persuadir a sus socios para levantar el dinero para el pago inicial (o pago de enganche).

Did he persuade them?

¿El los consiguió persuadir?

No, he didn't.

No, no los persuadió.

But isn't it true that Transam Realty finally did buy the land, after Mr. Black resigned and you became president?

¿Pero no es verdad que la Inmobiliaria Tran am, finalmente compró el terreno, después d la renuncia del Sr. Black y cuando Ud. pasó a ser presidente?

Yes.

Sí.

Don't you think that is a conflict of interest?

¿No le parece que esto es un conflicto de intereses?

No, not really.

No, en realidad, no.

Why not?

¿Por qué no?

Because the land was actually purchased before I was sworn in as president; that is, between the time Mr. Black resigned and I actually became president, and I didn't know about it.

Porque el terreno en efecto fue comprado an que yo prestara juramento como presidente; es decir, entre el momento en que el Sr. Bl renunció y yo pasé a ser presidente, y yo no sabía nada de eso.

So even though you owned the land, you didn't know it had been bought?

Así que aún que Ud. era dueño del terreno ¿Ud. no sabía que se había comprado?

Well, no, because my lawyer was taking care of the paperwork.

Pues no, porque mi abogado se estaba encargando de la papelería.

Mrs. Cooper, you and your husband own an adult bookstore, do you not?

¿Sra. Cooper, Ud. y su marido son dueños de una librería para adultos, no es verdad?

Yes, we do.

Sí, somos.

And your son, Kenneth, helps you run it, right?

Y su hijo, Kenneth, les ayuda a manejarla ¿verdad?

Yes, he does.

Sí, él nos ayuda.

Isn't it true that he was arrested last week, together with you and your husband for selling heroin to an undercover agent?

¿No es verdad que él fue arrestado la semana pasada, junto con Ud. y su marido por vender heroina a un agente secreto?

Well, yes, he was arrested, but it was all a mistake, it wasn't heroin.

Pues sí, fue arrestado, pero fue todo un error, no era heroina.

What was it?

¿Qué es lo que era?

Just a pill, I don't know what it's called, but it wasn't heroin.

Una píldora (pastilla) solamente, no sé cómo se llama, pero no era heroina.

Isn't it true, though, that you had pills in the store, and that you were selling them?

Sin embargo ¿no es verdad que Ud. tenía píldoras (pastillas) en la tienda, y que Ud. las estaba vendiendo?

Well, we try and satisfy our customers, if they ask us for something, we try to have it or get it for them. I mean, we're in business, you know.

Bueno, nosotros tratamos de satisfacer a nuestros clientes, si nos piden algo, tratamos de tenerlo o conseguirlo. Quiero decir, somos negociantes, me comprende.

Isn't it also true that you tried to flush a bag of pills down the toilet when you realized the police were in your bookstore?

Además ¿no es verdad que Ud. trató de hacer desaparecer una bolsa con píldoras en el inodoro cuando se dió cuenta que la policía estaba en su librería?

No, that was a misunderstanding also. I had been using the bathroom, but not trying to get rid of pills.

No, eso también fue un malentendido. Yo estaba usando el baño, pero no tratando de deshacerme de píldoras.

Members of the jury, I am asking you to sentence Mrs. Cooper to 20 years in prison for selling drugs, plus an additional year for each of the 76 pills as a symbolic gesture to other drug dealers.

Miembros del jurado, les estoy solicitando que le den una sentencia de 20 años en la prisión a la Sra. Cooper, por venta de drogas, más un año adicional por cada una de las 76 píldoras como un gesto simbólico a otros traficantes en drogas.

Please tell us in your own words exactly what happened at the car-wash.	Por favor díganos en sus propias palabras exactamente lo que pasó en el lavado para coches.
Well, I was standing there watching my car go through the washing cycle, when suddenly it shot out of the end of the carwash like a cannon.	Bueno, estaba ahí parado mirando a mi carro pasar por el ciclo de lavado, cuando de repente salió volando del extremo del lavado para carros como de un cañón.
And then what happened?	¿Y después qué pasó?
Well, the car jumped the curb, hit a garbage can high into the air, slid into a pole, crashed into two gasoline pumps, rammed into a parked car and exploded!	Bueno, el carro saltó la vereda (acera), pegó una lata de basura que voló por el aire, fue resbalando hasta pegar un poste, chocó contra dos bombas de gasolina, dió contra un carro estacionado ¡y explotó!
Is there more to this epic?	¿Tiene más para contar en esta epopeya?
Yes, moments later there was a second explosion that sent flames shooting hundreds of feet into the air.	Sí, momentos después hubo una segunda ex-plosión que hizo a las llamas saltar cientos de pies en el aire.
Was anyone hurt?	¿Alguien se lastimó?
A carwash employee -- the one who was driving the car -- he got a little burned.	Un empleado del lavado para carros -- el que estaba manejando el carro -- él se quemó un poco.
What kind of car did you have?	¿Qué tipo de coche tenía Ud.?
It was a blue Lincoln, brand new, it cost $16,000.	Era un Lincoln azul, recién comprado, costó $16.000.
Is there anything you could have done?	¿Hay algo que Ud. podría haber hecho?
No, I just closed my eyes as it went flying by.	No, sólo cerré mis ojos cuando pasó volando.
How long had you had the car?	¿Cuánto tiempo había tenido el carro?
About two weeks. I had waited two months for delivery, and only had about 600 miles on it.	Unas dos semanas. Había esperado dos meses para la entrega, y sólo tenía unas 600 millas en él.
When and where did all this happen?	¿Cuándo y dónde ocurrió todo ésto?
Last Saturday at the Sav-On Car Wash.	El sábado pasado en el Sav-On CarWash.
How did you feel after all this?	¿Cómo se sintió después de todo eso?
Well, I was rather hysterical -- I know the kid didn't mean to do it, but my wife is never going to be-lieve this.	Bueno, estaba un poco histérico -- sé que el muchacho no tuvo intención de hacerlo, pero mi señora nunca va a creer esto.

Officer, you were at the scene when all this happened, could you give us an estimate of the damages incurred?

Agente, Ud. estaba en el lugar cuando todo esto ocurrió ¿Ud. nos podría dar un estimativo de los daños incurridos?

Sure, the Lincoln and the 1970 Oldsmobile that it hit were total losses. Extensive damage was done to six other cars parked nearby. And the two gas pumps were destroyed. It all adds up to more than $50,000.

Pues sí, el Lincoln y el Oldsmobile 1970 con el cual chocó fueron pérdidas totales. Hubo gran cantidad de daño a seis otros carros estacionados ahí cerca. Y las dos bombas de gasolina fueron destruídas. Todo eso se suma a más de $50.000.

Apart from the $3.25 Mr. Rudnick had to pay to get his car washed.

Aparte de los $3.25 que el Sr. Rudnick tuvo que pagar para que le laven el carro.

Did you talk to the car wash employee who had this accident?

¿Ud. habló al empleado del lavado para carros que tuvo este acidente?

Yes, his name is Alonso Small, he is only 16 years old.

Sí, se llama Alonso Small, tiene sólo 16 años de edad.

Was he badly burned?

¿El se quemó seriamente (gravemente)?

No, the hair on his head and arms was smoldering a little when he jumped from the car. He was treated at the local hospital and released.

No, el cabello en su cabeza y en sus brazos estaba ardiendo sin llamas cuando él saltó del carro. Fue tratado en el hospital local y le dieron de alta.

He really had a narrow escape.

Realmente se escapó por un pelo.

What is your name, sir?

Ronald Ryans.

Where do you work?

I have my own store, Heads and Threads, at 4525 Griggs, in southeast Houston.

How old are you?

I'm 32.

Please tell us what happened last Thursday night.

Well, I had been robbed four times in the past month. So I waited in the back of the shop that night to see if anything would happen.

About 12:40 a.m., I was watching television when I heard noises coming from the outside.

So I turned off the T.V. and heard the sound of breaking glass and splintering wood. I stayed quiet and listened.

A few seconds later the noise stopped and I heard a voice say, "Pull the car up." Then I called the police.

But before the police arrived, I saw a man stick his head through the hole that had been made in the wall. I flipped a shell into the chamber of the shotgun, and let him have it.

Was this the first time you had spent the night in the store?

No, I have spent a lot of nights in that store, I've lost over $10,000. I've also hired off-duty police officers for extra security.

¿Señor, cuál es su nombre?

Ronald Ryans.

¿Dónde trabaja?

Tengo mi propia tienda, Heads and Threads, en la calle Griggs Número 4525, en el sudeste de Houston.

¿Qué edad tiene?

Tengo 32.

Por favor díganos qué es lo que pasó el jueves pasado a la noche.

Bueno, me habían robado cuatro veces durant el último mes. Así que esperé en la parte de atrás de la tienda aquella noche para ve si acontecería algo.

A eso de las 12:40 de la mañana, yo estaba mirando televisión cuando oí ruidos que ver de afuera.

Así que apagué la T.V. y oí el ruido de vidrio que se estaba quebrando y madera que se estaba astillando. Yo me quedé quieto y escuché.

Unos pocos segundos después, el ruido paró y oí una voz decir "Acerca el carro." Después llamé a la policía.

Pero antes de que llegara la policía, ví a un hombre meter la cabeza por el agujero qu se había hecho en la pared. Metí una bala en la recámara de la escopeta, y se la dí.

¿Esta fue la primera vez que Ud. pasó la noche en la tienda?

No, he pasado muchas noches en esa tienda, he perdido más de $10,000. También he empleado policías que están libres para extra seguridad.

Mr. Simmons, after the gun man came into the store, what did he do?	Sr. Simmons, después de que el pistolero entró al negocio ¿qué hizo él?
He pulled on a ski mask and took two guns from under his coat.	El se puso una máscara para esquiar y sacó dos pistolas de debajo de su abrigo.
What kind of guns were they?	¿Qué tipo de pistolas eran?
One was a revolver, the other a sawed-off shotgun.	Uno era un revólver, el otro era una escopeta con los cañones cortados.
Then what happened?	¿Y luego que pasó?
He made me lie down in front of the counter and held the shotgun to my head.	Me hizo acostar delante del mostrador y apuntó la escopeta junto a mi cabeza.
When he asked me where my gun was, I told him it was out in my truck.	Cuando me preguntó donde estaba mi pistola, le dije que estaba afuera en mi camión (troca).
Then he said, "If you're lying, I'm gonna kill you."	Después dijo "Si estás mintiendo, te voy a matar."
But that wasn't true was it?	¿Pero eso no era la verdad, no es cierto?
No, I drove my car to work Thursday night, not the truck, and my gun was really behind the counter.	No, vine a trabajar el jueves a la noche en mi carro, no en el camión, y mi pistola realmente estaba detrás del mostrador.
I was thinking to myself, "Oh, God, please get me behind that counter."	Yo estaba pensando a mi mismo "Ay, Diós, por favor, haz que pueda ir detrás del mostrador."
And then you got your wish?	¿Y después Ud. consiguió su deseo?
Yes, he ordered me to go behind the counter and open the cash register. The robber took about $60, and then he asked me where the safe was.	Sí, él ordenó que yo vaya detrás del mostrador y que abra la caja registradora. El ladrón tomó unos $60, y después me preguntó donde estaba la caja fuerte.
What did you do then?	¿Y entónces qué hizo Ud.?
I told him the safe was in the bookcase behind him. He looked away and when he turned back around, I had the gun pointing at him point-blank and fired.	Le dije que la caja fuerte estaba en los estantes para libros detrás de él. El voltió la mirada y cuando se volvió a dar vuelta, yo le estaba apuntando con la pistola directamente, y le tiré.
You killed him?	¿Lo mató?
Yes, it was either his life or mine.	Sí, era cuestión de mí vida o la de él.

Why did you shoot your husband?

¿Por qué le tiró a su marido?

Because he had been beating me, and I had to defend myself.

Porque él me había estado golpeando, y tuve que defenderme.

How often did he beat you?

¿Cuántas veces la golpeó?
(¿Cada cuánto la golpeaba?)

At least once a week for the last few months.

Por lo menos una vez por semana durante l
últimos meses.

How bad were the beatings?

¿Cuán severos fueron los golpes?

Very bad, I ended up black and blue all over, especially around my face.

Muy severos, acabé toda morada, especialme
en la cara.

Why did you stay around? Why didn't you leave him?

¿Por qué se quedó? ¿Por qué no lo dejó?

I loved him. And he always promised he wouldn't do it again.

Lo quería. Y él siempre prometía que no l
volvería a hacer.

But just before you shot him you had told him that you were leaving him.

Pero justo antes de matarlo, Ud. sí le hab
dicho que lo iba a dejar.

Yes, and that is when the beatings got worse.

Sí, y entonces es cuando empeoraron los golpes (las palizas).

In your statement to the police, you said that he had tortured you with an icepick, is that correct?

En su declaración a la policía, Ud. dijo q
él la había torturado con un picahielo, ¿e
correcto eso?

Yes, he hurt me real bad with that.

Sí, él me lastimó mucho con eso.

Can you show us where he hurt you with the ice pick?

¿Nos puede mostrar dónde la lastimó con el
picahielo?

No, I would have to take my clothes off to do that.

No, para hacer eso tendría que sacarme la ropa.

You had also stated that he did not let you sleep for three days and two nights, is that correct?

Ud. también declaró que él no la había dej
dormir por tres días y dos noches, ¿es cor
to eso?

Yes, that is correct. I was feeling very disoriented and tired.

Sí, eso es correcto. Me estaba sintiendo m
desorientada y cansada.

How did you get hold of the gun?

¿Cómo consiguió el revolver?

He shoved it into my hand and told me to kill him before he killed me.

Me lo metió en la mano y me dijo que lo ma
tara antes de que me matara a mí.

So you shot him?

¿Así que lo mató? (¿Con eso le pegó el tir

Yes.

Sí.

hen did you dismember him?

¿Cuándo lo descuartizó?

don't remember doing that.

No me acuerdo haberlo hecho.

nd you don't remember putting the ieces in plastic bags and then utting them in the trunk of your ar?

¿Y Ud. no se acuerda haber puesto las partes en bolsas plásticas y luego poniéndolas en el baúl de su carro?

o, sir, I don't.

No, señor, no me acuerdo.

nd do you remember driving all he way to California with your risly load?

¿Y Ud. no recuerda la ida en carro a California con su carga horrorosa?

o, I don't. I only remember arriving at my father's house.

No, no recuerdo. Solo recuerdo haber llegado a la casa de mi padre.

Dr. Altschuler, you testified that the lack of sleep had severely affected Mrs. X. Could you explain what you mean by that?

Dr. Altschuler, Ud. atestiguó que la falta de sueño (que el no poder dormir) había afectado severamente a la Sra. X. ¿Nos podría explicar lo que quiere decir con eso?

'es, the lack the sleep could have left her out of touch with reality and thinking only of self-preservation.

Sí, la falta de sueño la podría haber dejado sin contacto con la realidad y pensando únicamente en su instinto de preservación (o conservación).

This Court will not tolerate the brutalization and dehumanization of one human being by another.

Este Tribunal (Esta Corte) no tolerará el embrutecimiento y la deshumanización de un ser humano por otro.

Did you smell something burning before the explosion?	¿Ud. sintió olor a quemado antes de la explosión?
Well, I thought I smelled something, but it all happened so quickly.	Pues creí que había olido algo, pero todo pasó tan rápido.
Do you smoke?	¿Ud. fuma?
Yes. I think I just though it was a cigarette burning in an ashray or something.	Sí. Creo que simplemente creí que era un cigarrillo (cigarro) que se estaba quemando en el cenizero, o algo.
How long had you been in the building?	¿Cuánto tiempo había estado Ud. en el edificio?
About 30 minutes.	Unos 30 minutos.
Were you alone?	¿Ud. estaba solo?
No, my partner was with me.	No, mi socio estaba conmigo.
Do you have any idea as to who could have placed the dynamite in your office?	¿Ud. tiene alguna idea de quién pudiera hab colocado la dinamita en su oficina?
No, I can't think of anyone, unless it was the man that I fired last week. He was pretty upset when I fired him.	No, no se me ocurre nadie, a menos que hubiera sido el hombre a quien despedí la semana pasada. El estaba bastante molesto cuando lo despedí.
Why did you fire him?	¿Por qué lo despidió?
Because I caught him red-handed, stealing some equipment and tools from the shop.	Porque lo había agarrado en flagrante delito, robando unos equipos y herramientas del taller.
Did he tell you that he would seek revenge?	¿El le dijo que se iba a vengar?
Well, not in so many words, but he was real mad. I thought then that he might do something to me.	Bueno, no palabra por palabra, pero estaba bien enojado. Creí en ese momento que a lo mejor me iba a hacer algo.
How come you didn't press charges against him?	¿Cómo que Ud. no instigó una demanda contra él?
Well, he didn't actually remove the tools from the premises, and I thought I'd give him the benefit of the doubt.	Pues, en realidad él no sacó las herramient del local, y pensé que le daría el benefic de la duda.

SOME FORMS COMMONLY USED IN

HARRIS COUNTY,

STATE OF TEXAS

The forms used herein were provided by the respective Courts and agencies in 1978-79. Some of these forms are periodically changed and up-dated, and are intended only as examples, herein.

THE "MIRANDA" STATEMENT

1) You have the right to have a lawyer present to advise you, either prior to any questioning, or during any questioning.
2) If you are unable to employ a lawyer, you have the right to have a lawyer appointed to counsel with you prior to or during any questioning, and
3) You have the right to remain silent and not to make any statements at all, and that any statement you make may, and probably will, be used in evidence against you at your trial.
4) You have the right to terminate the interview at any time.

1) Usted tiene el derecho de tener un abogado presente para aconsejarlo, ya sea antes de cualquier interrogatorio, o durante un interrogatorio.
2) Si Usted no puede contratar un abogado, Usted tiene el derecho de que se le nombre un abogado para que él lo aconseje antes de o durante cualquier interrogatorio, y
3) Usted tiene el derecho de guardar silencio y de no hacer ninguna declaración de cualquier índole, pero cualquier declaración que Usted haga puede, y probablemente será, utilizada en evidencia contra Usted durante su juicio.
4) Usted tiene el derecho de concluir esta entrevista en cualquier momento.

UNITED STATES DISTRICT COURT

SOUTHERN DISTRICT OF TEXAS

HOUSTON DIVISION

UNITED STATES OF AMERICA	§	
VS.	§	NO.
	§	

ORDER APPOINTING INTERPRETER

The Court having been advised that the Defendant, _________________________________ does not understand English and therefore needs the assistance of a ____________ Interpreter during the proceedings before this Court in the above-styled and numbered cause, it is hereby Ordered that ____________________________, whose address is

____

is APPOINTED to serve as an interpreter for this Defendant during proceedings before this Court.

DONE this the _______ day of ________________, 19____.

____
UNITED STATES MAGISTRATE

IN THE UNITED STATES DISTRICT COURT
FOR THE SOUTHERN DISTRICT OF TEXAS
HOUSTON DIVISION

UNITED STATES OF AMERICA	§	
vs.	§	CRIMINAL No. ________________
________________________	§	JUDGE ________________

DOCKET CONTROL ORDER

The Defendant having appeared with counsel before the undersigned United States Magistrate for arraignment and having entered a plea of not guilty, and the undersigned being of the opinion that the Defendant is mentally competent, the Magistrate enters the following orders and instructions:

(1) ________________________	The last day motions with briefs may be filed with the District Clerk.
(2) ________________________	The last day that either party may respond with briefs to motions.
(3) ________________________	The date and time for an evidentiary hearing on motions if requested or required. (Counsel to contact Courtroom Deputy, if needed.)
(4) ________________________	The last day either party may file with the Clerk requested jury instructions and questions the Court will propound to the jury panel. (TO BE SUBMITTED IN DUPLICATE.)
(5) ________________________	The date and time for jury selection and/or trial.
(6) ____________________ days	Estimated trial time.
(7) ________________________ (Yes or No)	Defendant has signed waiver of right to be tried within time limits specified in the Speedy Trial Act of 1974.

Various signatures

EN LA CORTE DE DISTRITO DE LOS ESTADOS UNIDOS
PARA EL DISTRITO SUR DE TEXAS - DIVISION DE
HOUSTON

STADOS UNIDOS DE AMERICA	§	
ONTRA	§	CRIMINAL No. ____________________
____________________	§	JUEZ ____________________

ORDEN DE CONTROL PARA LA LISTA DE LITIGIOS

El (La) Demandado(a) habiendo comparecido con su abogado ante el Magistrado de los Estados Unidos infrascrito para la lectura de acusación, y habiéndose declarado inocente, y el infrascrito siendo de la opinión que el (la) Demandado(a) es mentalmente competente, el Magistrado inicia las siguientes órdenes e instrucciones:

1)	____________________	El último día en que se pueden someter peticiones con relaciones escritas con el Escribano del Distrito.
2)	____________________	El último día en que cualquiera de las partes puede responder con relaciones escritas a las peticiones.
3)	____________________	El día y la hora para una audiencia probatoria sobre las peticiones, si se solicita o se require. (El abogado se pondrá en contacto con el Asistente de la Corte, si fuese necesario.)
4)	____________________	El última día en que cualquiera de las partes puede someter, con el Escribano, las instrucciones que se solicitan sean dadas al jurado y las preguntas que la Corte hará al panel de jurados. (SE SOMETERA POR DUPLICADO.)
5)	____________________	La fecha y la hora para la selección del jurado y/o el juicio.
6)	____________________ días	Duración estimada del juicio.
7)	____________________ (Sí o no)	El (La) Demandado(a) ha firmado la renuncia al derecho de ser juzgado(a) dentro de los límites de tiempo especificados en el Acta sobre Juicios Sin Demora de 1974.

Varias firmas

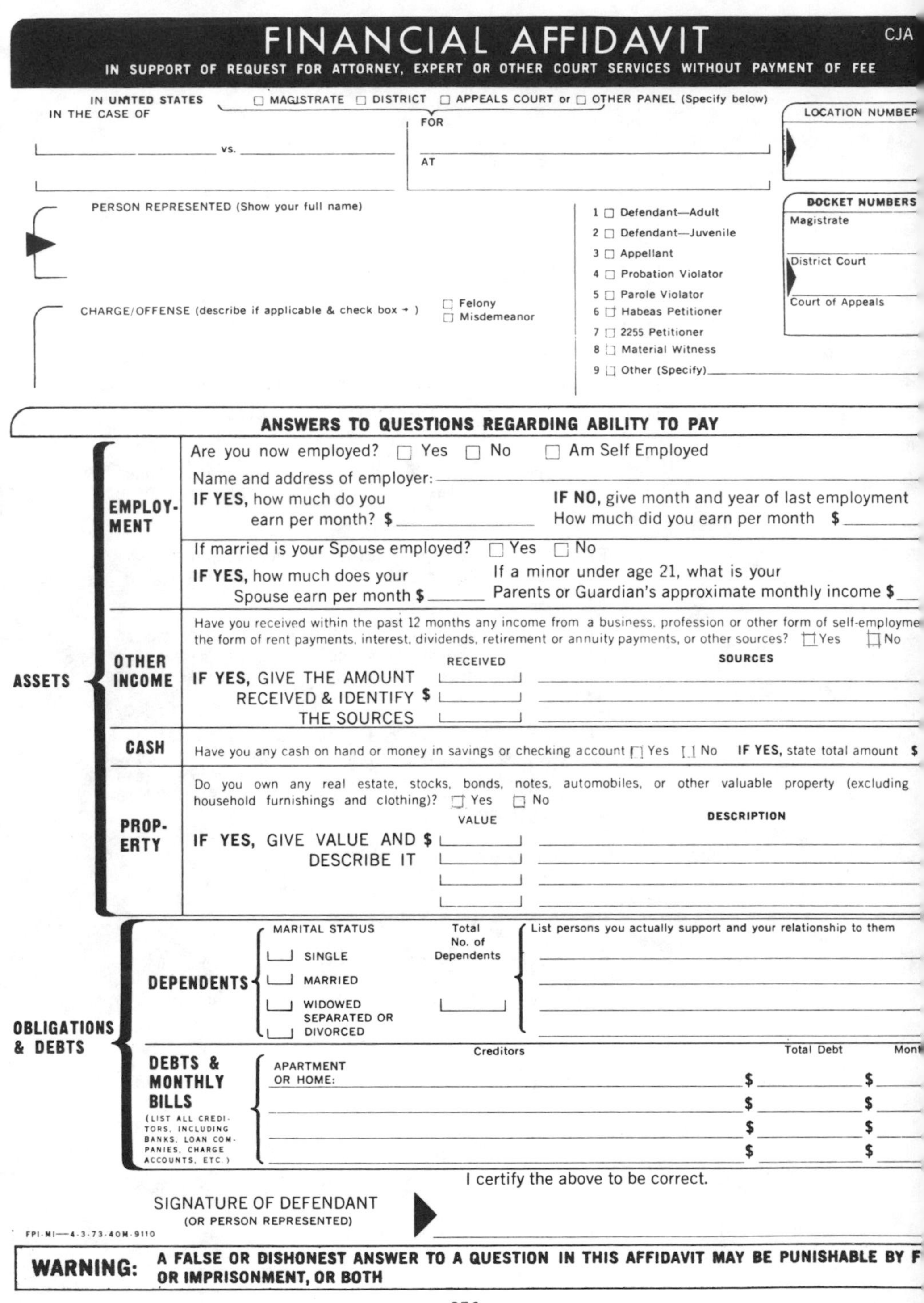

FINANCIAL AFFIDAVIT

CJA

IN SUPPORT OF REQUEST FOR ATTORNEY, EXPERT OR OTHER COURT SERVICES WITHOUT PAYMENT OF FEE

IN UNITED STATES ☐ MAGISTRATE ☐ DISTRICT ☐ APPEALS COURT or ☐ OTHER PANEL (Specify below)

IN THE CASE OF

FOR

______________ vs. ______________

AT

LOCATION NUMBER

PERSON REPRESENTED (Show your full name)

1 ☐ Defendant—Adult
2 ☐ Defendant—Juvenile
3 ☐ Appellant
4 ☐ Probation Violator
5 ☐ Parole Violator
6 ☐ Habeas Petitioner
7 ☐ 2255 Petitioner
8 ☐ Material Witness
9 ☐ Other (Specify)____________

DOCKET NUMBERS
Magistrate
District Court
Court of Appeals

CHARGE/OFFENSE (describe if applicable & check box →) ☐ Felony ☐ Misdemeanor

ANSWERS TO QUESTIONS REGARDING ABILITY TO PAY

ASSETS

EMPLOYMENT

Are you now employed? ☐ Yes ☐ No ☐ Am Self Employed

Name and address of employer: ____________

IF YES, how much do you earn per month? $ ________

IF NO, give month and year of last employment
How much did you earn per month $ ________

If married is your Spouse employed? ☐ Yes ☐ No

IF YES, how much does your Spouse earn per month $ ________

If a minor under age 21, what is your Parents or Guardian's approximate monthly income $ ________

OTHER INCOME

Have you received within the past 12 months any income from a business, profession or other form of self-employme the form of rent payments, interest, dividends, retirement or annuity payments, or other sources? ☐ Yes ☐ No

IF YES, GIVE THE AMOUNT RECEIVED & IDENTIFY THE SOURCES

RECEIVED	SOURCES
$	

CASH

Have you any cash on hand or money in savings or checking account ☐ Yes ☐ No **IF YES,** state total amount $

PROPERTY

Do you own any real estate, stocks, bonds, notes, automobiles, or other valuable property (excluding household furnishings and clothing)? ☐ Yes ☐ No

IF YES, GIVE VALUE AND DESCRIBE IT

VALUE	DESCRIPTION
$	

OBLIGATIONS & DEBTS

DEPENDENTS

MARITAL STATUS
☐ SINGLE
☐ MARRIED
☐ WIDOWED
☐ SEPARATED OR DIVORCED

Total No. of Dependents ____

List persons you actually support and your relationship to them

DEBTS & MONTHLY BILLS (LIST ALL CREDITORS, INCLUDING BANKS, LOAN COMPANIES, CHARGE ACCOUNTS, ETC.)

Creditors	Total Debt	Mon[th]
APARTMENT OR HOME:	$	$
	$	$
	$	$
	$	$

I certify the above to be correct.

SIGNATURE OF DEFENDANT (OR PERSON REPRESENTED) ____________

FPI-MI—4-3-73-40M-9110

WARNING: **A FALSE OR DISHONEST ANSWER TO A QUESTION IN THIS AFFIDAVIT MAY BE PUNISHABLE BY F[INE] OR IMPRISONMENT, OR BOTH**

AFIDAVIT O DECLARACION JURADA SOBRE ESTADO FINANCIERO

(translation provided of questions that will be asked of Defendant)

¿Ud. está empleado ahora? Sí No Trabajo por mi cuenta

Nombre y dirección de su empleador:

(Si sí) ¿Cuánto gana por mes? (Si no) Dé el mes y el año de su último empleo ¿Cuánto ganaba por mes?

¿Es casado(a)? ¿Su marido (esposa) trabaja? Sí No

¿Cuánto gana su marido (esposa) por mes?

Si Ud. tiene menos de 21 años de edad, dé el ingreso aproximado mensual de sus padres o tutores:

Durante los últimos 12 meses ¿ha Ud. recibido ingreso de algún negocio, profesión u otro medio de trabajo por su cuenta, o en la forma de pagos por renta, intereses, dividendos, jubilación, anualidades u otras fuentes? Sí No

Dé la cantidad recibida e identifique las fuentes.

¿Tiene dinero efectivo a mano o dinero en una cuenta corriente o cuenta de ahorros en un banco? Sí No ¿Cuál es la cantidad total?

¿Ud. es propietario de cualesquier bienes raíces, títulos, pagarés, automóviles o cualquier otra propiedad de valor (salvo muebles y ropa en su casa)?

Dé el valor de los mismos y descríbalos.

Dependientes: Ud. es Casado(a) Soltero(a) Viudo(a) Separado(a) o Divorciado(a)

¿Cuántos dependientes tiene en total?

Descríbalos, e indique su parentezco con ellos.

Deudas y Cuentas Mensuales: Dé una lista de todos los acreedores, incluyendo bancos, compañías de préstamo, cuentas con tarjetas de crédito.

Deuda total - Pagos Mensuales.

Certifico que lo antedicho es correcto.

ADVERTENCIA: UNA RESPUESTA FALSA O DESHONESTA A UNA PREGUNTA EN ESTE AFIDAVIT PUEDE SER CASTIGABLE POR MULTA O POR ENCARCELAMIENTO, O AMBOS.

IN THE UNITED STATES DISTRICT COURT
FOR THE SOUTHERN DISTRICT OF TEXAS
HOUSTON DIVISION

UNITED STATES OF AMERICA ǁ

vs. ǁ CRIMINAL No. ______________

______________________ ǁ

WAIVER OF ARRAIGNMENT LIMITS

As the defendant in the above captioned cause, I desire to waive my right to be arraigned within the time limits set forth by the 1976 Plan for the Disposition of Criminal Cases Prepared in Compliance with The Speedy Trial Act And, In Particular, 18 U.S.C. 3165(e)(1), which was promulgated pursuant to Rule 50(b), Federal Rules of Criminal Procedure and the Speedy Trial Act of 1974, 18 U.S.C. Section 3165(c).

In signing this waiver, I am fully aware that criminal matters are to be given preference on the Court's docket and that the above Plan requires that I shall be arraigned and enter a plea within 10 days of the last to occur of the following dates:

(1) date of filing of the information or the return of the indictment.
(2) the date on which a sealed indictment or information is unsealed.
(3) the date of first appearance, after indictment, before a judicial officer of this district.

Further, I am fully aware that failure of the Court to comply with the time limits set forth by the above Plan without my consent may justify dismissal of this action for unnecessary delay.

I have consulted with my attorney regarding the waiver of my right to be arraigned within the time limits set forth by the above Plan, and he agrees with my decision.

Date ______________________ ______________________________

Defendant

____

Counsel for Defendant

EN LA CORTE DE DISTRITO DE LOS ESTADOS UNIDOS
PARA EL DISTRITO SUR DE TEXAS
DIVISION DE HOUSTON

ESTADOS UNIDOS DE AMERICA §
CONTRA § CRIMINAL No. ________________
________________________ §

RENUNCIA DE LOS LIMITES DE LA LECTURA DE ACUSACION

Como el (la) Demandado(a) en la causa arriba mencionada, deseo renunciar a mi derecho de que se me lea la acusación dentro de los límites de tiempo establecidos por el Plano para la Disposición de Causas Criminales de 1976, preparado en cumplimiento con el Acta sobre Juicios Sin Demora y, en especial, el No. 18 del Código de los Estados Unidos, Sección 3165(e) (1), el cual fue promulgado en base a la Regla 50(b), Reglas Federales de Procedimiento Criminal y el Acta sobre Juicios Sin Demora de 1974, No. 18 del Código de los Estados Unidos, Sección 3165(c).

Al firmar esta renuncia, estoy totalmente consciente que a los asuntos criminales se les da preferencia en la lista de litigios de la Corte y que el Plano arriba mencionado requiere que se me lea la acusación y que pueda interponer un alegato dentro de los 10 días de la última de las fechas que ocurre de las mencionadas a continuación:

(1) fecha de registrar el informe o el día en que se pronuncia una acusación formal.

(2) la fecha en que una acusación o informe sellado sea abierto.

(3) la fecha de la primer audiencia, después de la acusación formal, ante un oficial judicial de este distrito.

Además, estoy completamente consciente que si la Corte no llega a cumplir con los límites de tiempo establecidos por el Plano arriba mencionado sin mi consentimiento, eso puede justificar que la acción se declare sin lugar debido a demora innecesaria.

He consultado con mi abogado con respecto a la renuncia de mi derecho de que se me lea la acusación dentro de los límites de tiempo establecidos por el Plano arriba mencionado, y él está de acuerdo con mi decisión.

Fecha________________________ ________________________________
Demandado(a)

____
Abogado para el (la) Demandado(a)

IN THE UNITED STATES DISTRICT COURT
FOR THE SOUTHERN DISTRICT OF TEXAS
HOUSTON DIVISION

Magistrate's Docket No. ___________
Case No. ___________

UNITED STATES OF AMERICA	Ǐ	
vs.	Ǐ	WAIVER OF <u>PRELIMINARY HEARING</u>
______________________	Ǐ	

I, the above-named Defendant, state and acknowledge that I have been informed by the Magistrate of the complaint against me and of any affidavit filed therewith, of my right to retain counsel, of my right to request the assignment of counsel if I am unable to obtain counsel, of the general circumstances under which I may secure pretrial release, and of my right to a preliminary hearing, all of which I fully understand. I have also been informed that I am not required to make a statement and that any statement made by me may be used against me.

I now state to the Magistrate that I hereby knowingly waive my right to a preliminary hearing.

____
Defendant

SWORN TO AND SUBSCRIBED before me, this _____ day of ___________ __________, 19____.

____
UNITED STATES MAGISTRATE
SOUTHERN DISTRICT OF TEXAS
AT HOUSTON

EN LA CORTE DE DISTRITO DE LOS ESTADOS UNIDOS
PARA EL DISTRITO SUR DE TEXAS
DIVISION DE HOUSTON

ESTADOS UNIDOS DE AMERICA	ǁ	No. en la Lista de Litigios del Magistrado ______________
CONTRA	ǁ	Causa No. ______________
______________________	ǁ	

RENUNCIA DE LA AUDIENCIA PRELIMINAR

Yo, el (la) Demandado(a) arriba mencionado(a), declaro y reconozco que el Magistrado me ha informado con respecto a la demanda contra mí y de cualquier afidávit presentado con la misma, de mi derecho a contratar un abogado, de mi derecho de pedir que se me asigne un abogado si no puedo obtener uno por mi cuenta, de las circunstancias generales bajo las cuales puedo conseguir libertad bajo fianza antes del juicio, y de mi derecho a una audiencia preliminar, todo lo cual entiendo completamente. También se me ha informado que no necesito hacer ninguna declaración y que cualquier declaración que yo haga puede ser usada en contra de mí.

Ahora le manifiesto al Magistrado que por lo presente yo deliberadamente renuncio a mi derecho de una audiencia preliminar.

____
Demandado(a)

JURADO Y SUSCRIPTO ante mí, este ____ día de ________________ de 19___.

____
MAGISTRADO DE LOS ESTADOS UNIDOS
DISTRITO SUR DE TEXAS EN HOUSTON

IN THE UNITED STATES DISTRICT COURT
FOR THE SOUTHERN DISTRICT OF TEXAS
HOUSTON DIVISION

Magistrate's Docket No. __________
Case No. __________

UNITED STATES OF AMERICA §
vs. §
________________________ §

WAIVER OF RIGHT TO COUNSEL
AND
WAIVER OF HEARING

I, the above-named Defendant, state and acknowledge that I have been informed by the Magistrate of the complaint against me and of any affidavit filed therewith, of my right to retain counsel, of my right to request the assignment of counsel if I am unable to obtain counsel, of the general circumstances under which I may secure pretrial release, and of my right to a preliminary hearing, all of which I fully understand. I have also been informed that I am not required to make a statement and that any statement made by me may be used against me.

I now state to the Magistrate that I hereby knowingly waive my right to have retained or appointed counsel to represent me before the Magistrate.

I further state to the Magistrate that I hereby knowingly waive my right to a preliminary hearing.

____
Defendant

SWORN TO AND SUBSCRIBED before me, this ____ day of ______________ ________, 19_____.

____
UNITED STATES MAGISTRATE
SOUTHERN DISTRICT OF TEXAS
AT HOUSTON

EN LA CORTE DE DISTRITO DE LOS ESTADOS UNIDOS
PARA EL DISTRITO SUR DE TEXAS
DIVISION DE HOUSTON

ESTADOS UNIDOS DE AMERICA	§	No. en la Lista de Litigios del Magistrado ____________
CONTRA	§	Causa No. ____________
______________________	§	

RENUNCIA AL DERECHO DE TENER UN ABOGADO Y

RENUNCIA A LA AUDIENCIA PRELIMINAR

Yo, el (la) Demandado(a) arriba mencionado(a), declaro y reconozco que el Magistrado me ha informado con respecto a la demanda contra mí y de cualquier afidávit presentado con la misma, de mi derecho a contratar un abogado, de mi derecho de pedir que se me asigne un abogado si no puedo obtener uno por mi cuenta, de las circunstancias generales bajo las cuales puedo conseguir libertad bajo fianza antes del juicio, y de mi derecho a una audiencia preliminar, todo lo cual entiendo completamente. También se me ha informado que no necesito hacer ninguna declaración y que cualquier declaración que yo haga puede ser usada en contra de mí.

Ahora le manifiesto al Magistrado que por la presente yo deliberadamente renuncio a mi derecho de tener un abogado contratado o nombrado para que me represente ante el Magistrado.

Además le manifiesto al Magistrado que por la presente yo deliberadamente renuncio a mi derecho de una audiencia preliminar.

____
Demandado(a)

JURADO Y SUSCRIPTO ante mí, este ___ día de ________________ de 19____.

____
MAGISTRADO DE LOS ESTADOS UNIDOS
DISTRITO SUR DE TEXAS EN HOUSTON

UNITED STATES DISTRICT COURT
SOUTHERN DISTRICT OF TEXAS
HOUSTON DIVISION

UNITED STATES OF AMERICA §
vs. § MAGISTRATE No. ____________
______________________ §

WAIVER OF TIME LIMITS FOR PRELIMINARY EXAMINATION

As the defendant in the above captioned cause, I desire to waive my right to a preliminary examination within the time limits set forth by the 1976 Plan for the Disposition of Criminal Cases Prepared in Compliance with The Speedy Trial Act of 1974 and, pursuant to Rule 5(c), Federal Rules of Criminal Procedure.

In signing this waiver, I am fully aware of my right to a preliminary examination within ten (10) days following the initial appearance if I am in federal custody, or within twenty (20) days if I am not in federal custody.

I have consulted with my attorney regarding the waiver of my right to a preliminary examination within the time limits set forth by the Above Plan, and he agrees with my decision.

Date: ________________________ ________________________________
Defendant

____
Counsel for Defendant

EN LA CORTE DE DISTRITO DE LOS ESTADOS UNIDOS
PARA EL DISTRITO SUR DE TEXAS
DIVISION DE HOUSTON

ESTADOS UNIDOS DE AMERICA	I	
CONTRA	I	MAGISTRADO No. ______________
__________________________	I	

RENUNCIA A LOS LIMITES DE TIEMPO PARA UN INTERROGATORIO PRELIMINAR

Como el (la) Demandado(a) en la causa arriba mencionada, deseo renunciar a mi derecho de un interrogatorio preliminar dentro de los límites de tiempo establecidos por el Plano para Disposición de Causas Criminales de 1976, preparado en cumplimiento con el Acta sobre Juicios Sin Demora de 1974, y de acuerdo con la Regla 5(c), Reglas Federales del Procedimiento Criminal.

Al firmar esta renuncia, estoy totalmente consciente de mi derecho a un interrogatorio preliminar dentro de los 10 (diez) días después de la comparecencia inicial si estoy bajo custodia federal, o dentro de 20 (veinte) días si no estoy bajo custodia federal.

He consultado con mi abogado con respecto a la renuncia de mi derecho a un interrogatorio preliminar dentro de los límites de tiempo establecidos por el Plano arriba mencionado, y él está de acuerdo con mi decisión.

Fecha: ____________________________ ____

Demandado(a)

____

Abogado para el (la) Demandado(a)

UNITED STATES DISTRICT COURT
SOUTHERN DISTRICT OF TEXAS
HOUSTON DIVISION

Magistrate's Docket No. __________
Case No. __________

UNITED STATES OF AMERICA	§	
vs.	§	WAIVER OF RIGHT TO COUNSEL
________________________	§	

I, the above-named Defendant, state and acknowledge that I have been informed by the Magistrate of the complaint against me and of any affidavit filed therewith, of my right to retain counsel, of my right to request the assignment of counsel if I am unable to obtain counsel, of the general circumstances under which I may secure pretrial release, and of my right to a preliminary hearing, all of which I fully understand. I have also been informed that I am not required to make a statement and that any statement made by me may be used against me.

I now state to the Magistrate that I hereby knowingly waive my right to have retained or appointed counsel represent me before the Magistrate.

____
Defendant

SWORN TO AND SUBSCRIBED before me, this _______ day of ____________ __________, 19____.

____
UNITED STATES MAGISTRATE
SOUTHERN DISTRICT OF TEXAS
AT HOUSTON

CORTE DE DISTRITO DE LOS ESTADOS UNIDOS
DISTRITO SUR DE TEXAS
DIVISION DE HOUSTON

No. del Orden del Día del Magistrado ________

Causa No. ________

ESTADOS UNIDOS DE AMERICA	ǂ	
CONTRA	ǂ	RENUNCIA DEL DERECHO A TENER ABOGADO
______________________	ǂ	

Yo, el (la) Demandado(a) arriba mencionado(a), manifiesto y reconozco que el Magistrado me ha informado de la demanda contra mí y de cualquier afidávit que se haya registrado con la misma, de mi derecho de contratar un abogado, de mi derecho de pedir que se me nombre un abogado si no puedo obtener uno por mi cuenta, de las circunstancias generales bajo las cuales puedo conseguir libertad bajo fianza antes del juicio, y de mi derecho a una audiencia preliminar, todo lo cual comprendo totalmente. También se me ha informado que no necesito hacer una declaración y que cualquier declaración que yo haga puede ser usada en contra de mí.

Ahora declaro al Magistrado que por la presente deliberadamente renuncio a mi derecho de tener un abogado contratado o nombrado para que me represente ante el Magistrado.

____
Demandado(a)

JURADO Y SUSCRIPTO ante mí, este _____ día de ________________ de 19____.

____
MAGISTRADO DE LOS ESTADOS UNIDOS
DISTRITO SUR DE TEXAS EN HOUSTON

UNITED STATES DISTRICT COURT
SOUTHERN DISTRICT OF TEXAS
HOUSTON DIVISION

UNITED STATES OF AMERICA	§	
vs.	§	CRIMINAL No. ______________
______________________	§	

WAIVER OF COURT APPOINTED COUNSEL

The Constitution of the United States guarantees to you the right to have the assistance of counsel, i.e., an attorney-at-law, for your defense. If you are unable to employ counsel, this Court will appoint counsel for you. Such appointed counsel will represent you ably and free of charge.

This means that you are entitled to have counsel represent you at every stage of the proceedings, unless you elect to proceed without counsel; and freely, voluntarily and with full understanding of your rights, waive the right of counsel. You are further advised, that even if you do waive counsel, you can at any stage of these proceedings notify the Court that you then want counsel's assistance, and the Court will promptly assign counsel to you.

After reading in Open Court, and fully understanding the above, I hereby elect to waive the appointment of counsel to assist me in my defense.

______________________________	______________________________
Courtroom Clerk Witness	Defendant

CORTE DE DISTRITO DE LOS ESTADOS UNIDOS
DISTRITO SUR DE TEXAS
DIVISION DE HOUSTON

ESTADOS UNIDOS DE AMERICA	)	
CONTRA	)	CRIMINAL No. ____________________
____________________	)	

RENUNCIA AL ABOGADO NOMBRADO POR LA CORTE

La Constitución de los Estados Unidos le garantiza a Ud. el derecho de obtener la asistencia de un asesor legal, es decir, un abogado, para su defensa. Si Ud. no puede emplear un abogado, esta Corte le nombrará uno. Dicho abogado designado lo (la) representará hábilmente y sin costo alguno.

Esto significa que Ud. tiene el derecho de que el abogado lo (la) represente durante cada fase de los procedimientos, a menos que Ud. elija proceder sin abogado, y que libre y voluntariamente y con total comprensión de sus derechos, renuncie al derecho de tener asesoría legal. Además, se le avisa, que aún si Ud. renuncia la asesoría legal, Ud. podrá, durante cualquier fase de los procedimientos, notificar a la Corte que en ese momento Ud. quiere la asistencia de un abogado, y la Corte oportunamente le asignará un abogado.

Después de leer esto en pleno tribunal, y habiendo comprendido totalmente todo lo antedicho, por la presente elijo renunciar al nombramiento de un abogado para que ayude con mi defensa.

______________________________ ______________________________

Escribano de la Corte
Testigo

Demandado(a)

IN THE UNITED STATES DISTRICT COURT
FOR THE SOUTHERN DISTRICT OF TEXAS
HOUSTON DIVISION

UNITED STATES OF AMERICA ǀ
vs. ǀ CRIMINAL No. ____________
____________ ǀ

WAIVER OF TRIAL LIMITS

As the defendant in the above captioned cause, I desire to waive my right to be tried within the time limits set forth by the Plan for the United States District Court for the Southern District of Texas for Achieving Prompt Disposition of Criminal Cases, dated August 5, 1975, which was promulgated pursuant to Rule 50(b), Federal Rules of Criminal Procedure, and The Speedy Trial Act of 1974, 18 U.S.C., Section 3165(c).

In signing this waiver, I am fully aware that criminal matters are to be given preference of the Courts' docket and that the above Plan requires that my trial commence within 90 days following the beginning of my continuous federal custody, or within 80 days of my plea of not guilty, if I am not in federal custody. Further, I am fully aware tnat failure of the Court to comply with the time limits set forth by the above Plan without my consent may justify dismissal of this action for unncessary delay. Lastly, I am fully aware that this Court is not designating a definite date for the trial of my case and is only representing that it is to be tried at the earliest practicable date consistent with other docket requirements.

I have consulted with my attorney regarding the waiver of my right to be tried within the time limits set forth by the above Plan, and he agrees with my decision.

Date: ____________ ____________
Defendant

____
Counsel for Defendant

EN LA CORTE DE DISTRITO DE LOS ESTADOS UNIDOS
PARA EL DISTRITO SUR DE TEXAS
DIVISION DE HOUSTON

ESTADOS UNIDOS DE AMERICA §
CONTRA § CRIMINAL No. ____________________
______________________________ §

RENUNCIA DE LIMITES DE TIEMPO PARA EL JUICIO

Como el (la) Demandado(a) en la causa arriba mencionada, deseo renunciar a mi derecho de ser juzgado dentro de los límites de tiempo establecidos por el Plano de las Cortes de Distrito de los Estados Unidos para el Distrito Sur de Texas para Lograr Disposición Oportuna de Causas Criminales, con fecha 5 de agosto de 1975, el cual fue promulgado en base a la Regla 50(b), Reglas Federales de Procedimiento Criminal, y el Acta sobre Juicios Sin Demora de 1974, Código de los Estados Unidos No. 18, Sección 3165(c).

Al firmar esta renuncia, estoy totalmente consciente que a los asuntos criminales se les da preferencia en la lista de litigios de la Corte y que el Plano arriba mencionado requiere que mi juicio comienze dentro de los 90 días después del comienzo de mi custodia federal contínua, o dentro de los 80 días de mi declaración de inocencia, si no estoy en custodia federal. Además, estoy completamente consciente que si la Corte no llega a cumplir con los límites de tiempo establecidos por el Plano arriba mencionado sin mi consentimiento, eso puede justificar que la acción se declare sin lugar debido a demora innecesaria. Finalmente, estoy totalmente consciente de que esta Corte no está designando una fecha definitiva para el juzgamiento de mi causa y que sólo está indicando que la misma será juzgada en la primer fecha posible de acuerdo con los otros requisitos de la lista de litigios.

He consultado con mi abogado con respecto a la renuncia de mi derecho de ser juzgado dentro de los límites de tiempo establecidos por el Plano arriba mencionado, y él está de acuerdo con mi decisión.

______________________________ ______________________________
Fecha Demandado(a)

____
Abogado para el (la) Demandado(a)

ARRAIGNMENT IN DISTRICT COURT FOR PLEA OF GUILTY

1. Place defendant under oath. Personally advise defendant that the Court will ask him (her) questions about the offense(s) to which he (she) has pleaded, and if he (she) answers these questions under oath, on the record, and in the presence of counsel, his (her) answers may later be used against him (her) in a prosecution for perjury or false statement. (Rule 11 (c) (5)).

2. Ask defendant:
   a. His (her) name;
   b. His (her) age;
   c. The extent of his (her) education;
   d. If he (she) is currently or has recently been under the care of a physician;
   e. If he (she) has ever been under the care of a psychiatrist;
   f. If he (she) is a narcotic addict;
   g. If he (she) is under the influence of alcohol or narcotics at this time;
   h. If he (she) has received a copy of the indictment (or information);
   i. If he (she) has had time to consult with his (her) attorney;
   j. If he (she) is satisfied with his (her) attorney;
   k. If he (she) is ready to be arraigned.

3. Have indictment (information) read. Assistant United States Attorney asks "what is your plea."

4. Personally address the defendant in open Court and inform him (her):
   a. The nature of the charge to which the plea is offered;
   b. The essential elements of the offense (including the requisite intent) to which he (she) has pleaded;
   c. The mandatory minimum penalty provided by law (if any);
   d. The maximum possible penalty provided by law (including Special Parole Term, if applicable). If defendant is eligible for sentencing under Youth Corrections Act - YCA, advise of the provisions of the YCA and the possibility that he (she) may be incarcerated under certain conditions for up to six years;

LECTURA DE ACUSACION EN LA CORTE DEL DISTRITO PARA DECLARARSE CULPABLE

1. Coloque al (a la) Demandado(a) bajo juramento. Personalmente notifique al (a la) Demandado(a) que la Corte le hará preguntas con respecto a las ofensas a que se ha declarado culpable, y que si contesta estas preguntas bajo juramento mientras que están siendo anotadas y en la presencia del abogado, las respuestas luego se pueden usar en contra de él (ella) en un procedimiento por perjurio o testimonio falso. (Regla 11(c)(5))

2. Pregúntele al (a la) Demandado(a):
   a. Su nombre;
   b. Su edad;
   c. Hasta que punto ha tenido educación formal;
   d. Si actualmente está o recientemente ha estado bajo el cuidado de un médico;
   e. Si jamás ha estado bajo el cuidado de un psiquiatra;
   f. Si es adicto(a) a los narcóticos;
   g. Si en estos momentos, él (ella) está bajo la influencia de alcohol o narcóticos;
   h. Si ha recibido una copia del informe o de la acusación formal;
   i. Si él (ella) ha tenido tiempo para consultar con su abogado;
   j. Si él (ella) está satisfecho(a) con su abogado;
   k. Si él (ella) está listo(a) para que se le lea la acusación.

3. Se lee la acusación formal o el informe. El Fiscal Asistente de los Estados Unidos le pregunta ¿cómo se declara?

4. Personalmente diríjase al (a la) Demandado(a) en pleno tribunal y notifíquele:
   a. La naturaleza del cargo sobre el cual se ha de declarar;
   b. Los elementos esenciales de la ofensa (incluyendo el intento requerido) a la cual se ha declarado;
   c. La pena mínima obligatoria que establece la ley (si existiera);
   d. La pena máxima que sería posible de acuerdo con la ley (incluyendo, si fuese aplicable, el período especial de libertad bajo supervisión). Si el (la) demandado(a) es elegible para ser sentenciado(a) bajo el Acta de Correcciones de Juveniles (Youth Corrections Act - YCA), notifíquele de las previsiones del YCA y la posibilidad de que él (ella) pudiera, bajo ciertas condiciones, estar encarcelado(a) por un máximo de seis años;

e. That he (she) has the right to be represented by an attorney at every stage of the proceeding against him (her) and, if necessary, one will be appointed to represent him (her);

f. That he (she) has the right to plead not guilty and to persist in that plea, and compel the Government to bring proof of his (her) guilt beyond a reasonable doubt;

g. That he (she) has the right to be tried by a jury and at that trial:

   1. He (she) would be presumed innocent until such a time, if ever, as the Government was able to establish his (her) guilt by competent evidence to the satisfaction of the jury beyond a reasonable doubt;

   2. He (she) has the right to:

      (a) the assistance of counsel;

      (b) confront and cross-examine witnesses against him (her);

      (c) subpoena and compel the production of witnesses and evidence in his (her) behalf;

      (d) not to be compelled to incriminate himself (herself).

h. That if he (she) pleads guilty or nolo contendere there will not be a further trial of any kind, so that by pleading guilty or nolo contendere he (she) waives the right to a trial;

i. That if he (she) pleads guilty or nolo contendere, that all non-jurisdictional defects such as an illegal search and seizure, a violation of the right to a speedy trial, and an inadmissible statement, are waived and may not be later contested. United States vs. Sepe, 486 F 2d 1044 (5th Cir. 1973), en. banc.;

j. That if a nolo contendere or guilty plea is entered he (she) will have a finding of guilty entered against him (her).

5. Ask defendant:

   a. If he (she) believes there is any understanding or if any predictions have been made to him (her) concerning the sentence he (she) will receive;

   (Note: If defendant indicates there is an understanding or prediction concerning the sentence, advise that the sentence to be imposed is in the sole discretion of the presiding judge and any such prediction or understanding is valueless.)

e. Que él (ella) tiene el derecho de ser representado(a) por un abogado durante toda fase del procedimiento en contra de él (ella) y que si fuese necesario, se le nombrará uno para que lo (la) represente;

f. Que él (ella) tiene el derecho de declararse inocente y de persistir en ese alegato, y compeler al Gobierno para que presente prueba de culpabilidad más allá de una duda razonable;

g. Que él (ella) tiene el derecho de ser juzgado(a) por un jurado y que en ese juicio:

1. El (Ella) será presumida inocente hasta tanto que el Gobierno pueda establecer su culpabilidad, si jamás lo hace, por medio de evidencia competente a la satisfacción de un jurado más allá de una duda razonable;

2. El (Ella) tiene el derecho de:

(a) la ayuda de un abogado;

(b) la confrontación y la contrainterrogatoria de testigos en contra de él (ella);

(c) citar y compeler la producción de testigos y evidencia en su favor;

(d) que no se le obliga a que se incrimine él (ella) mismo(a).

h. Que si él (ella) se declara culpable o no contesta a las acusaciones (nolo contendere) no habrá otro juicio de ninguna índole, es decir, al declararse culpable o al no contestar a las acusaciones él (ella) renuncia al derecho de tener un juicio;

i. Que si él (ella) se declara culpable o no contesta a las acusaciones (nolo contendere) todos los defectos no jurisdiccionales, tales como un registro e incautación ilegal, una infracción al derecho de un juicio sin demora, y una declaración inadmisible, se renuncian, y más adelante no pueden ser disputados. (Estados Unidos contra Sepe, 486 F. 2d 1044 (5th Circ., 1973) en banc.;

j. Que si él (ella) se declara culpable o no contesta a las acusaciones (nolo contendere) el fallo será de culpabilidad contra él (ella).

5. Pregúntele al (a la) Demandado(a):

a. Si él (ella) cree que hay algún acuerdo o si se le han hecho cualesquier pronósticos con respecto a la sentencia que él (ella) recibirá;

(Nota: Si el (la) demandado(a) indica que existe algún acuerdo o pronóstico con respecto a la sentencia, notifíquele que la sentencia que se dictará queda a la discreción única del juez presidente y que cualesquier acuerdo a pronóstico no tiene ningún valor.)

b. If he (she) was promised lighter punishment in return for a plea of guilty or nolo contendere or that he (she) would be dealt with more harshly if he (she) demanded a trial and were found guilty;

c. If any force has been exerted, or if any threats or promises apart from a plea agreement have been made to induce him (her) to plead guilty.

6. Is your willingness to plead guilty or nolo contendere the result of prior discussions between the attorney for the Government and you or your attorney? (Rule 11 (d))

7. Tell defendant that plea agreements are permissible and that the defendant and all counsel have a duty to disclose the existence and details of any agreement which relates to the plea tendered. See Bryan vs. United States, 492 F. 2d 775 (5th Cir., 1974).

8. Ask attorney for the Government if there has been any plea agreement entered into in the case. If so, the details must be spread on the record at this time. (Rule 11(e)(2) and (5).)

9. Ask attorney for the defendant if this accurately states the full extent of the plea agreement.

10. Ask defendant:

a. If this accurately states the full extent of the plea agreement as he (she) understands it;

b. If he (she) is aware of or believes that any additional undisclosed plea agreements have been made.

11. Tell defendant:

a. That the Court may accept or reject the plea agreement or may defer its acceptance or rejection until there has been an opportunity to consider the presentence report;

b. That if the Court accepts the plea agreement, a judgement and sentence will be entered embodying the disposition provided for in the plea agreement;

b. Si se le ha prometido un castigo menos grave como consecuencia de declararse culpable o no contestar las acusaciones (_nolo contendere_) o si se le iba a tratar con mayor severidad si pedía un juicio y se le encontraba culpable;

c. Si se ha ejercido alguna fuerza, o si se han hecho cualesquier amenazas o promeses, aparte de un acuerdo sobre alegatos, para persuadirlo (la) a que se declare culpable.

6. Su consentimiento en declararse culpable o en no contestar las acusaciones, ¿es el resultado de discusiones previas entre el fiscal del gobierno, y Ud. o su abogado? (Regla 11(d))

7. Dígale al (a la) Demandado(a) que los acuerdos sobre alegatos son permisibles y que el (la) Demandado(a) y todos los abogados tienen el deber de revelar la existencia y los detalles de cualquier acuerdo que se relaciona con el alegato que se presentará. Véase _Bryan contra los Estados Unidos_, 492 F. 2d 775 (5th Cir., 1974).

8. Pregúntele al Fiscal para el Gobierno si ha habido algún acuerdo sobre los alegatos que fueron presentados en esta causa. Si así fue, los detalles tienen que ser anotados en el registro oficial en ese momento. (Regla 11(e) (2) y (5)).

9. Pregúntele al abogado del (de la) Demandado(a) si ésto refleja exactamente el acuerdo sobre alegatos en toda su extensión.

10. Pregúntele al (a la) Demandado(a):

a. Si ésto refleja exactamente el acuerdo sobre los alegatos en toda su extensión, a su mejor entender;

b. Si él (ella) sabe de o cree que hay cualquier otro acuerdo adicional sobre alegatos que se haya hecho y que no se ha revelado.

11. Dígale al (a la) Demandado(a):

a. Que la Corte puede aceptar o rechazar el acuerdo sobre alegatos o puede postergar su aceptación o rechazo hasta tanto haya la oportunidad de considerar el informe presentencia;

b. Que si la Corte acepta el acuerdo sobre alegatos, un fallo y una sentencia serán dictados que incorporen las disposiciones establecidas en el acuerdo de alegatos;

c. That if the Court rejects the plea agreement, the defendant will be allowed to withdraw his (her) plea of guilty or nolo contendere;

d. That if defendant persists in the plea following the rejection of the plea agreement the disposition of the case may be less favorable to him (her) than that contemplated by the plea agreement.

12. Obtain factual basis for the plea, which may be obtained by:

a. The Court personally questioning the defendant to elicit facts to support essential elements (including requisite intent);

b. Having the Assistant United States Attorney read a statement of facts and having the defendant (who is already under oath) affirm or modify the facts. See Gilbert vs. United States, 466 F. 2d 533 (5th Cir. 1972); United States vs. Coronado, 554 F. 2d 166 (5th Cir. 1977); Sassoon vs. United States, 561 F.2d 1154 (5th Cir. 1977).

c. Taking testimony from investigative agent, copies of investigative reports, presentence investigation report, etc.

(Note: If reports, etc. are used they must be made a part of the record because the factual basis must be of record (Rule 11 (g)). The factual basis, whatever its source, may appear clearly on the record. Reed vs. United States, 471 F.2d 721 (5th Cir. 1973); Sassoon vs. United States, 561 F.2d 1154 (5th Cir. 1973).)

13. Ask defense counsel if there are any meritorious defenses to the counts to which the defendant has plead guilty, or if he knows of any other reason why defendant should not plead guilty or nolo contendere.

14. Accept or reject plea or defer decision as to the acceptance or rejection of the plea until the Court has had an opportunity to consider the presentence report.

15. If plea is rejected or defendant refuses to admit factual basis to sustain the plea, enter a not guilty plea and set for trial.

c. Que si la Corte rechaza el acuerdo de alegatos, se le permitirá al (a la) Demandado(a) retirar su declaración de culpabilidad o la no contestación de las acusaciones;

d. Que si el (la) Demandado(a) persiste en su declaración de culpabilidad después del rechazo del acuerdo sobre alegatos, la disposición de la causa podría resultar menos favorable al (a la) Demandado(a) de lo que se contemplaba en el acuerdo sobre alegatos.

12. Obténgase base objetiva para el alegato, que se puede obtener a través de:

a. Un interrogatorio por la Corta personalmente, para tratar de obtener información sobre los hechos que apoyen los elementos esenciales, (incluyendo el intento requerido);

b. Que el Fiscal Asistente para los Estados Unidos lea una declaración de hechos y que el (la) Demandado(a), quien ya está bajo juramento, afirme o modifique los hechos. Véase Gilbert contra los Estados Unidos, 466 F. 2d 533 (5th Cir., 1972); Estados Unidos contra Coronado, 554 F 2d 166 (5th Cir., 1977); Sassoon contra los Estados Unidos, 561 F 2d 1154 (5th Cir. 1977).

c. El hecho de solicitar testimonio de un agente investigativo, copias de informes investigativos, informe de la investigación presentencia, etc.

(Nota: Si se usan los informes, etc., éstos tienen que pasar a ser parte del expediente debido a que la base objetiva tiene que estar anotada (Regla 11(g)). La base objetiva o de hechos, cualquiera que sea su fuente, tiene que aparecer claramente en el expediente. Reed contra los Estados Unidos, 471 F. 2d 721 (5th Cir., 1973); Sassoon contra los Estados Unidos, 561 F. 2d 1154 (5th Cir., 1973).)

13. Pregúntele al abogado si existen cualesquier defensas sobre méritos con respecto a los cargos a los que el (la) Demandado(a) se ha declarado culpable, o si él sabe de cualquier otra razón por la cual el (la) Demandado(a) debería no declararse culpable o no contestar las acusaciones.

14. Acepte o rechaze o postergue la decisión sobre la aceptación o rechazo del alegato hasta que la Corte haya tenido la oportunidad de considerar el informe presentencia.

15. Si se rechaza el alegato o si el (la) Demandado(a) se rehusa a admitir base de hechos para sostener su declaración de culpabilidad, entonces registre una declaración de inocencia y fije fecha para el juicio.

16. If plea is accepted, enter an order to that effect finding that the plea is knowledgeable, voluntary and has a basis in fact that contains all the elements of the crime and is therefore accepted. Ask defendant and all counsel if that order is agreeable.

17. (If decision is deferred as to the acceptance or rejection of the plea, the Court should not accept or reject the plea until the P.S.I. (presentence investigation) has been completed.)

18. Request P.S.I. and set date for sentence. Advise defendant when to appear and that no further notice will be sent.

19. Continue bail.

16. Si se acepta el alegato, registre un mandato a ese efecto, y halle que el alegato es hecho a sabiendas, voluntariamente y que tiene base en hechos que contienen todos los elementos del crimen y que, por lo tanto, se acepta. Pregúntele al (a la) Demandado(a) y a todos los abogados si ese mandato es aceptable.

17. (Si se ha postergado la decisión con respecto a la aceptación o rechazo de la declaración, la Corte no deberá aceptar o rechazar el alegato hasta que se haya completado el informe presentencia.)

18. Solicite el informe presentencia y fije la fecha para el fallo. Notifíquele al (a la) Demandado(a) cuando tiene que comparecer y que no se le enviará otra notificación adicional.

19. Continúe la fianza.

IN THE UNITED STATES DISTRICT COURT
FOR THE SOUTHERN DISTRICT OF TEXAS
HOUSTON DIVISION

UNITED STATES OF AMERICA	ĭ	
vs.	ĭ	CRIMINAL No. ____________________
________________________	ĭ	

PLEA OF GUILTY

I, a defendant in this cause, desire to enter a plea of guilty. To induce the Court to accept such plea, I state to the Court, under oath, as follows:

I. I have had the benefit of counsel and have consulted fully with my counsel; or have had my right to counsel explained to me and have waived counsel prior to entering this plea.

II. I understand that, irrespective of my guilt or innocence, I am entitled to enter a plea of not guilty and to stand trial.

III. I understand the elements of the offense, and I am entering this plea of guilty freely, voluntarily, in the exercise of my own good judgement, and because I am guilty.

IV. I have received no promises of leniency, or of any other nature, from my own attorney, from the attorney of the United States, or from any other person to induce me to plead guilty.

V. I have received no threat of a more severe sentence, of harsh treatment, or of any other nature to induce me to plead guilty.

VI. I am aware that the maximum sentence provided by statute for this offense is a period of confinement of _________ years and a fine of $______________; and a special parole term of not less than __________ years; and I understand that any lawful sentence, including the maximum set out above, may be imposed at the sole discretion of the presiding Judge.

(continues)

EN LA CORTE DEL DISTRITO DE LOS ESTADOS UNIDOS PARA
EL DISTRITO SUR DE TEXAS - DIVISION DE HOUSTON

ESTADOS UNIDOS DE AMERICA ǀ
CONTRA ǀ CRIMINAL No. ________________
________________________ ǀ

DECLARACION DE CULPABILIDAD

Yo, un(a) Demandado(a) en esta causa, deseo interponer una declaración de culpabilidad. Para persuadir a la Corte a que acepte tal declaración, manifiesto a la Corte, bajo juramento, lo siguiente:

I. He tenido el beneficio de los servicios de un abogado y he consultado ampliamente con él; o se me ha explicado mi derecho de tener abogado, y he renunciado a ese derecho, antes de hacer esta declaración de culpabilidad.

II. Entiendo que, sin consideración al hecho de que sea culpable o inocente, tengo derecho de dar una declaración de inocencia, y someterme a juicio.

III. Entiendo los elementos de la ofensa de la cual se me acusa, y me estoy declarando culpable, libre y voluntariamente, en ejercicio de mi propia opinión, y porque soy culpable.

IV. No he recibido ninguna promesa de clemencia, o de cualquier otra naturaleza, de parte de mi propio abogado, el fiscal de los Estados Unidos o de cualquier otra persona que me indujera a declararme culpable.

V. No he recibido ninguna amenaza de una sentencia más severa o de trato más violento, o de cualquier otra naturaleza, que me indujera a declararme culpable.

VI. Reconozco que la sentencia máxima que la ley provee para esta ofensa es encarcelamiento por un período de ______ años y una multa de $ __________; y un período de libertad condicional especial de no menos de _________ años; y también entiendo que cualquier sentencia legal, hasta la máxima arriba mencionada, puede ser impuesta, según el criterio único del Juez presidente.

(continúa)

VII. I understand that any statement by my own attorney, by the attorney for the United States, or by any other person as to what sentence I might receive is not binding on the Court.

VIII. I am not now under the influence of alcohol, drugs or narcotics; and I have no reason to believe that I am now, or ever have been insane or of unsound mind; and I assert that I am now fully competent, and in full possession of my faculties.

IX. I am fully satisfied with the services rendered me by my attorney, and believe he has represented me ably and conscientiously.

X. After consulting with my attorney, I have entered into the following agreement, in the nature of "plea bargaining", with the United States Attorney to this effect, and no further: In the event I enter a plea of guilty to Count ______ of this indictment, and persist in such plea, I will not be brought to trial on the other counts in this indictment.

____
Defendant

SUBSCRIBED AND SWORN TO BEFORE ME this _____ day of ________________ of 19_____.

V. BAILEY THOMAS, CLERK

By: ____________________________
Deputy Clerk

APPROVED:

____
Assistant United States Attorney

VII. Entiendo que cualquier declaración por parte de mi abogado, del fiscal de los Estados Unidos o de cualquier otra persona, con relación a la sentencia que yo podría recibir, no es obligatoria para la Corte.

VIII. Actualmente no estoy bajo la influencia de alcohol, drogas o narcóticos; y no tengo razón de pensar que ahora o jamás en el pasado he estado loco(a) o demente, y afirmo que soy totalmente competente, y que estoy en posesión de todas mis facultades.

IX. Estoy completamente satisfecho(a) con los servicios que me ha prestado mi abogado, y creo que él me ha representado hábil y conscientemente.

X. Después de haber consultado con mi abogado, he llegado al siguiente acuerdo, como un tipo de "compromiso con respecto a los alegatos", con el fiscal de los Estados Unidos, con este fin y ningún otro: Que en caso de que me declare culpable del cargo número _____ de esta acusación formal, y que persista con tal declaración, no se me hará juicio por los otros cargos de esta acusación formal.

____
Demandado(a)

FIRMADO Y JURADO ANTE MI, este ____ día de _________________ de 19____.

V. BAILEY THOMAS, Escribano

Por:______________________________
Escribano Asistente

APROBADO:

____
Fiscal Asistente de los Estados Unidos

AUTHORIZATION TO RELEASE INFORMATION

I hereby authorize the release of all medical, psychiatric, psychological, military, disciplinary, vocational, educational, and employment records, reports, and/or evaluations to the Court, the Harris County Adult Probation Department, and/or the Texas Department of Corrections.

This ______ day of ________________________, 19______.

____

Defendant

____

Witness

____

Witness

AUTORIZACION PARA EMITIR INFORMACION

Por la presente, autorizo que se emitan todos los registros, archivos y/o evaluaciones médicos, psiquiátricos, psicológicos, militares, disciplinarios, vocacionales, educacionales y de empleo, a la Corte, al Departamento de Probación de Adultos del Condado de Harris, y/o al Departamento de Correcciones de Texas.

Este _____ día de __________________________ de 19_____.

____

Demandado(a)

____

Testigo

____

Testigo

CAUSE NO._______________ CHARGE_______________

THE STATE OF TEXAS ___________DISTRICT COURT

VS. OF HARRIS COUNTY, TEXAS.

____
Defendant

APPEARANCE OF COUNSEL
AND AGREED SETTING

The undersigned Attorney for Defendant hereby enters appearance as Attorney of Record for the above named defendant.

The undersigned Defendant, in person, and by Counsel, hereby waives formal arraignment and enters plea of_____________________________.

The undersigned Counsel hereby agree this case is reset for

______________________________ to ______________________________
(Type of Setting) (Date)

____
Attorney for the State

____
Defendant

____
(Print) Attorney for Defendant

____
(Signature) Attorney for Defendant

____
(Street Address)

____
(City) (State) (Zip)

____
(Phone Number)

APPROVED BY THE COURT:

____
Judge Presiding

____
Date

CAUSA No. ____________________ CARGO ________________

EL ESTADO DE TEXAS — CORTE DEL DISTRITO No. ________

CONTRA — CONDADO DE HARRIS, TEXAS

____
Demandado

COMPARECENCIA DEL ABOGADO Y FIJACION

DE FECHA ACORDADA

El Abogado suscrito para el Demandado, por la presente registra comparecencia como el Abogado que Consta para el Demandado arriba nombrado.

El Demandado suscrito, personalmente y por intermedio de su Abogado, por la presente renuncia a la lectura oficial de acusación y se declara

__________________________________.

El Fiscal y el Abogado suscritos por la presente, concuerdan que este caso se vuelve a fijar para ______________________________________
(tipo de juicio o audiencia)

para el ____.
(fecha)

____
Fiscal para el Estado

____
Demandado

____
Abogado para el Demandado (en letra de imprenta)

____
Abogado para el Demandado (firma)

____
Dirección

____
Ciudad Estado Zip

____
No. de teléfono

APROBADO POR LA CORTE:

____
Juez Presidente

____
Fecha

Court Coordinator No. 3

CAUSE NO.____________________ CHARGE____________________

THE STATE OF TEXAS — __________ DISTRICT COURT

VS. — OF HARRIS COUNTY, TEXAS.

____

Defendant

NOTICE OF SETTING

The above entitled and numbered cause is set for

____

on the__________day of____________________________, 197, at____________M.

____

Judge Presiding

____

Date

CC:

____

Attorney for the State

____

Attorney for the Defendant

____

Street Address

____

City State Zip

____

Phone Number

DISTRICT CLERK

CAUSA No. ____________ CARGO ________________

EL ESTADO DE TEXAS

CONTRA

____
Demandado

CORTE DEL DISTRITO No. _________

CONDADO DE HARRIS, TEXAS

AVISO DE FIJACION DE FECHA

La causa arriba numerada y titulada se fija para ____________

____

el día _______ del mes de ______________________ de 19___, a las

________ horas.

____
Juez Presidente

____
Fecha

cc:

____
Fiscal para el Estado

____
Abogado para el Demandado

____
Dirección

____
Ciudad Estado Zip

____
Número de Teléfono

CASE #____________________________

THE STATE OF TEXAS — IN THE COUNTY CRIMINA

VS. — COURT AT LAW #_______

______________________________________ — OF HARRIS COUNTY, TEX

CHARGE: ______________________________

CASE RESET FORM

The undersigned Defendant and Counsel acknowledge this case is reset for____________________

From:__________________To:____________________A.D. 19____, at______:00___________.M

CODE OF CRIMINAL PROCEDURE

Art. 17.151. Release Because of Delay

A defendant who is detained in jail pending trial of an accusation against him must be released either on personal bond or by reducing the amount of bail required, if the state is not ready for trial of the criminal action for which he is being detained within:

30 days from the commencement of his detention if he is accused of a misdemeanor punishable by a sentence of imprisonment in jail for more than 180 days;

15 days from the commencement of his detention if he is accused of a misdemeanor punishable by a sentence of imprisonment for 180 days or less; or

five days from the commencement of his detention if he is accused of a misdemeanor punishable by a fine only.

Art. 32A.02 Time Limitations

A court shall grant a motion to set asi an indictment, information, or complaint if the sta is not ready for trial within:

90 days of the commencement of a crin nal action if the defendant is accused of misdemeanor punishable by a sentence of in prisonment for more than 180 days;

60 days of the commencement of a crin nal action if the defendant is accused of misdemeanor punishable by a sentence of in prisonment for 180 days or less; or

30 days of the commencement of a crim nal action if the defendant is accused of misdemeanor punishable by a fine only.

The failure of a defendant to move f discharge under the provisions of this article prior trial or the entry of a plea of guilty constitutes waiver of the rights accorded by this article.

(continues)

CASO No. ________________

EL ESTADO DE TEXAS — EN LA CORTE CRIMINAL DEL CONDADO No. ______

CONTRA — CONDADO DE HARRIS, TEXAS

____

CARGO: ____

FORMULARIO PARA VOLVER A FIJAR LA FECHA DEL CASO

El(La) Demandado(a), el Fiscal y el Abogado suscritos reconocen que este caso se vuelve a fijar para ____________________, del ________ ________al ____________________, de 19____, a las __________ horas.

Código de Procedimiento Penal

Art. 17.151. Liberación Debido a Demora

Un demandado que está detenido en la cárcel esperando el juicio por una acusación en contra de él, tiene que ser liberado ya sea, bajo fianza personal o por medio de la reducción de la garantía monetaria que se requiere, si el Estado no se encuentra listo para el juicio en relación a la acción criminal en virtud de la cual ha sido detenido, dentro de:

- los 30 días, contados a partir del comienzo de su detención, si se le acusa de un delito menor, castigable con una sentencia de encarcelamiento de más de 180 días;
- los 15 días, contados a partir del comienzo de su detención, si se le acusa de un delito menor, castigable con una sentencia de encarcelamiento de 180 días o menos; o
- los cinco (5) días, contados a partir del comienzo de su detención, si se le acusa de un delito menor, castigable sólo con una multa.

Art. 32A.02. Límites del Período de Tiempo

Una Corte concederá una moción para anular una acusación formal, información o reclamo, si el Estado no se encuentra listo para juicio dentro de:

- los 90 días, contados a partir del comienzo de una acción criminal, si al demandado(a) se le acusa de un delito menor, castigable con una sentencia de encarcelamiento de más de 180 días.
- los 60 días, contados a partir del comienzo de una acción criminal si al demandado(a) se le acusa de un delito menor castigable con una sentencia de encarcelamiento de 180 días o menos; o
- los 30 días, contados a partir del comienzo de una acción criminal si al demandado se le acusa de un delito menor castigable sólo con una multa.

Si el(la) Demandado(a) no llegase a solicitar el finiquito bajo las disposiciones de este artículo antes del juicio o de la declaración de culpabilidad, esto constituirá una renuncia de los derechos acordados por este artículo.

(continúa)

THE PERIOD OF DELAY RESULTING FROM THIS RESET BY AGREEMENT OR AT DEFENSE REQUEST SHALL BE EXCLUDED IN CALCULATING THE PERIODS OF TIME SET OUT IN ART. 32A.02.

The District Attorney, on a plea of guilty, will make the following motion and/or recommendation on punishment:

MOTION: ____.

RECOMMENDATION ____________ PROBATION ____________ JAIL ____________ FINE ____________

____
ATTORNEY FOR THE STATE

____
DEFENDANT

APPOINTED

HIRED

____
(print) ATTORNEY FOR DEFENDANT

REASON FOR RESETTING:

OPERATION OF LAW ____________

BY AGREEMENT ____________

STATE REQUEST ____________

DEFENSE REQUEST ____________

OTHER ____________

____
(Sign) ATTORNEY FOR DEFENDANT

____
STREET

____
CITY STATE ZIP

____
TELEPHONE

APPROVED:

____
JUDGE/COORDINATOR

____
DATE

EL PERIODO DE DEMORA QUE RESULTE DE ESTA NUEVA FIJACION DE FECHA POR ACUERDO O POR SOLICITUD DE LA DEFENSA, SERA EXCLUIDO AL CALCULAR LOS PERIODOS DE TIEMPO ESTABLECIDOS EN EL ART. 32A.02.

El Fiscal del Distrito, con una declaración de culpabilidad, hará las siguientes mociones y/o recomendaciones sobre el castigo o pena:

MOCION: ______________________________

RECOMENDACION: _______ PROBACION _______ ENCARCELAMIENTO _______ MULTA _______

______________________ Fiscal para el Estado

______________________ Demandado(a)

Nombrado __

Contratado __

______________________ Abogado para el Demandado (en letra de imprenta)

______________________ Abogado para el Demandado (firma)

______________________ Dirección

______________________ Ciudad Estado Zip

______________________ No. de Teléfono

RAZON POR LA CUAL SE VUELVE A FIJAR LA FECHA:

OPERACION DE LA LEY _______

POR ACUERDO _______

A SOLICITUD DEL ESTADO _______

A SOLICITUD DE LA DEFENSA _______

OTRO _______

APROBADO:

______________________ JUEZ/COORDINADOR

______________________ Fecha

CAUSE NO.____________

THE STATE OF TEXAS

IN THE CRIMINAL DISTRICT COURT

VS.

NO.________ OF HARRIS COUNTY, TEXAS.

____

Now comes the above named Defendant and the attorney appointed to defend the above named Defendant, and hereby in writing waive the ten (10) days granted us to prepare for trial in this case.

____
Defendant

____
Attorney for Defendant

CAUSA No. ______________

EL ESTADO DE TEXAS	EN LA CORTE CRIMINAL DE DISTRITO No. ______
CONTRA	DEL
______________________	CONDADO DE HARRIS, TEXAS

Aquí comparece el(la) Demandado(a) arriba nombrado(a), y el abogado que se nombró para defenderlo(la), y por la presente, por escrito, renunciamos a los diez (10) días que se nos otorgan para prepararnos para juicio en este caso.

____

Demandado(a)

____

Abogado para el(la) Demandado(a)

No.: ________________

THE STATE OF TEXAS	ǂ	IN THE ______ DISTRICT COURT OF
VS.	ǂ	HARRIS COUNTY, TEXAS
____________________	ǂ	

STIPULATION OF EVIDENCE

I, the Defendant in the above entitled and numbered cause, in open court, agree to stipulate the evidence in this case and I waive the appearance, confrontation and cross-examination of witnesses. I consent to the oral stipulation of evidence and to the introduction of affidavits, written statements of witnesses and other documentary evidence. I waive my right against self-incrimination and confess the following facts:

____
Defendant

Sworn to and subscribed before me on ____________________________.

____
Clerk, _____ District Court
Harris County, Texas

Approved:

____
Attorney for Defendant

Approved:

____
Presiding Judge

No.: ____________________

EL ESTADO DE TEXAS
CONTRA
____

EN LA CORTE DE DISTRITO No. _______
DEL
CONDADO DE HARRIS, TEXAS

ESTIPULACION DE EVIDENCIA

Yo, el(la) Demandado(a) en la causa arriba titulada y numerada, en pleno tribunal, concuerdo en estipular la evidencia en este caso y renuncio a la comparecencia, confrontación y contrainterrogatoria de testigos. Doy mi consentimiento a la estipulación verbal de evidencia y a la presentación de afidávits, declaraciones escritas de los testigos y otra evidencia documentaria. Renuncio a mi derecho contra la autoincriminación y confieso a los siguientes hechos:

____
Demandado(a)

Jurado y suscrito ante mí, el ______________________________.

____
Escribano de la Corte de Distrito
No. _______, del Condado de Harris,
Texas

Aprobado:

____
Abogado para el(la) Demandado(a)

Aprobado:

____
Juez Presidente

CAUSE NUMBER ______________

THE STATE OF TEXAS **IN THE** **DISTRICT C**

VS. **OF**

____ HARRIS COUNTY, TEX

MOTION TO ADJUDICATE GUILT

TO THE HONORABLE JUDGE OF SAID COURT:

COMES NOW, THE STATE OF TEXAS, by and through the undersigned Assistant District Att and shows the Court that heretofore on the ________ day of ________________________, 19_____ Defendant herein entered a plea of ____________________ to the offense of ________________________ the Court after hearing the evidence introduced thereon and finding that it substantiates the Defendant's deferred entering an adjudication of guilt and placed the Defendant under the terms and conditions of prob for a period of ____________ years in accordance with Section 3(d) of Article 42.12 of the Texas Code of Cri Procedure.

Further, the State would show that the Court ordered the Defendant herein to abide by certain cond of probation and among the conditions of probation ordered by the Court were the following conditio probation:

The State would further show the said Defendant did then and there violate terms and condi of probation by:

CAUSA No. __________________

EL ESTADO DE TEXAS	‖	EN LA CORTE DEL DISTRITO No. ______
CONTRA	‖	DEL CONDADO DE HARRIS,
______________________	‖	TEXAS

MOCION PARA ADJUDICAR CULPABILIDAD

AL HONORABLE JUEZ DE DICHA CORTE:

Aquí se presenta EL ESTADO DE TEXAS, por medio del Fiscal Asistente suscripto, quien demuestra a la Corte que anteriormente, el _____ día del mes de ___________________ de 19___, el (la) Demandado(a) en este caso interpuso un alegato de ________________________ con respecto a la ofensa de ____________ _____________________________________, y la Corte, después de oír la evidencia presentada al respecto y habiendo encontrado que ésta establece la culpabilidad del (de la) Demandado(a), postergó la interposición de una adjudicación de culpabilidad y puso al (a la) Demandado(a) bajo los términos y condiciones de probación por un período de _______ años, de acuerdo a la Sección 3(d) del Artículo 42.12 del Código de Procedimiento Criminal de Texas.

Además, el Estado quisiera demostrar que la Corte ordenó al (a la) Demandado(a) en este caso a atenerse a ciertas condiciones de probación y entre las condiciones de probación que fueron ordenadas por la Corte, se encontraban las siguientes:

El Estado además quisiera demostrar que dicho(a) Demandado(a) violó los términos y condiciones de probación por:

CAUSE No. ____________________

COUNT No. ____________________

THE STATE OF TEXAS

OFFENSE: ____________________

VS.

IN THE COUNTY CRIMINAL COURT AT LAW No. ______

____

OF HARRIS COUNTY, TEXAS

MOTION TO DISMISS

TO THE HONORABLE JUDGE OF SAID COURT:

Now comes the State of Texas by and through her District Attorney, and respectfully requests the Court to dismiss the above entitled and numbered criminal action for the following reasons:

____ The Defendant was convicted in another case or count.

____ In custody elsewhere.

____ Old case, no arrest.

____ Missing Witness.

____ Request of complaining witness.

____ Motion to suppress granted.

____ Co-Defendant tried, this Defendant testified.

____ Insufficient evidence.

____ Co-Defendant convicted, insufficient evidence against this Defendant.

____ Case Refiled.

____ Other.

EXPLANATION:

WHEREFORE, premises considered, it is requested that the above entitled and numbered cause be dismissed.

Respectfully submitted,

____

Assistant District Attorney
Harris County, Texas

(continues)

CAUSA No. ____________________

CARGO No. ____________________

EL ESTADO DE TEXAS — OFENSA: ____________________

CONTRA — EN LA CORTE CRIMINAL No. ________

____________________ — DEL CONDADO DE HARRIS, TEXAS

MOCION PARA DECLARAR SIN LUGAR

AL HONORABLE JUEZ DE DICHA CORTE:

Aquí se presenta el Estado de Texas, por medio de su Fiscal, y respetuosamente solicita a la Corte para que declare sin lugar la acción criminal arriba titulada y numerada por las siguientes razones:

____ El (La) Demandado(a) fue condenado(a) en otra causa o por otra ofensa separada.

____ Estar bajo custodia en otro lugar.

____ Causa antigua, no hubo arresto.

____ Testigo desaparecido.

____ A solicitud del testigo acusador.

____ Se otorgó moción para suprimir.

____ El (La) Co-demandado(a) fue juzgado(a), este(a) Demandado(a) testificó.

____ Existe insuficiente evidencia.

____ El (La) Co-demandado(a) fue condenado(a), existe insuficiente evidencia contra este(a) Demandado(a).

____ Se volvió a presentar la causa.

____ Otros

EXPLICACION:

POR LO CUAL, en consideración de las premisas, se solicita que la causa arriba numerada y titulada sea declarada sin lugar.

Respetuosamente sometido,

____

Fiscal Asistente
Condado de Harris, Texas

(continúa)

ORDER

The foregoing motion having been presented to me on this, the _____ day of ______________________________, A.D. 19_____, and the same having been considered, it is, therefore, ORDERED, ADJUDGED and DECREED that said above entitled and numbered cause be and the same is hereby dismissed.

____
JUDGE

COUNTY CRIMINAL COURT AT LAW No. _____
HARRIS COUNTY, TEXAS

MANDATO

Habiéndoseme presentado la moción antedicha en este ____ día de _________ de 19____ A.D., y habiéndose considerado la misma, por lo tanto, es ORDENADO, ADJUDICADO y DECRETADO que la causa arriba numerada y titulada sea y por la presente es, declarada sin lugar.

____

JUEZ

CORTE CRIMINAL No. ______ DEL CONDADO DE HARRIS, TEXAS

No. ____________________

THE STATE OF TEXAS	≬	IN THE COUNTY CRIMINAL COURT AT
VS.	≬	LAW No. ________
____________________	≬	HARRIS COUNTY, TEXAS

TO THE HONORABLE JUDGE OF SAID COURT:

Comes now the Defendant in the above numbered and entitled cause and respectifully moves the Court to set aside its judgement and grant a new trial for the following grounds and reasons, to wit:

For the reason that the judgement of the Court is contrary to the law and evidence in said cause.

WHEREFORE, premises considered, the Defendant prays that this motion for a new trial be granted for the reasons stated above.

Respectfully submitted,

____

Attorney for Defendant

____

Attorney's Address

____

Attorney's phone number

MOTION FOR NEW TRIAL SET FOR ____________________

____

JUDGE

NO. ____________________

EL ESTADO DE TEXAS	§	EN LA CORTE CRIMINAL NO. _____
CONTRA	§	DEL CONDADO DE HARRIS,
____________________	§	TEXAS

AL HONORABLE JUEZ DE DICHA CORTE:

Aquí se presenta el (la) Demandado(a) en la causa arriba numerada y titulada y respetuosamente solicita a la Corte que anule su fallo, y que permita un juicio nuevo debido a las siguientes razones y causas, a saber:

Por razón de que el fallo de la Corte es contrario a la ley y a la evidencia en dicha causa.

POR LO CUAL, en consideración de las premisas, el (la) Demandado(a) ruega que esta moción para un juicio nuevo sea otorgado por las razones arriba mencionadas.

Respetuosamente sometido,

____
Abogado para el (la) Demandado(a)

____
Dirección del Abogado

____
Teléfono del Abogado

MOCION PARA UN JUICIO NUEVO
SE FIJA PARA EL ____________________

____
JUEZ

No. ____________________

THE STATE OF TEXAS	§	IN THE __________ DISTRICT COURT OF
VS.	§	
________________________	§	HARRIS COUNTY, TEXAS

WAIVER OF TRIAL BY JURY IN FELONY LESS THAN CAPITAL

Comes now ____________________________________, the Defendant in the above entitled and numbered cause, a felony less than capital, in person and in writing in open court, and with the consent and approval of the Court and with the written and signed consent and approval of the attorney representing the State and prior to the entering of a plea herein, waives the right of trial by jury.

____

Defendant

Approved:

____

Attorney for Defendant

The undersigned attorney representing the State consents to and approves the defendant's waiver of trial by jury.

____

Assistant District Attorney

The above waiver of trial by jury having been made by the defendant and approved by the attorney representing the State, prior to the entering of a plea herein, is approved by the Court and is ordered filed in the papers of the cause. The Court's consent and approval of the waiver of trial by jury shall be entered of record on the minutes of the Court.

____

PRESIDING JUDGE

No. ____________________

EL ESTADO DE TEXAS	§	EN LA CORTE DEL DISTRITO No. _____
CONTRA	§	DEL
____________________	§	CONDADO DE HARRIS, TEXAS

RENUNCIA DE JUICIO POR JURADO EN DELITOS MAYORES PERO SIN PENA DE MUERTE

Aquí se presenta ____, el (la) Demandado(a) en la causa arriba numerada y titulada, un delito mayor pero sin pena de muerte, en persona y por escrito en pleno tribunal, y con el consentimiento y la aprobación de la Corte y con el consentimiento y la aprobación por escrito y firmada por el fiscal que representa al Estado y antes de entablar un alegato en el mismo, renuncia a su derecho de juicio por jurado.

____

Demandado(a)

Aprobado:

____

Abogado para el (la) Demandado(a)

El fiscal suscripto que representa al Estado concuerda con y aprueba la renuncia de juicio por jurado por parte del (de la) Demandado(a).

____

Fiscal Asistente

La renuncia de juicio por jurado arriba mencionada que fue hecha por el (la) Demandado(a) y aprobada por el fiscal que representa al Estado, antes de que se entablara un alegato en el mismo, se aprueba por la Corte y se ordena que sea archivada con los documentos de la causa. El consentimiento y la aprobación de la Corte en la renuncia del juicio por jurado pasará a ser parte de las actas de esta Corte.

____

JUEZ PRESIDENTE

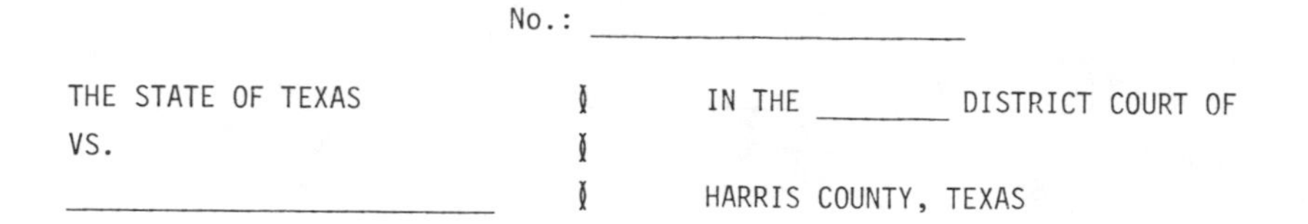

No.: ____________________

THE STATE OF TEXAS	§	IN THE ________ DISTRICT COURT OF
VS.	§	
______________________	§	HARRIS COUNTY, TEXAS

WAIVER OF SPEEDY TRIAL

I am the defendant accused of a felony in the above captioned case, and I have consulted with my attorney, whose name is signed below, regarding the application to my case of Art. 32A.02 of the Texas Code of Criminal Procedure, which provides that a court must grant a motion to set aside an indictment or information if the State is not ready for trial within 120 days of the commencement of the criminal action in a felony case. I have also consulted with my attorney regarding Art. 17.151 of the Texas Code of Criminal Procedure, which provides that if I am detained in jail pending trial, I must be released on personal bond or by reducing the amount of bail required if the State is not ready for trial in the criminal action for which I am being detained within 90 days from the commencement of my detention.

I do knowingly and voluntarily waive my rights under the Texas Code of Criminal Procedure to a speedy trial within 120 days from the commencement of this case and to release within 90 days from commencement of my detention, and further waive my right to move for dismissal or discharge if the State is not ready for trial within 120 days of the commencement of this case, and my right to release if the State is not ready for trial within 90 days from commencement of my detention.

____
Defendant

APPROVED:

____
Attorney for Defendant

APPROVED:

____
Presiding Judge

No.: ____________________

EL ESTADO DE TEXAS	EN LA CORTE DE DISTRITO No. ______
CONTRA	DEL
________________________	CONDADO DE HARRIS, TEXAS

RENUNCIA A UN JUICIO SIN DEMORA

Yo soy el(la) Demandado(a) acusado(a) de un delito mayor en el caso arriba numerado, y he consultado con mi abogado, cuyo nombre aparece abajo, con respecto a la aplicación del Artículo 32A.01 del Código de Procedimientos Criminales de Texas, a mi caso. Este artículo estipula que una Corte tiene que otorgar una moción de anulación de una acusación formal o información si el Estado no está listo para juicio dentro de los 120 días, contados a partir del comienzo de la acción criminal en un caso de delito mayor. También he consultado con mi abogado con respecto al Artículo 17.151 del Código de Procedimientos Criminales de Texas, el cual estipula que si me encuentro detenido en la cárcel esperando el juicio, se me tiene que liberar bajo fianza personal o por medio de una reducción en la cantidad de fianza requerida, si el Estado no está listo para juicio en la acción criminal para la cual se me está deteniendo, dentro de los 90 días, a partir del comienzo de mi detención.

A sabiendas y voluntariamente, renuncio a mis derechos bajo el Código de Procedimientos Criminales de Texas, con respecto a un juicio sin demora dentro de los 120 días a partir del comienzo de este caso y con respecto a ser liberado dentro de los 90 días a partir del comienzo de mi detención, y además, renuncio a mis derechos de peticionar para declarar sin lugar o para finiquito si el Estado no está listo para juicio dentro de los 120 días a partir del comienzo de esta causa, y a mi derecho de ser liberado si el Estado no está listo para juicio dentro de los 90 días a partir del comienzo de mi detención.

APROBADO:

____
Demandado(a)

____
Abogado para el(la) Demandado(a)

APROBADO:

____
Juez Presidente

THE STATE OF TEXAS	§	IN THE _____ DISTRICT COURT
VS.	§	TRYING CRIMINAL CASES
_________________________	§	HARRIS COUNTY, TEXAS

WAIVER OF INDICTMENT

TO THE HONORABLE JUDGE OF SAID COUT:

The undersigned defendant who is accused of the felony offense of ____, in person and with counsel, being advised of the nature of the charges and of his rights, hereby waives in open court prosecution by indictment and consents that the proceeding may be by information instead of indictment.

____
Defendant

____
Attorney for Defendant

____
Attorney for the State

ORDER

On this, the _____ day of _____________________, 19_____, the above named defendant, being advised by counsel, having appeared before me in open court, defendant in person and by counsel having been advised by the Court that the defendant is accused of the felony offenses named above, and that the defendant has a right to be prosecuted by indictment by the Harris County Grand Jury, the said defendant freely and voluntarily waived such right and signed the foregoing written instrument in open court with counsel. The Court hereby approves the waiver of indictment.

____
JUDGE

EL ESTADO DE TEXAS	§	EN LA CORTE DE DISTRITO No. _______
CONTRA	§	TRATANDO CON CASOS CRIMINALES
____________________	§	CONDADO DE HARRIS, TEXAS

RENUNCIA DE LA ACUSACION FORMAL

AL HONORABLE JUEZ DE DICHA CORTE:

El (La) Demandado(a) suscrito(a), quien es acusado(a) de la ofensa grave de ____________________________________, en persona y con su abogado, habiendo sido avisado(a) de la naturaleza de los cargos y de sus derechos, por la presente renuncia en pleno tribunal, al enjuiciamiento por acusación formal y dá su consentimiento a que el procedimiento puede ser por información en vez de por acusación formal.

____
Demandado(a)

____
Abogado para el(la) Demandado(a)

____
Fiscal para el Estado

ORDEN

En este ____ día del mes de ____________________ de 19____, el(la) Demandado(a) arriba mencionado(a), habiendo sido aconsejado(a) por el abogado, y habiendo comparecido ante mi en pleno tribunal, y este(a) Demandado(a), en persona y por abogado, habiendo sido avisado(a) por la Corte que al (a la) Demandado(a) se le acusa de las ofensas graves mencionadas arriba, y que este (a) Demandado(a) tiene el derecho de ser enjuiciado(a) por acusación formal del Jurado Mayor del Condado de Harris, dicho(a) Demandado(a) libre y voluntariamente renunció a tal derecho y firmó el documento escrito anterior, en pleno tribunal y con abogado. Por la presente, la Corte aprueba la renuncia de la acusación formal.

____
JUEZ

No. ____________________

THE STATE OF TEXAS	≬	IN THE COUNTY CRIMINAL COURT AT
vs.	≬	LAW No. _________
________________________	≬	HARRIS COUNTY, TEXAS

____________________, A.D. 19____

TO THE HONORABLE JUDGE OF SAID COURT:

Now comes the defendant in the above styled and numbered cause, and praying that he be granted probation in said cause, would show the Court:

(1) That he has never before been convicted in this or any other jurisdiction of a felony or a misdemeanor for which the maximum punishment is by confinement in jail or exceeds a $200.00 fine;

(2) That he has not been granted probation nor been under probation under the Misdemeanor Probation Act of Texas, or any other Act, in the preceding five years;

(3) That he has fully executed and has attached as an exhibit to this application, a "Defendant's Personal Data Sheet" each statement of which is true and correct and is made a part of this application as fully and to all intents and purposes as though incorporated in this the body thereof.

____
Defendant

No. ________________

EL ESTADO DE TEXAS	◊	EN LA CORTE CRIMINAL DEL CONDADO
CONTRA	◊	No. __________
____________________	◊	CONDADO DE HARRIS, TEXAS

_________________ de 19___ A.D.

AL HONORABLE JUEZ DE DICHA CORTE:

Aquí se presenta el (la) Demandado(a) en la causa arriba numerada y titulada, y ruega que se le conceda probación (o libertad supervisada) en dicha causa, y quisiera demostrar a la Corte que:

(1) El (Ella) jamás ha sido condenado(a) en éste o en cualquier otro foro de un delito mayor o de un delito menor para el cual la pena máxima es encarcelamiento o una multa de más de $200.00;

(2) El (Ella) no ha recibido probación, ni ha estado bajo probación de acuerdo al Acta de Probación para Delitos Menores del Estado de Texas, ni de ningún otro Acta, durante los cinco años anteriores a la fecha;

(3) El (Ella) ha llenado completamente y ha adjuntado como un documento de prueba a esta solicitud, un "Formulario de Datos Personales sobre el Demandado", cada declaración del cual es verídica y correcta y el cual pasa a ser una parte integral de esta solicitud, totalmente y para todos los conceptos y fines del mismo, como si fuese incorporado en la parte principal de este documento.

____

Demandado(a)

DEFENDANT'S PERSONAL DATA SHEET
(All questions must be answered.)

COUNTY CRIMINAL COURT AT LAW NO. _____, HARRIS COUNTY, TEXAS

No.________________ STATE OF TEXAS VS. ______________________________________

Defendant's address __________________________________ Tel. ______________________

Race ________ Sex ______ Birthday ________ Age _____ Ht. _______ Wt. ________

Eyes ________ Hair _____ Birthplace ________________________ Education (yrs)

_________ Res. Harris Co. (yrs) ____ Prev. Res. (place) ______________________

Employer ____________________________ Address ______________________________

Tel. ________________ Type or kind of work _________________________________

Approx. total earnings past twelve months (after deductions) $____________

Marital status (circle) S M W D Sep. All minor children (nr) ________

Spouse ______________________________ Address ______________________________

Home (circle) Rented - Owned - Payments, Monthly $___________ Weekly $______

Church ______________________________ Pastor _______________________________

Mil. Svs. (circle) A AF M N CG From _________________ To _____________

Type Disch. __________________ Pension __________________ Amt. $___________

Auto: Make____________ Body Type _______ Model _______ Auto Lic. No.________

Tex. Oper. - Comm. Oper. - Chauf. (Circle) Driver's Lic. No._______________

Expires ___________________________ Social Security No. ____________________
(If expired give Lic. No.)

Which Police Agency were you Fingerprinted by in this case? _________________

Are your fingerprints on file with any Police Agency ________________________

Which Police Agency ____

Three Harris Co. residents who will <u>always</u> know Defendant's whereabouts:

(1) Name---------_____________________ Address _____________________________

Tel. __________________ Relationship to Defendant ____________________

(continues)

FORMULARIO DE DATOS PERSONALES DEL DEMANDADO

(Se tienen que contestar todas las preguntas)

RTE CRIMINAL No. ____ DEL CONDADO DE HARRIS, TEXAS

. ________________ EL ESTADO DE TEXAS CONTRA ________________

micilio del Demandado ________________ Teléfono ________

za ______ Sexo _____ Fecha de Nacimiento ____________ Edad ________

tura ______ Peso _____ Ojos ______ Cabello ________ Lugar de Nacimiento ________

________________ Educación (años) ________________

side en Cond. de Harris _____ años, anteriormente residió en ________________

npleador ________________ Dirección ________________

léfono ________________ Tipo o clase de trabajo ________________

greso total aprox. durante los últimos 12 meses (después de deducciones) $__________

stado civil (marque) S C V D Sep. Todo niño menor de edad (número) ________

nyugue ________________ Dirección ________________

asa (marque) Arrendada - Comprada - Pagos mensuales $ ________ semanales $________

glesia ________________ Pastor ________________

erv. Militar (marque) A AF M N CG Desde ____________ Hasta ________

Tipo de Baja ____________ Pensión ____________ Cantidad $ ________

arro: Marca ________ Estilo ________ Modelo ______ Placas No. ________

icencia de Manejar No. ____________ Oper. - Oper. Comer. - Chauf. (marque)

ence ________________ No. de Seguro Social ________________
(si vencido dé No. de Lic.)

Cuál Agencia Policial le tomó las impresiones digitales en esta causa? ________

Están sus impresiones digitales registradas con alguna Agencia Policial? ________

Cuál Agencia Policial? ________________

ndique tres residentes del Condado de Harris que siempre sabrán donde está el Demandado:

(1) Nombre ________________ Dirección ________________

Teléfono ____________ Parentezco al Demandado ________________

(continúa)

(2) Name______________________________ Address ______________________________

Tel. ____________________ Relationship to Defendant ____________________

(3) Name ______________________________ Address ______________________________

Tel. ____________________ Relationship to Defendant ____________________

Defendant's Statement: I have prepared the foregoing to submit to the Court in the above styled and numbered cause as an exhibit to my application for probation to be filed in said cause. I have carefully checked the same for accuracy and understand that any false statement here made may be grounds for the Court to withhold or revoke probation therein.

Date: ___________________________ 19___. ______________________________________

Defendant's signature

Assisted in Preparation by: ______________________________________

Signature of Defendant's Atty.

(Please Print or Type) ______________________________________

Printed Name of Def's. Atty.

____

Address Phone

(2) Nombre ____________________ Dirección ______________________________

Teléfono ______________ Parentezco al Demandado ____________________

(3) Nombre ____________________ Dirección ______________________________

Teléfono ______________ Parentezco al Demandado ____________________

Declaración del Demandado: He preparado lo anterior para presentarlo a la Corte en la causa arriba numerada y titulada como documento de prueba para mi solicitud de probación que se registrará en dicha causa. He verificado el mismo cuidadosamente para ver que sea exacto y comprendo que cualquier declaración falsa aquí podrá ser suficiente evidencia para que la Corte denegue o revoque la probación solicitada.

Fecha: ____________________ de 19____.

____
Firma del Demandado

Asistencia en preparación provista por:

____
Firma del Abogado del Demandado

____
Nombre del Abogado del Demandado en Letra de Imprenta

____
Dirección Teléfono

HARRIS COUNTY ADULT PROBATION DEPARTMENT

GUN CONTROL ACT OF 1968

Having been placed on Adult Probation, it is important for you to be aware of and understand significant laws which can affect your future. The following information is a summary of the Gun Control Act of 1968 and a statement of the policy of the Harris County Adult Probation Department.

Under the Federal Gun Control Act of 1968, it is unlawful for any person who:

(1) is under indictment for, or who has been convicted in any Court of a crime punishable by imprisonment for a term exceeding one year -- (The term "crime punishable by imprisonment for a term exceeding one year" shall not include: (a) any Federal or State offenses pertaining to anti-trust violation, unfair trade practices, restraints of trade, or other similar offenses relating to the regulation of business practices or (b) any State offense (other than one involving a firearm or explosive) classified by the laws of the State as a misdemeanor and punishable by a term of imprisonment of two years or less);

(2) is a fugitive from justice;

(3) is an unlawful user of or addicted to marijuana, or any depressant or stimulant drug;

(4) has been adjudicated as a mental defective or who has been committed to a mental institution;

(5) has been discharged from the Armed Forces under dishonorable conditions;

(6) having been a citizen of the United States, has renounced his citizenship; or

(7) being an alien illegally or unlawfully in the United States;

TO PURCHASE, RECEIVE, OR POSSESS ANY FIREARM.

The applicability of this regulation to you is that:

(1) From the date of your indictment, it is in violation of the Gun Control Act for your to PURCHASE, RECEIVE, POSSESS, OR TRANSPORT in interstate or foreign commerce, ANY firearm, ammunition, or ANY TYPE of explosive device.

(2) Travel Permits will not be issued to any probationer for the purpose of hunting or any other sporting event involving the use of firearms.

(3) In order to insure you DO NOT violate the Gun Control Act, any firearms owned prior to indictment SHOULD NOT be removed from your home.

(continues)

DEPARTAMENTO DE PROBACION DE ADULTOS DEL CONDADO DE HARRIS

DECRETO SOBRE EL CONTROL DE ARMAS DE 1968

Ahora que Ud. está bajo Probación de Adultos, es importante que Ud. esté consciente de y que entienda las leyes significantes que pueden afectar su futuro. La siguiente información es un resumen del Decreto Sobre el Control de Armas de 1968, y una declaración de la política del Departamento de Probación de Adultos del Condado de Harris.

Bajo el Decreto Sobre el Control de Armas de 1968, es ilegal que cualquier persona que:

(1) esté formalmente acusada de o que haya sido condenada por cualquier Corte de un crimen castigable con encarcelamiento por un período de más de un año -- (la terminología "un crimen castigable por encarcelamiento por un período de más de un año" no incluirá: (a) cualesquier ofensas federales o estatales relacionadas con violación de las leyes de antimonopolio, prácticas de comercio injustas, restricciones de comercio, y otras ofensas similares que se relacionen a la reglamentación de prácticas de comercio, o (b) cualquier ofensa estatal (salvo aquellas que se relacionen a armas de fuego o explosivos) que sea clasificada por las leyes estatales como un crimen menor y castigable con un período de encarcelamiento de dos años o menos);

(2) sea fugitiva de la justicia;

(3) sea usuaria ilegal de o que es adicta a la mariguana o a cualquier droga calmante o estimulante;

(4) haya sido declarada mentalmente incompetente o quien haya sido internada en una institución mental;

(5) haya sido dada de baja por las Fuerzas Armadas bajo condiciones deshonrosas;

(6) habiendo sido ciudadana de los Estados Unidos, haya renunciado a su ciudadanía; o

(7) siendo extranjera, esté en los Estados Unidos ilegalmente;

COMPRE, RECIBA o POSEA CUALQUIER ARMA DE FUEGO.

La aplicabilidad de este reglamento para Ud. es el siguiente:

(1) Desde el día de su acusación formal, es una violación del Decreto Sobre el Control de Armas, que Ud. COMPRE, RECIBA, POSEA o TRANSPORTE en comercio interestatal o extranjero, CUALQUIER arma de fuego, municiones o CUALQUIER TIPO de dispositivos explosivos.

(2) No se darán permisos de viaje a cualquier persona en probación para que vaya de cazería o a cualquier otro evento deportivo que involucre el uso de armas de fuego.

(3) Para asegurar que Ud. NO viole el Decreto Sobre el Control de Armas, cualesquier armas de fuego que Ud. haya tenido antes de su acusación formal NO DEBERAN ser sacadas de su casa.

(continúa)

The termination of probation DOES NOT automatically relieve you of the disabilities incurred under this act. After your probation has been terminated, inquiries regarding the removal of disabilities should be made in writing to:

Assistant Director
Criminal Enforcement
P.O. Box 784
Ben Franklin Station
Washington, D.C. 20044

****

I acknowledge that the above information has been explained to me and further that I have received a copy of same this _____ day of ________________, 19_____.

_______________________________ _______________________________

Probation Officer Probationer

La terminación de su período de probación, NO lo(la) libra automáticamente de las desventajas incurridas bajo este Decreto. Después de haber terminado su probación, preguntas acerca de la eliminación de estas desventajas deben hacerse por escrito al:

Director Asistente
Criminal Enforcement
P.O. Box 784
Ben Franklin Station
Washington, D.C. 20044

****

Admito que la información arriba mencionada se me ha explicado y además, recibí una copia del mismo este día, _____ de ________________________ de 19_____.

______________________________ ______________________________

Oficial de Probación Persona en Probación

TO WHOM IT MAY CONCERN:

This is to certify that I, ________________________________,
have had the conditions of my probation thoroughly explained and
that I thoroughly understand my duties and responsibilities thereunder.

____
PROBATIONER

____
WITNESS

____
DATE

A QUIEN CORRESPONDA:

Esto certifica que a mí, ______________________________,
se me han explicado completamente las condiciones de mi probación y que yo comprendo mis deberes y responsabilidades bajo las mismas.

____
PERSONA EN PROBACION

____
TESTIGO

____
FECHA

401 Caroline, 2nd Floor
Houston, Texas 77002

Telephone Number:
229-9561

ADULT PROBATION DEPARTMENT
HARRIS COUNTY

PROBATIONER'S MONTHLY REPORT

Fill out this report and
it to your Probation

On__________

At__________

Name__________ Add.__________ Phone__________
Street & No. City Zone

With whom are you living?__________ Relationship__________

Employer__________ Add.__________ Phone__________

Type of work you do__________ Wages last month $__________
(Bring pay check stub or other proof of ea

Number of days you worked last month__________ Explain days absent__________

Were you arrested since your last report?__________ If yes, explain__________

How can you be located during the day?__________ Phone__________

Do you own or drive a car?__________ Description__________

License number__________ Your Driver's License __________
State Number

Have you violated any of the conditions of your probation since your last report?__________

If yes, explain__________

I hereby acknowledge and certify that the above information is true and correct.

Date:__________ __________
Probationer's Signature

(If You Need More Space To Answer These Questions, Use The Notes Section Below)

* *

I also acknowledge and understand that I am to report to my probation officer on__________

__________ at__________. __________
Probationer's Signature

NOTES: __________

Date:__________ __________
Probation Officer's Signature

APD FORM 4

INFORME MENSUAL DEL QUE ESTA EN PROBACION

ombre ______________________ Dirección __________________ Teléfono _________

Con quién está viviendo? ______________________________ Parentezco _________

mpleador ____________________ Dirección __________________ Teléfono _________

ipo de trabajo que Ud. hace ________________________ Salario del últimos mes:

__________________(traiga un comprobante para verificar esto)

antidad de días en que Ud. trabajó el mes pasado __________ Explique los días en

ue estuvo ausente ____.

Se lo ha arrestado desde su último informe? ______ Si sí, explique ______________.

Cómo se lo puede encontrar durante el día? ____________________ Teléfono _________

Ud. es dueño de o maneja un carro? _____ Descríbalo ____________________________

o. de Placas _______________ No. de su Licencia de Manejar ___________________

Ud. ha violado cualesquiera de las condiciones de su probación desde su último informe?

_____. Si sí, explique ____.

or la presente declaro y certifico que la información arriba dada es verídica y correcta.

echa ________________________ ____________________________________

Firma de Persona en Probación

(Si necesita más espacio para contestar estas preguntas, use la sección para Notas, mas abajo)

---

ambién declaro y entiendo que tengo que presentarme a mi oficial de probación el

______________________________ a las ________ horas.

OTAS:

______________________________ ____________________________________

Fecha

Firma del Oficial de Probación

CONDITIONS OF PROBATION

THE STATE OF TEXAS　　No.: ____________　　IN THE _____ DISTRICT COURT OF
vs.　　HARRIS COUNTY, TEXAS

____

On the _____ day of __________________, A.D., 19____, in the ________ District Court of Harris County, Texas, the Honorable ________________________, Judge, presiding, granted you a Conditional Discharge for the offense of ______ ______________________________________, in accordance with Article 4.12 of the Texas Controlled Substances Act of 1973.

It appearing to the satisfaction of this Court, that the ends of justice and the best interests of the public as well as you, the defendant, will be subserved thereby, this Court, with the consent of the defendant, is hereby ordering that no judgement shall be entered in the above cause, and that you, the defendant, be placed on probation for a period of ______________________, from this date, so long as you comply with the following conditions of probation, to wit:

a) Commit no offense against the laws of this or any other State or the United States;
b) Avoid injurious or vicious habits (including use of narcotics or habit-forming drugs and alcoholic beverages);
c) Avoid persons or places of disreputable or harmful character;
d) Report to the Adult Probation Officer, ________________________________, Harris County Adult Probation Department, 401 Caroline Street, Houston, Texas, on ______________________________ and on the ________ day of each succeeding month until discharged from probation;
e) Permit the probation officer to visit you at your home or elsewhere;
f) Work faithfully at suitable employment and notify the probation officer prior to changing employment;
g) Remain within the limits of Harris County, Texas, or ____________________, and change place of residence only with permission from __________________ ____________________________;
h) Support your dependents;

(continues)

CONDICIONES DE PROBACION

EL ESTADO DE TEXAS No.: ____________ EN LA CORTE DEL DISTRITO No. ____
CONTRA DEL CONDADO DE HARRIS, TEXAS

____

En este día, ____ del mes de ____________________ de 19____, A.D., en la Corte del Distrito No. ________, el Honorable ______________________________, Juez Presidente, le otorgó liberación condicional con respecto a la ofensa de ___ ____, de acuerdo con el Artículo 4.12 del Decreto Texano sobre Sustancias Controladas de 1973.

Este Corte, habiéndose satisfecho que los fines de la justicia y los mejores intereses del público, como también los de Ud., el(la) Demandado(a), serán mejor favorecidos mediante lo presente, y con el consentimiento del (de la) Demandado(a), ahora ordena que no se registrará una sentencia en la causa arriba mencionada, y que Ud., el(la) Demandado(a), será puesto en probación (o libertad condicional) por un período de _______________, a partir de esta fecha, siempre y cuando Ud. cumpla con las siguientes condiciones de probación, a saber:

a) No cometa ofensa alguna contra las leyes de este Estado, o de cualquier otro estado o de los Estados Unidos;
b) Evite hábitos perjudiciales o viciosos (incluyendo el uso de narcóticos o drogas y bebidas alcohólicas que crean hábito);
c) Evite personas o lugares de mala reputación o de carácter pernicioso;
d) Preséntese al Oficial de Probación, ________________________________, en el Departamento de Probación de Adultos del Condado de Harris, 401 Caroline St., Houston, Texas, el día ____________________________, y en día ______ _______________ de cada mes subsiguiente hasta que termine su período de probación;
e) Permita que el Oficial de Probación lo(la) visite en su casa o en cualquier otro lugar;
f) Trabaje fielmente en un empleo apropiado y notifique al Oficial de Probación antes de cambiar de empleo;
g) Permanezca dentro de los límites del Condado de Harris, Texas, o de _______ __________________________, y cambie de domicilio solamente con el permiso de ____.
h) Mantenga a sus dependientes;

i) Pay your fine, if one be assessed, and pay all court costs whether a fine be assessed or not, in one or several sums, and make restitution or reparation in any sum that the Court shall determine, to wit:
Pay $ ______________ restitution, at the rate of $ __________ per ____________, beginning on ________________________, to: ________
____.
All restitution payments to be paid through the Adult Probation Department of Harris County, Texas. Personal or Company checks are not accepted.

j) And pay a $ _________ Supervision Fee to Harris County, Texas, at the rate of $ ___________ per ____________, beginning on _______________.
All payments to be paid through the Adult Probation Department of Harris County, Texas. Personal or Company checks are not accepted.

You are hereby advised that under the law of this State, the Court has determined the terms and conditions of your probation, and may at any time during the period of probation, alter or modify the conditions of your probation. The Court also has the authority at any time during the period of probation to revoke your probation for violation of any of the conditions of your probation set out above.

Entered this ____ day of ____________________, 19____.

____
PRESIDING JUDGE

I hereby acknowledge receipt of a copy of these Conditions of Probation.

____
Probationer

____
Probation Officer

i) Pague su multa, si se le impuso una, y pague todos los gastos de la Corte si se le impuso multa o no, en uno o varios pagos, y efectúe restitución o reparación en la cantidad que la Corte determine, específicamente:
Pague $ _________, de restitución, en la cantidad de $ ________ por ____
_________, comenzando el ______________________________, a _________
____.
Todos los pagos de restitución se harán a través del Departamento de Probación de Adultos del Condado de Harris, Texas. No se aceptarán cheques personales o de una compañía.

j) Y pague una Cuota de Supervisión al Condado de Harris, Texas, en la suma de $___________ por __________, comenzando el _________________________.
Todos los pagos se harán a través del Departamento de Probación de Adultos del Condado de Harris, Texas. No se aceptarán cheques personales o de una compañía.

Por la presente, se le hace saber que bajo las leyes de este Estado, la Corte determinará los términos y condiciones de su probación y, en cualquier momento durante el período de su probación, podrá alterar o modificar las condiciones de su probación. En cualquier momento durante el período de probación, la Corte también tendrá la autoridad de revocar su probación, debido a la infracción de cualquiera de las condiciones de su probación como arriba estipuladas.

Registrado en este día, ______ de ____________________________ de 19_____.

____
JUEZ PRESIDENTE

Por la presente, acuso recibo de una copia de estas Condiciones de Probación.

____
Persona en Probación

____
Oficial de Probación